# TRAITÉ

### DE LA

# RÉINTÉGRATION DES ÊTRES

## DANS LA MÊME COLLECTION

Jean Trithème. — *Traité des Causes Secondes*.

Rabbi Issachar Baër. — *Commentaire sur le Cantique des Cantiques*.

R. P. Esprit Sabbathier. — *L'Ombre Idéale de la Sagesse Universelle*.

J.-G. Gichtel. — *Theosophia Practica*.

*Pour paraître :*

Saint Thomas d'Aquin. — *Traité de la Pierre Philosophale*.

# BIBLIOTHÈQUE ROSICRUCIENNE
## PREMIÈRE SÉRIE. — N° 5

### MARTINÈS DE PASQUALLY

# TRAITÉ
### DE LA
# RÉINTÉGRATION DES ÊTRES
#### DANS LEURS PREMIÈRES PROPRIÉTÉS, VERTUS & PUISSANCE SPIRITUELLES & DIVINES

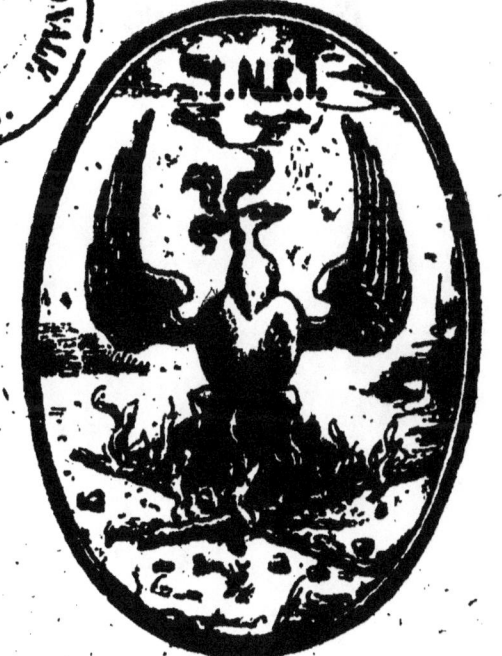

## PARIS
## BIBLIOTHÈQUE CHACORNAC
### 11, QUAI SAINT-MICHEL, 11

### 1899

*Tirage à très-petit nombre.*

# NOTICE HISTORIQUE

SUR

# LE MARTINÉSISME ET LE MARTINISME

---

En cette étrange fin de dix-huitième siècle qui vit William Law en face de Hume, Swedenborg en face de Kant, Saint-Germain, Mesmer et Cagliostro en face de Rousseau, de Diderot et de Voltaire, alors que l'Europe entière se couvrait d'une infinité de sectes et de rites, et que les idées les plus vaines comme les plus sublimes se dressaient une tribune dans les loges maçonniques, apparut en France un homme dont le silencieux labeur fait un curieux contraste aux turbulentes propagandes de la plupart des réformateurs de son temps : Martinès de Pasqually. Cet homme, d'un désintéressement et d'une sincérité au-dessus de tout soupçon, s'efforça de ramener aux principes essentiels de la Franc-Maçonnerie certaines loges qui s'en étaient très-sensiblement écartées à cette époque, par suite d'une série d'évènements qu'il est inutile de rapporter ici.

La tâche de Martinès était difficile : parcourant successivement, de 1760 à 1772, les principales villes de France, il sélecta au sein des ateliers maçonniques ce qu'il jugea pouvoir servir à constituer un noyau, un centre pour ses opérations ultérieures. Délivrant au nom de son Tribunal Souverain, établi à Paris dès 1767, des patentes constitutives aux loges clandestines de province, il n'hésita pas à recruter aussi au dehors les hommes qui lui parurent dignes du ministère qu'ils auraient à exercer.

C'est ainsi que se forma ce que M. Matter appelle avec justesse le *Martinésisme*, et qui, sous le nom de Rite des Élus Coëns, n'est autre chose qu'une branche très-orthodoxe de la véritable Franc-Maçonnerie, greffée sur l'ancien tronc et basée sur un ensemble d'enseignements traditionnels très-précis, transmis suivant exactement la puissance réceptive acquise par ses membres au moyen d'un travail entièrement personnel. La théorie et la pratique se tenaient étroitement.

Malheureusement Martinès se laissa entraîner par son zèle à négliger la véritable base de l'institution maçonnique. Tout entier à sa réforme des chapitres R.-C., il méconnut le rôle des loges bleues, et nous allons voir un de ses disciples, le plus célèbre, bien qu'un des plus éloignés de l'œuvre du maître, Louis Claude de Saint-Martin, aller plus loin dans cette voie, et, dès 1777, refuser de participer non seulement aux tenues des loges martinésistes où l'on ne pratiquait que les grades du porche ou maçonnerie symbolique, mais aussi, par exemple. aux travaux des loges de Versailles. pour des raisons spécieuses de pneumatologie, et de celles de Paris, parce qu'on y enseignait le magnétisme et l'alchimie.

En effet, peu d'années après le départ de Martinès de Pasqually pour les Antilles (1772), une scission se produisit dans l'ordre qu'il avait si péniblement formé, certains disciples restant très attachés à tout ce que leur avait enseigné le Maître, tandis que d'autres, entraînés par l'exemple de Saint-Martin, abandonnaient la pratique active pour suivre la voie incomplète et passive du mysticisme. Ce changement de direction dans la vie de Saint Martin pourrait nous surprendre si nous ne savions pas combien, durant les cinq années qu'il passa à la loge de Bordeaux, le disciple avait eu d'éloignement pour les opérations extérieures du Maître.

Les résultats de la scission due à l'active propagande de Saint-Martin ne se firent pas attendre. Tout d'abord les loges du sud-ouest cessèrent leurs travaux. La propagande de Saint-Martin échoua bien près des loges de Paris et de Versailles, mais, lorsqu'en 1778, ces loges eurent vu leurs Frères de Lyon se tourner définitivement vers le rite templier allemand de la Stricte Observance, et le Grand-Maître Villermoz prendre la succession du Grand-Maître provincial Pierre d'Aumont, successeur de Jacques Molay, avec le titre de Grand-Maître provincial d'Auvergne, elles songèrent à fusionner avec les loges Philalèthes qui, depuis 1773, travaillaient d'après les données de Martinès et de Swedenborg, et dans les chapitres secrets desquels n'était admis aucun officier du Grand-Orient. A cette époque, Saint-Martin commençait à être connu, grâce à la récente apparition de son premier ouvrage « Des Erreurs et de la Vérité ». Beaucoup crurent voir en lui un continuateur de l'œuvre de Martinès; mais ce fut en vain que les loges dont nous venons de parler le prièrent de s'unir à elles pour l'achèvement de l'œuvre commune : au dernier appel qu'elles lui firent, en 1784, lors du Convent que provoqua à Paris l'association des Philalèthes, Saint-Martin répondit par une lettre signifiant son refus de participer à leurs travaux. Dès lors, sa grande préoccupation est d'entrer en rapport avec les mystiques d'Italie, d'Angleterre ou de Russie; il perd bientôt tout intérêt pour le mouvement du rite rectifié de

Lyon, et on le voit se livrer à de véritables impatiences quand on lui parle de loges.

Les événements qui suivirent ne firent qu'engager de plus en plus Saint-Martin dans la voie qu'il avait choisie. En 1788, celui qui devait devenir célèbre sous le nom de téosophe d'Amboise était allé à Strasbourg, et l'opinion la plus répandue est que ce fut à la fréquentation d'une de ses amies, M<sup>me</sup> de Bœcklin, qu'il dût de se tourner définitivement vers le mysticisme. L'exacte vérité fut qu'il y rencontra Rodolphe de Salzmann, qui était, pour ainsi dire, le directeur spirituel de M<sup>me</sup> de Bœcklin. Ami de Young Stilling, et en correspondance ou en relation avec les grands mystiques allemands de la seconde moitié du dix-huitième siècle, tels qu'Eckarthausen, Lavater, etc., Rodolphe de Salzmann, bien que très-ignoré, était un homme des plus remarquables, profondément versé dans la mystique des deux Testaments et dans celle des écrits de Jacob Bœhme, dont il avait reçu la clef. Ce fut cette clef qu'il transmit à son tour à Saint-Martin, et celui-ci crut avoir trouvé là ce qu'il n'avait pas obtenu auprès de son ancien maître.

Certes, l'enseignement de Salzmann contribua beaucoup à doter la France d'un mystique remarquable, mais cet enseignement ne put ouvrir à Saint-Martin la doctrine de l'éminent théurge de Bordeaux. Aussi le voyons-nous, en 1793, à l'âge de cinquante ans, se consoler de poursuivre encore cette clef active, en pensant à l'avertissement de Martinès : que si, à soixante ans, il avait atteint le terme, il ne devait pas se plaindre. Déjà sa pensée revenait en arrière, vers cette école de Bordeaux où s'étaient écoulés cinq ans de sa jeunesse et dont il avait abandonné trop légèrement les travaux. Il avouera dans une de ses lettres au baron de Liebisdorf (11 juillet 1796) « que M. Pasqually avait la clef active de ce que notre cher Bœhme expose dans ses théories, mais qu'il ne nous croyait pas en état de porter encore ces hautes vérités ». Sa correspondance nous porte à croire qu'avant sa mort, survenue à Aulnay en 1803, il était bien revenu sur les critiques inconsidérées des travaux de son maître. Mais il était trop tard. Le disciple avait tué l'initiateur dans son œuvre. Le Martinésisme avait vécu.

Après la mort de Martinès de Pasqually, en 1774, l'Ordre, victime de la faiblesse de quelques-uns, et malheureusement aussi de l'ambition de quelques autres, avait décliné rapidement. Les compromissions de Willermoz hâtèrent sa ruine. La plupart des frères se replacèrent sous leurs anciennes obédiences : Ainsi firent ceux de l'Orient de La Rochelle, dont la patente constitutive n'est pas ratifiée au-delà de 1776. En 1788, les loges de Paris disparaissaient; les riches archives qui avaient excité la jalousie de Cagliostro, vendues à l'encan lors de la mort du marquis Savalette de Langes, échurent à deux frères dévoués, puis à M. Destigny, qui les transmit, en 1868, à M. Villaréal, aux bons soins duquel nous devons de les avoir conservées. Depuis longtemps les frères de Lyon avaient failli à leur tâche. Leur rite rectifié, qui n'était rien moins que le Martinésisme, surtout après son second remaniement, vit les directoires de ses trois provinces s'éteindre successivement : le Directoire de Bourgogne fut dissout dès le 26 janvier 1810, faute de membres; l'année suivante les autres fusionnaient avec le Grand-Orient, qui avait toujours refusé de les reconnaître.

Nous ne nous sommes étendus sur les particularités de la vie de Saint-Martin que pour montrer que c'est bien à tort que des historiens mal informés attribuèrent au théosophe d'Amboise la succession du théurge de Bordeaux, et que d'autres, encore plus mal documentés, en ont fait le fondateur d'un Ordre du Martinisme. Saint-Martin ne fonda jamais aucun ordre ; il n'eut jamais cette prétention, et le nom de *Martinistes* désigne simplement ceux qui avaient adopté une manière de voir conforme à la sienne, tendant plutôt à s'affranchir du dogmatisme rituélique des loges et à le rejeter comme inutile. C'est bien là l'opinion de Jacques Matter, le célèbre historiographe de Saint-Martin.

Jacques Matter était le petit-fils de Rodolphe de

Salzmann ; c'est ainsi qu'il se trouva en possession des principaux documents relatifs au Martinézisme et aux Martinistes, et nul ne fût placé mieux que lui pour relater les principaux événements qui signalèrent leur existence. D'autre part il fut en relation avec M. Chauvin, un des derniers amis de Fabre d'Olivet, et l'exécuteur testamentaire de Joseph Gilbert, qui lui-même, fut l'unique héritier de tous les manuscrits du théosophe d'Amboise.

Aujourd'hui c'est entre les mains de M. Matter, le fils de l'historien, que se trouve la presque totalité de ces importants papiers, dont le « Traité de la Réintégration des Êtres » est un des plus intéressants et des plus remarquables, comme contenant la substance de la doctrine traditionnelle, sans aucune adjonction ni soustraction, de Martinès de Pasqually, et que le possesseur nous a très gracieusement autorisés à publier. Ce Traité, qui fut écrit à Bordeaux dans le courant de l'année 1770, manque aux archives chapitrales de Metz. Celles de la V∴ de Libourne n'en contiennent que les passages essentiels. Ces passages, assez mal écrits et d'ailleurs remplis de coupures, sont répartis entre les diverses instructions des rituels, de telle sorte qu'il eut été assez difficile de reconstituer l'ouvrage de Martinès de Pasqually. Nous ne saurions donc trop remercier ici M. Matter de son obligeante communication.

Dans la suite paraîtront, en leur temps, d'autres

pièces non moins importantes, et qui jetteront une nouvelle lumière sur les choses et hommes de cette époque.

Un Chevalier de la Rose Croissante.

Paris, 20 septembre 1893, jour anniversaire de la mort de Martinès de Pasqually.

# TRAITÉ

### DE LA

# RÉINTÉGRATION DES ÊTRES

---

Avant le temps, Dieu émana des êtres spirituels, pour sa propre gloire, dans son immensité divine. Ces êtres avaient à exercer un culte que la Divinité leur avait fixé par des lois, des préceptes et des commandements éternels. Ils étaient donc libres et distincts du Créateur; et l'on ne peut leur refuser le libre arbitre avec lequel ils ont été émanés sans détruire en eux la faculté, la propriété, la vertu spirituelle et personnelle qui leur étaient nécessaires pour opérer avec précision dans les bornes où ils devaient exercer leur puissance. C'était positivement dans ces bornes que ces premiers êtres spirituels devaient rendre le culte pour lequel ils avaient été émanés. Ces premiers êtres ne peuvent nier ni ignorer les conventions que le Créateur avait faites avec eux en leur donnant des lois, des préceptes, des commandements, puisque c'était sur ces conventions seules qu'était fondée leur émanation.

On demandera ce qu'étaient ces premiers êtres avant leur émanation divine, s'ils existaient ou s'ils n'existaient pas? Ils existaient dans le sein de la Divinité, mais sans distinction d'action, de pensée et d'entendement particulier, ils ne pouvaient agir ni sentir que par la seule volonté de l'être supérieur qui les contenait et dans lequel tout était mû; ce qui, véritablement, ne peut pas se dire exister; cependant cette existence en Dieu est d'une nécessité absolue; c'est elle qui constitue l'immensité de la puissance divine. Dieu ne serait pas le père et le maître de toutes choses s'il n'avait innée en lui une source inépuisable d'êtres qu'il émane par sa pure volonté et quand il lui plaît. C'est par cette multitude infinie d'émanations d'êtres spirituels hors de lui-même qu'il porte le nom de Créateur, et ses ouvrages celui de la création divine, spirituelle et animale, spirituelle temporelle.

Les premiers esprits émanés du sein de la Divinité étaient distingués entre eux par leurs vertus, leurs puissances et leurs noms. Ils occupaient l'immense circonférence divine appelée vulgairement *Domination*, et qui porte son nombre *dénaire* selon la figure suivante ①, et c'est là que tout esprit *supérieur 10*, *majeur 8*, inférieur et *mineur 4*, devait agir et opérer pour la plus grande gloire du Créateur. Leur démonstration ou leur nombre prouve que leur émanation vient réellement de *la quatriple essence divine*. Les noms de ces quatre classes d'esprits étaient plus forts que ceux que nous donnons vulgairement aux *Chérubins*, *Séraphins*, *Archanges* et *Anges*, qui n'ont été émancipés que depuis. De plus, ces quatre premiers principes d'êtres spirituels avaient en eux, comme nous l'avons dit, une partie de la domination divine : une puissance supérieure, majeure, inférieure et mineure, par laquelle ils connaissaient tout ce qui pouvait exister, ou être renfermé dans les êtres spirituels qui n'étaient pas encore sortis du sein de la Divinité.

Comment, dira-t-on, pouvaient-ils avoir connaissance des choses qui n'existaient pas encore distinctement et hors du sein du Créateur? Parce que ces premiers chefs émanés au premier cercle, nommé mystérieusement *cercle denaire*, lisaient clairement et avec certitude ce qui se passait dans la Divinité, ainsi que tout ce qui était contenu en elle-même. Il ne doit point y avoir de doute sur ce que je dis ici, étant bien convaincu qu'il n'appartient qu'à l'esprit de *lire*, de *voir* et de *concevoir* l'esprit. Ces premiers chefs avaient une connaissance parfaite de toute action divine, puisqu'ils n'avaient été émanés du sein du Créateur que pour être mis face à face de toutes les opérations divines de la manifestation de sa gloire.

Ces chefs spirituels divins ont-ils conservé leur premier état de vertu et puissance divine après leur prévarication? Oui, ils l'ont conservé par l'immutabilité des décrets de l'Éternel, car si le Créateur avait retiré toutes les vertus et puissances qu'il a mises reversibles sur les premiers esprits, il n'y aurait plus eu d'action de vie bonne ou mauvaise, ni aucune manifestation de gloire, de justice et de puissance divine sur ces esprits prévaricateurs. On me dira que le Créateur devait bien prévoir que ces premiers esprits émanés prévariqueraient contre les lois, préceptes et commandements qu'il leur avait donnés, et qu'alors c'était à lui de les contenir dans la justice. Je répondrai à cela que, quand même le Créateur aurait prévu l'orgueilleuse ambition de ces esprits, il ne pouvait, d'aucune façon, contenir et arrêter leurs pensées criminelles sans les priver de leur action particulière et innée en eux, ayant été émanés pour agir selon leur volonté, et comme cause seconde spirituelle selon le plan que le Créateur leur avait tracé. Le Créateur ne prend aucune part aux causes secondes spirituelles bonnes et mauvaises, ayant lui-même appuyé et fondé tout être spirituel sur des lois immuables; par ce moyen, tout être spirituel est libre d'agir selon sa volonté et sa détermination particulière, ainsi que le Créateur l'a dit lui-même à sa créature; et nous en voyons tous les jours la confirmation sous nos yeux.

Si l'on demande quel est le genre de prévarication de ces esprits, pour que le Créateur ait usé de force de loi divine contre eux, je répondrai que ces esprits n'étaient émanés que pour agir comme causes secondes, et nullement pour exercer leur puissance sur les causes premières ou l'action même de la Divinité; puisqu'ils n'étaient que des agents secondaires, ils ne devaient être jaloux que de leur *puissance, vertu et opérations secondes*, et non point s'occuper à prévenir la pensée du Créateur dans toutes ses opérations divines, tant passées que présentes et futures. Leur crime fut premièrement, d'avoir voulu condamner l'éternité divine dans ses opérations de création; secondement, d'avoir voulu borner la Toute-puissance divine dans ces mêmes opérations; troisièmement, d'avoir porté leur pensée spirituelle jusqu'à vouloir être Créateurs des causes troisièmes et quatrièmes, qu'ils savaient être innées dans la toute-puissance du Créateur, que nous appelons *quatriple essence divine*.

Comment pouvaient-ils condamner l'éternité divine?

C'est en voulant donner à l'Éternel une émanation égale à la leur, ne regardant le Créateur que comme un être semblable à eux; et qu'en conséquence il devait naître d'eux des créatures spirituelles qui dépendraient immédiatement d'eux-mêmes, ainsi qu'ils dépendaient de celui qui les avait émanés. Voilà ce que nous appelons le principe du mal spirituel, étant certain que toute mauvaise volonté conçue par l'esprit est toujours criminelle devant le Créateur, quand bien même l'esprit ne la réaliserait pas en action effective. C'est en punition de cette simple volonté criminelle que les esprits ont été précipités par la seule puissance du Créateur dans des lieux de sujétion, de privation et de misère impure et contraire à leur être spirituel qui était pur et simple par leur émanation, ce qui va être expliqué.

Ces premiers esprits ayant conçu leur pensée criminelle, le Créateur fit force de loi sur son immutabilité en créant cet univers physique, en apparence de forme matérielle, pour être le lieu fixe où ces esprits pervers avaient à agir, à exercer en privation toute leur malice. Il ne faut point *comprendre* dans cette création matérielle l'homme ou le mineur qui est aujourd'hui au centre de la surface terrestre; parce que l'homme ne devait faire usage d'aucune forme de cette matière apparente, n'ayant été émané et émancipé par le Créateur que pour dominer sur tous les êtres émanés et émancipés avant lui. *L'homme ne fut émané qu'après que cet univers fut formé par la Toute-puissance divine* pour être l'asile des premiers esprits pervers et la borne de leurs opérations mauvaises, qui ne prévaudront jamais contre les lois d'ordre que le Créateur a donné à sa création universelle. Il avait les mêmes vertus et puissances que les premiers esprits; et quoiqu'il ne fût émané qu'après eux, il devint leur supérieur et leur aîné par son état de gloire et la force du commandement qu'il reçut du Créateur. Il connaissait parfaitement la nécessité de la création universelle ; il connaissait de plus l'utilité et la sainteté de sa propre émanation spirituelle, ainsi que la forme glorieuse dont il était revêtu pour agir dans toutes ses volontés sur les formes corporelles actives et passives. C'était dans cet état qu'il devait manifester toute sa puissance pour la plus grande gloire du Créateur en face de la création universelle, générale et particulière.

Nous distinguons ici l'univers en trois parties, pour le faire concevoir à nos émules avec toutes ses facultés d'actions spirituelles : 1° *l'univers*, qui est une circonférence dans laquelle sont contenus le général et le particulier ; 2° *la terre* ou la partie générale de laquelle émanent tous les aliments nécessaires à substancier le particulier ; 3° *le particulier*, qui est composé de tous les habitants des corps célestes et terrestres. Voilà la division que nous ferons de la création universelle, pour que nos émules puissent connaître et opérer avec distinction et connaissance de cause dans chacune de ces trois parties.

Adam, dans son premier état de gloire, était le véritable émule du Créateur. Comme pur esprit, il lisait à découvert les pensées et les opérations divines. Le Créateur lui fit concevoir les trois principes qui composaient l'univers ; et, pour cet effet, il lui dit : « Commande à tous les animaux actifs et passifs, et ils obéiront ». Adam exécuta ce que le Créateur lui avait dit ; il vit par là que sa puissance était grande, et il apprit à connaître avec certitude une partie du tout composant l'univers. Cette partie est ce que nous nommons le *particulier*, composé de tout être actif et passif habitant depuis la surface terrestre et son centre jusqu'au centre céleste appelé mystérieusement *ciel de Saturne*.

Après cette opération, le Créateur dit à sa créature : « Commande au *général* ou à la terre ; elle t'obéira ». Ce que fit Adam. Il vit par là que sa puissance était grande et il connut avec certitude le second *tout* composant l'univers. Après ces deux opérations, le Créateur dit à sa créature : « Commande à tout à l'univers créé, et tous ses habitants t'obéiront ». Adam exécuta encore la parole de l'Éternel ; et ce fut par cette troisième opération qu'il apprit à connaître la création universelle.

Adam ayant ainsi opéré et manifesté sa volonté au gré du Créateur, reçut de lui le nom auguste d'*Homme-Dieu* de la terre universelle, parce qu'il devait sortir de lui une postérité de Dieu et non une postérité charnelle. Il faut observer qu'à la première opération Adam reçut la loi ; à la deuxième, il reçut le précepte, et à la troisième, le commandement. Par ces trois sortes d'opérations nous devons voir clairement, non seulement quelles étaient les bornes de la puissance, vertu et force que le Créateur avait données à sa créature, mais encore celles qu'il avait prescrites aux premiers esprits pervers.

Le Créateur ayant vu sa créature satisfaite de la vertu, force et puissance innées en elle, et par lesquelles elle pouvait agir à sa volonté, l'abandonna à son libre-arbitre, l'ayant émancipée d'une manière distincte de son immensité divine avec cette liberté, afin que sa créature eût la jouissance particulière et personnelle, présente et future, pour une éternité impassive, pourvu toutefois qu'elle se conduisît selon la volonté du Créateur.

Adam étant livré à son libre arbitre, réfléchit sur la grande puissance manifestée par ses trois premières opérations. Il envisagea son travail comme étant presqu'aussi grand que celui du Créateur; mais ne pouvant de son chef approfondir parfaitement ces trois premières opérations ni celles du Créateur, le trouble commença à s'emparer de lui au milieu de ses réflexions sur la toute-puissance divine, dans laquelle il ne pouvait lire qu'avec le consentement du Créateur, selon qu'il lui avait été enseigné par les ordres que le Créateur lui avait donnés lui-même d'exercer ses pouvoirs sur tout ce qui était à sa domination, avant de le laisser libre de ses volontés. Les réflexions d'Adam, ainsi que la pensée qu'il avait eue de lire dans la puissance divine, ne tardèrent pas d'un instant d'être connues des premiers esprits pervers que nous nommons mauvais démons, puisque, dès qu'il eut conçu cette pensée, un des principaux esprits pervers apparut à lui sous la forme apparente de corps de gloire, et s'étant approché d'Adam, il lui dit : « Que désires-tu connaître de plus du tout-puissant Créateur ? Ne t'a-t-il pas égalé à lui par la vertu et la toute-puissance qu'il a mises en toi ? Agis selon ta volonté innée en toi, et opère en qualité d'être libre, soit sur la divinité, soit sur toute la création universelle qui est soumise à ton commandement. Tu te convaincras pour lors que ta toute-puissance ne diffère en rien de celle du Créateur. Tu apprendras à connaître que tu es non seulement créateur de puissance particulière, mais encore créateur de puissance universelle ainsi qu'il t'a été dit qu'il devait naître de toi une postérité de Dieu. C'est du Créateur que je tiens toutes ces choses, et c'est par lui et en son nom que je te parle. »

A ce discours de l'esprit démoniaque, Adam resta comme dans l'inaction, et sentit naître en lui un trouble violent, d'où il tomba dans l'extase. C'est dans cet état que l'esprit malin lui insinua sa puissance démoniaque ; et Adam, revenu de son extase spirituelle animale, mais ayant retenu une impression mauvaise du démon, résolut d'opérer la science démoniaque préférablement à la science divine que le Créateur lui avait donnée pour assujettir tout être inférieur à lui. Il rejeta entièrement sa propre pensée spirituelle divine, pour ne faire usage que de celle que l'esprit malin lui avait suggérée.

Adam opéra donc la pensée démoniaque en faisant une quatrième opération dans laquelle il usa de toutes les paroles puissantes que le Créateur lui avait transmises pour ses trois premières opérations, quoiqu'il eût entièrement rejeté le cérémonial de ces mêmes opérations. Il fit usage par préférence du cérémonial que le démon lui avait enseigné, ainsi que du plan qu'il en avait reçu pour attaquer l'immutabilité du Créateur.

Adam répéta ce que les premiers esprits pervers avaient conçu d'opérer pour devenir créateurs au préjudice des lois que l'Éternel leur avait prescrites pour leur servir de bornes dans leurs opérations spirituelles divines. Ces premiers esprits ne devaient rien concevoir ni entendre en matière de création, n'étant que créature de puissance. Adam ne devait pas plus aspirer qu'eux à cet ambition de création d'êtres spirituels qui lui fut suggérée par le démon.

Nous avons vu qu'à peine ces démons ou esprits pervers eurent conçu d'opérer leur volonté d'émanation semblable à celle qu'avait opérée le Créateur, ils furent précipités dans des lieux de ténèbres pour une durée immense de temps, par la volonté immuable du Créateur. Cette chute et ce châtiment nous prouvent que le Créateur ne saurait ignorer la pensée et la volonté de sa créature ; cette pensée et cette volonté, bonnes ou mauvaises, vont se faire entendre directement au Créateur qui les reçoit ou les rejette. On aurait donc tort de dire que le mal vient du Créateur, sous prétexte que tout émane de lui. Du Créateur est sorti tout être spirituel, bon, saint et parfait; aucun mal n'est et ne peut être émané de lui. Mais que l'on demande d'où est donc émané le mal? Je dirai que le mal est enfanté par l'esprit et non créé; la création appartient au Créateur et non à la créature; les pensées mauvaises sont enfantées par l'esprit mauvais, comme les pensées bonnes sont enfantées par l'esprit bon; c'est à l'homme à rejeter les unes et à recevoir les autres, selon son libre-arbitre qui lui donne droit de prétendre aux récompenses de ses bonnes œuvres, mais qui peut aussi le faire rester pour un temps infini dans la privation de son droit spirituel.

Je parlerai plus amplement de cette miséricorde divine dans un autre endroit. Je reviendrai encore à l'enfantement du mal occasionné par la mauvaise volonté de l'esprit, et je dirai que le mauvais enfantement de l'esprit, n'étant que la mauvaise pensée, est appelé spirituellement mauvais intellect, de même que l'enfantement de la bonne pensée est appelé bon intellect. C'est par ces sortes d'intellects que les esprits bons et mauvais se communiquent à l'homme et lui font retenir une impression quelconque, selon qu'il use de son libre-arbitre pour rejeter ou admettre le mauvais ou le bon, à sa volonté.

Nous nommons intellect cette insinuation bonne ou mauvaise des esprits, parce qu'ils agissent sur des êtres spirituels. Les esprits pervers sont assujettis aux mineurs, ayant dégénérés de leur puissance supérieure par leur prévarication. Les bons esprits sont également assujettis à l'homme par la puissance quaternaire qu'il reçut à son émanation. Cette puissance universelle de l'homme est annoncée par la parole du Créateur, qui lui dit : « J'ai tout créé pour toi ; tu n'as qu'à *commander* pour être obéi ». Il n'y a donc nulle distinction à faire de la sujétion où le mineur tient les esprits bons, d'avec celle où il tient les esprits mauvais. Si l'homme se fut maintenu dans son état de gloire, il aurait servi de bon et de véritable intellect aux mauvais démons, ainsi qu'eux-mêmes ont fait sentir leur mauvais intellect au premier mineur et qu'ils le font journellement ressentir parmi nous. Par la puissance du commandement, l'homme pouvait encore plus les resserrer dans la privation en leur refusant toute communication avec lui ; ce qui nous est figuré par l'inégalité des cinq doigts de la main, dont le doigt médium figure l'âme ; le pouce, l'esprit bon ; l'index, l'intellect bon ; les deux autres doigts figurent également l'esprit et l'intellect démoniaques. Nous comprendrons aisément par cette figure, que l'homme n'avait été émané que pour être toujours en aspect du mauvais démon, pour le contenir et le combattre. La puissance de l'homme était bien supérieure à celle du démon, puisque cet homme joignait à sa science celle de son compagnon et de son intellect, et que, par ce moyen, il pouvait opposer trois puissances spirituelles bonnes contre deux faibles puissances démoniaques ; ce qui aurait totalement subjugué les professeurs du mal, et par conséquent, détruit le mal même.

L'on peut voir, par tout ce que je viens de dire, que l'origine du mal n'est venue d'aucune autre cause que de la mauvaise pensée suivie de la volonté mauvaise de l'esprit contre les lois divines ; et non pas que l'esprit même émané du Créateur soit directement le mal ; parce que la possibilité du mal n'a jamais existé dans le Créateur. Il ne naît uniquement que de la seule disposition et volonté de ses créatures. Ceux qui parlent différemment ne parlent pas avec connaissance de cause des choses possibles et impossibles à la divinité. Lorsque le Créateur châtie sa créature, on lui donne le nom de juste, et non celui d'auteur du fléau qu'il lance pour préserver sa créature du châtiment infini.

J'entrerai maintenant dans l'explication de la prévarication du premier homme. Cette prévarication est une répétition de celle des esprits pervers premiers émanés ; quoiqu'elle parte de la propre volonté d'Adam, elle ne vient point immédiatement de sa pensée, cette pensée lui ayant été suggérée par les esprits prévaricateurs. Mais la prévarication du premier homme est plus considérable que celle des premiers esprits, en ce que, non seulement Adam a retenu impression du conseil des démons en faveur desquels il a contracté une volonté mauvaise, mais encore il s'est porté à mettre en usage toute sa vertu et puissance divine contre le Créateur, en opérant au gré des démons et de sa propre volonté un acte de création, ce que les esprits pervers n'avaient pas eu le temps de faire, leur pensée et leur volonté mauvaises ayant été tuées par le Créateur qui arrêta aussitôt et prévint l'acte de l'opération de cette volonté. L'on demandera peut-être pourquoi le Créateur n'a pas agi contre la mauvaise volonté et l'opération inique du premier homme ainsi qu'il l'avait fait contre celle des esprits pervers? Je répondrai à cela que l'homme, étant l'instrument préposé par le Créateur pour la punition des premiers esprits, reçut des lois d'ordre en conséquence. Le Créateur laissa subsister ces lois d'ordre qu'il avait données à l'homme, ainsi que celles qui étaient innées dans l'esprit mauvais, afin que ces deux êtres opérassent conformément à leur pensée et à leur volonté particulière. Le Créateur étant un être immuable dans ses décrets et dans ses dons spirituels, comme aussi dans ce qu'il promet et ce qu'il refuse, de même que dans les peines et récompenses qu'il envoie à sa créature selon qu'elle le mérite, ne pouvait, sans manquer à son immutabilité, arrêter la force et l'action des lois d'ordre que l'esprit mauvais et l'esprit mineur où l'homme avait eues. Il laissa agir librement les deux êtres émanés, n'étant point en lui de lire dans les causes secondes temporelles, ni d'en empêcher l'action sans déroger à sa propre existence d'Être nécessaire et à sa puissance divine.

Si le Créateur prenait quelque part aux causes secondes, il faudrait de toute nécessité qu'il communiquât lui-même non seulement la pensée, mais encore la volonté bonne ou mauvaise à sa créature, ou qu'il la fît communiquer par ses agents spirituels qui émaneraient immédiatement de lui, ce qui reviendrait au même.

Si le Créateur agissait ainsi, on aurait raison de dire que le bien et le mal viennent de Dieu, de même que le pur et l'impur. Nous ne pourrions plus alors nous considérer comme des êtres libres et sujets à un culte divin de notre propre volonté. Rendons toute la justice qui est due au créateur, en restant plus que convaincus qu'il n'y a jamais existé en lui et qu'il n'y peut jamais exister le moindre soupçon de mal et que c'est de la seule volonté de l'esprit que le mal peut sortir, l'esprit étant revêtu d'une entière liberté.

Ce qui prouve démonstrativement la vérité de ce que je dis, c'est que, s'il avait été à la possibilité du

Créateur d'arrêter l'action des causes secondes spirituelles temporelles, il n'aurait pas permis que son mineur succombât à l'insinuation des démons, l'ayant émané expressément pour être l'instrument particulier de la manifestation de sa gloire contre ces mêmes démons. Je ferai encore une petite comparaison à ce sujet, quoiqu'il n'y en ait point à faire : je vous dirai donc que, si vous envoyiez un second vous-même pour combattre vos ennemis, et qu'il fût en votre pouvoir de le faire triompher, pourriez-vous le laisser succomber sans succomber vous-même ? Si, au contraire, votre député va au combat en observant de point en point les lois d'ordre que vous lui aurez donné, et qu'il revienne triomphant, vous le récompenserez de tout votre pouvoir comme un ami fidèle à vos ordres. Mais si, s'étant écarté de vos lois, il vient à succomber, vous le punirez parce qu'il avait la force en main. Cependant ce député étant vaincu, l'êtes-vous également ? Non. Il n'y a donc que lui de blâmable et sur lequel doit tomber toute votre indignation, comme étant faussaire et parjure ; aussi vous l'aurez en opprobre. De plus, si votre député, ayant reçu vos ordres pour aller combattre vos ennemis, au lieu de les attaquer et de les terrasser, se joignait à eux, et que tous ensemble vinssent vous livrer bataille, et cherchassent par ce moyen à vous rendre sujet à eux au lieu qu'ils le sont de vous, comment considéreriez-vous ce député ? Vous le regarderiez comme un traître, et vous vous tiendriez plus fort que jamais sur vos gardes contre lui. Eh bien, voilà positivement quelle est la prévarication du premier homme envers le Créateur. C'est pour cela que l'ange du Seigneur dit, selon qu'il est rapporté dans les Écritures : « *Chassons d'ici l'homme qui eut connaissance du bien et du mal, car il pourrait nous troubler dans nos fonctions toutes spirituelles, et prenons garde qu'il ne touche l'arbre de vie, et qu'il ne vive par ce moyen à jamais.* (L'arbre de vie n'est autre chose que l'esprit du créateur que le mineur attaqua injustement avec ses alliés. *Qu'il ne vive à jamais* signifie : *qu'il ne vive éternellement comme les premiers esprits démoniaques dans une vertu et une puissance maudites*).

Sans cette punition, le premier homme n'eût point fait pénitence de son crime; il n'eût point obtenu sa réconciliation ; il n'aurait point eu sa postérité, et serait resté mineur des mineurs démoniaques dont il était devenu le sujet. Au lieu que par sa réconciliation spirituelle, il a été remis par le Créateur dans les mêmes vertus et puissances qu'il avait auparavant contre les infidèles de la loi divine. C'est par cette réconciliation qu'il a obtenu une seconde fois des pouvoirs pour et contre tout être créé. C'est à lui d'en user avec sagesse et modération, et de ne plus employer son libre arbitre au gré des ennemis du Créateur, de peur de devenir à jamais *l'arbre de vie du mal*.

Revenons à la prévarication d'Adam. Si vous connaissiez le genre de prévarication d'Adam et le fruit qu'il en reçut, vous ne regarderiez plus comme injuste la peine que le Créateur a mis sur nous en naissant et qu'il a rendu reversible sur notre postérité jusqu'à la fin des siècles. Adam fut émané le dernier de toute créature quelconque; il fut placé au centre de la création universelle, générale et particulière; il était revêtu d'une puissance supérieure à celle de tout être émané, relativement à l'emploi auquel le Créateur le destinait : les anges mêmes étaient soumis à sa grande vertu et à ses pouvoirs. C'est en réfléchissant sur un état si glorieux qu'Adam conçut et opéra sa mauvaise volonté au centre de sa première couche glorieuse que l'on nomme vulgairement : *paradis terrestre*, et que nous appelons mystérieusement : *terre élevée au-dessus de tout sens*. Cet emplacement est ainsi nommé par les amis de la sagesse, parce que ce fut dans ce lieu connu sous le nom de Mor-ia, que le Temple de Salomon a été construit depuis. La construction de ce temple figurait réellement l'émanation du premier homme. Pour s'en convaincre, on n'a qu'à observer que le temple de Salomon fut construit sans le secours d'outils composés de métaux; ce qui faisait voir à tous les hommes que le Créateur avait formé le premier homme sans le secours d'aucune opération physique matérielle.

Cette couche spirituelle, dans laquelle le Créateur plaça son premier mineur, fut figurée par 6 et une circonférence. Par les six cercles, le créateur représentait au premier homme les six immenses pensées qu'il avait employées pour la création de son temple universel et particulier. Le septième, joint aux six autres, annonçait à l'homme la jonction que l'esprit du Créateur faisait avec lui pour être sa force et son appui. Mais malgré les précautions puissantes que le Créateur employa pour prévenir et soutenir l'homme contre ses ennemis, cet homme ne laissa pas d'agir selon sa propre volonté, par laquelle il se détermina à opérer une œuvre impure.

Adam avait en lui un acte de création de postérité de forme spirituelle, c'est-à-dire de forme glorieuse, semblable à celle qu'il avait avant sa prévarication, forme impassive et d'une nature supérieure à celles de toutes les formes élémentaires. Adam aurait eu toute la gloire de ces sortes de créations : la volonté du premier homme ayant été celle du Créateur, à peine la pensée de l'homme aurait-elle opéré, que la pensée spirituelle divine aurait également agi en remplissant immédiatement le fruit de l'opération du mineur par un être aussi parfait que lui. Dieu et l'homme n'auraient fait tous les deux qu'une seule opération ; et c'était dans ce grand œuvre qu'Adam se serait vu renaître avec une grande satisfaction, puisqu'il aurait été réellement le Créateur d'une postérité de

Dieu. Mais, loin d'accomplir les dessein du Créateur, le premier homme se laissa séduire par les insinuations de ses ennemis et par le faux plan d'opération apparente divine qu'ils lui tracèrent. Ces esprits démoniaques lui dirent : « Adam, tu as inné en toi le verbe de création en tous genres ; tu es possesseur de toutes valeurs, poids, nombres et mesures. Pourquoi n'opères-tu pas la puissance de création divine qui est innée en toi ? Nous n'ignorons pas que tout être créé ne te sois soumis : opère donc des créatures, puisque tu es créateur. Opère devant ceux qui sont hors de toi : ils rendront tous justice à la gloire qui t'est due ».

Adam, rempli d'orgueil, traça six circonférences en similitude de celles du Créateur, c'est-à-dire qu'il opéra les six actes de pensées spirituelles qu'il avait en son pouvoir pour coopérer à sa volonté de création. Il exécuta physiquement et en présence de l'esprit séducteur sa criminelle opération. Il s'était attendu à avoir le même succès que le Créateur éternel, mais il fut extrêmement surpris ainsi que le démon, lorsqu'au lieu d'une forme glorieuse, il ne retira de son opération qu'une forme ténébreuse et toute opposée à la sienne. Il ne créa en effet qu'une forme de matière, au lieu d'en créer une pure et glorieuse telle qu'il était en son pouvoir. Que devint donc Adam après son opération ? Il réfléchit sur le fruit inique qui en était résulté, et il vit qu'il avait opéré la création de sa propre prison, qui le resserrait plus étroitement, lui et sa postérité, dans des bornes ténébreuses et dans la privation spirituelle divine jusqu'à la fin des siècles. Cette privation n'était autre chose que le changement de forme glorieuse en forme matérielle et passive. La forme corporelle qu'Adam créa n'était point réellement la sienne, mais c'en était une semblable à celle qu'il devait prendre après sa prévarication. On me demandera peut-être si la forme corporelle glorieuse dans laquelle Adam fut placé par le Créateur était semblable à celle que nous avons à présent ? Je répondrai qu'elle ne différait en rien de celle qu'ont les hommes aujourd'hui. Tout ce qui les distingue, c'est que la première était pure et inaltérable, au lieu que celle que nous avons présentement est passive et sujette à la corruption. C'est pour s'être souillé par une création si impure que le Créateur s'irrita contre l'homme. Mais, dira-t-on, à quel usage a donc servi à Adam cette forme de matière qu'il avait créée ? Elle lui a servi à faire naître de lui une postérité d'hommes, en ce que le premier mineur Adam par sa création de forme passive matérielle a dégradé sa propre forme impassive; de laquelle devaient émaner des formes glorieuses comme la sienne, pour servir de demeures aux mineurs spirituels que le Créateur y aurait envoyés. Cette postérité de Dieu aurait été sans bornes et sans fin ; l'opération spirituelle du premier mineur aurait été celle du Créateur ; ces deux volontés de création n'auraient été qu'une en deux substances. Mais pourquoi le Créateur a-t-il laissé subsister le fruit provenu de la prévarication d'Adam, et pourquoi ne l'a-t-il pas anéanti lorsqu'il a maudit le premier homme et toute la terre ? Le Créateur laissa subsister l'ouvrage impur du mineur pour qu'il fut molesté de génération en génération, pour un temps immémorial, ayant toujours devant les yeux l'horreur de son crime. Le Créateur n'a pas permis que le crime du premier homme s'effaçât de dessous les cieux, afin que sa postérité ne put prétendre cause d'ignorance de sa prévarication, et qu'elle apprît par là que les peines et les misères qu'elle endure et endurera jusqu'à la fin des siècles, ne viennent point du Créateur, mais de notre premier père, créateur de matière impure et passive. (Je ne me sers ici de ce mot matière impure que parce qu'Adam a opéré cette forme contre la volonté du Créateur.)

Si l'on demandait encore comment s'est fait le changement de la forme glorieuse d'Adam dans une forme de matière, et si le Créateur donna lui-même à Adam la forme de matière qu'il prit aussitôt après sa prévarication, je répondrai qu'à peine eut-il accompli sa volonté criminelle que le Créateur, par sa toute puissance, transmua aussitôt la forme glorieuse du premier homme en une forme de matière passive semblable à celle qui était provenue de son opération criminelle. Le Créateur transmua cette forme glorieuse en précipitant l'homme dans les abîmes de la terre d'où il avait sorti le fruit de sa prévarication. L'homme vint ensuite habiter sur la terre comme le reste des animaux; au lieu qu'avant son crime il régnait sur cette même terre comme Homme-Dieu, et sans être confondu avec elle ni avec ses habitants.

Ce fut après cet évènement terrible qu'Adam reconnut encore plus fortement la grandeur de son crime. Il alla aussitôt gémir de sa faute et demanda le pardon de son offense au Créateur. Il s'enfonça dans sa retraite, et là, dans les gémissement et dans les larmes, il invoqua ainsi le Créateur divin :

« *Père de charité, de miséricorde; Père vivifiant et de vie éternelle; Père Dieu des Dieux, des cieux et de la terre; Dieu fort et très fort; Dieu de justice, de peine et de récompense; Éternel Tout-puissant; Dieu vengeur et rémunérateur; Dieu de paix et de clémence, de compassion charitable; Dieu des esprits bons et mauvais; Dieu fort du sabbat; Dieu de réconciliation de tout être créé; Dieu éternel et tout puissant, des régions célestes et terrestres; Dieu invincible existant nécessairement sans principe ni fin; Dieu de paix et de satisfaction; Dieu de toute domination et puissance, de tout être créé; Dieu qui punit et qui récompense quand il lui plaît; Dieu quatriplement fort des révolutions et des armées célestes et terrestres de cet univers; Dieu magnifique, de toute contemplation; des êtres créés et des récompenses inaltérables; Dieu père de miséricorde sans bornes en faveur de sa faible créature, exauce celui qui gémit devant toi de l'abomination de son crime. Il n'est que la cause seconde de sa prévarication. Reconcilie ton homme en toi et te l'assujettis à jamais. Bénis aussi l'ouvrage fait de la main de ton premier homme, afin qu'il ne succombe pas, ainsi que moi, aux sollicitations de ceux qui sont la cause de ma juste punition et de celle de l'ouvrage de ma propre volonté. Amen !*

Je ferai observer, au sujet de cette invocation qu'Adam fit au Créateur pour obtenir de lui sa réconciliation, que c'est positivement Adam qui a donné le premier une connaissance exacte à sa postérité des différentes vertus, puissances et propriétés qui étaient innées dans le Créateur, pour que cette même postérité apprît par là qu'elle n'était créée que pour combattre pour la plus grande gloire de Dieu, et qu'elle lui rendît le culte pour lequel elle a été perpétuée dans sa création. Ce culte, que le Créateur exige aujourd'hui de sa créature temporelle, n'est pas le même que celui qu'il aurait exigé de son premier mineur, s'il fut resté dans son état de gloire. Le culte que l'homme aurait eu à remplir dans son état de gloire n'étant établi qu'à une seule fin, aurait été tout spirituel, au lieu que celui que le Créateur exige aujourd'hui de sa créature temporelle, est à deux fins : l'une temporelle et l'autre spirituelle. Voilà ce qui a produit la prévarication de notre premier père.

Après tout ce qui a été dit sur le genre de la prévarication d'Adam, cette vérité ne peut échapper un instant à la vue physique animale, spirituelle, passive et éternelle de l'homme, sans heurter de front les sentiments puissants et toutes les vertus immenses et infinies qui sont adhérentes et innées dans lui. On a vu que son crime a pris son principe dans les sollicitations que les esprits pervers firent au premier homme, Dieu émané, que nous nommons *Adam* ou *premier père temporel*, ou *homme roux ou reaux*, qui signifie *Homme-Dieu très-fort en sagesse, vertu et puissance*, trois choses très-saintes et innées avec certitude dans l'homme, et qui sont en lui la pensée, l'image et la ressemblance du Créateur. On a vu que la pensée du crime n'était point venue de lui, mais seulement de sa volonté directe en sa qualité d'homme libre. En effet, comme je l'ai dit ailleurs, la pensée provient à l'homme d'un être distinct de lui ; si la pensée est sainte, elle provient d'un esprit divin ; si elle est mauvaise, elle provient d'un mauvais démon. Ainsi toutes volontés de l'homme ne sont mises en opération et en action que conformément à la conception de sa pensée.

Ceci ne se borne point à ce monde seul, ni aux hommes en général, mais j'y comprends encore tous les autres mondes et tous les êtres spirituels qui les habitent; soit ceux dont l'Éternel se sert pour se communiquer à sa créature mineure, ainsi que par la manifestation de sa gloire dans toute la création de cet univers; soit les autres quelconques par nous ignorés. Les démons eux-mêmes, malgré la condamnation qu'ils ont reçue du Créateur dès l'instant de leur prévarication, n'ont point changé de lois à cet égard; ils jouissent pleinement et entièrement de leurs actions selon leur volonté pensante, mais ils ne peuvent espérer aucune communication de pensée divine que celle dont ils se rendraient susceptibles en changeant leur volonté mauvaise. Il en est donc dans cette cour démoniaque en fait de loi et d'ordre, d'horreur et d'abomination, comme il en est, sans comparaison, dans la cour spirituelle divine. Le principal chef des démons, qui a fait serment d'attaquer constamment et avec opiniâtreté la loi du Créateur, est l'arbre de vie du mal pour une éternité; il communique sa pensée mauvaise aux anges qui lui sont assujettis, et ceux-ci, conformément à leur volonté mauvaise, mettent cette pensée en action et en opération pour la persécution du mineur. Toute la tâche de ce chef d'abomination est de soumettre les mineurs à ses lois obscures et de les leur faire paraître aussi nettes et aussi claires que celles que le Créateur a mises dans sa créature.

Il ne faut pas oublier que toute pensée divine qui

vient jusqu'à nous par la communication invisible d'un bon esprit ou d'un bon intellect, ne doit point se considérer comme volonté opérante divine, mais uniquement comme pensée. C'est cette communication de pensée que nous nommons intellect, et c'est d'après cette communication que l'homme opère à sa volonté. On peut dire la même chose de la communication de la pensée mauvaise ou de l'intellect mauvais chez les mineurs.

C'est en se rendant susceptible de la communication de ces sortes d'intellects bons ou mauvais que le premier homme a dégénéré de sa faculté d'être pensant. Lorsqu'Adam était dans son premier état de gloire, il n'avait pas besoin de la communication de bons ni de mauvais intellects pour connaître la pensée du Créateur et celle du prince des démons. Il lisait également dans l'une et dans l'autre, étant entièrement pensant. Mais lorsqu'il fut laissé seul à ses propres vertus, puissance et volonté libre, il se rendit, par son orgueil, susceptible de communication ou bonne ou mauvaise, et devint par là ce que nous nommons pensif. Le Christ lui-même nous a prouvé l'infirmité du mineur à cet égard, puisque le prince des démons le tenta en nature sous une forme humaine apparente, et opéra visiblement contre lui sur la montagne Thabor sa volonté démoniaque. Ainsi, ce n'est que d'après l'insinuation de l'intellect mauvais que le mineur conçoit sa volonté mauvaise, et c'est par là qu'à été conçue et opérée la prévarication du premier homme.

Je vous ai appris le genre de cette prévarication avec la même certitude qu'il m'a été enseigné par un de mes fidèles amis, chéri de la Vérité et protégé par la Sagesse. Vous avez vu que ce premier homme, Dieu de toute la terre, fit réellement une opération terrible en créant une forme de matière à son image et à sa ressemblance de forme corporelle glorieuse. J'ai fait entendre que cette forme, qu'Adam créa, n'était point une forme glorieuse; qu'elle ne pouvait être qu'une forme de matière apparente et même très-imparfaite, puisqu'elle était le fruit de l'opération d'une volonté mauvaise. Cette opération, en effet, ne pouvait être que punie du Créateur, Adam ayant injustement abusé de sa puissance. Cependant l'Éternel ayant promis avec serment à Adam qu'il agirait avec lui dans toutes les opérations qu'il ferait en son nom, ne put s'empêcher d'accomplir la promesse immuable qu'il lui avait faite de le seconder dans toutes les circonstances où il en aurait besoin. C'est de cette promesse qu'Adam est parti pour manifester la puissance qui était innée en lui envers tout être spirituel. Il rappela au Créateur cette promesse immuable qu'il lui avait faite de venir couronner ses œuvres. Il lui fit commandement, par son immutabilité divine, qu'il eût à remplir la parole verbale qu'il lui avait prononcée par sa propre et pure volonté de Créateur en faveur de sa création de forme matérielle. Dieu, étant pris par Adam par la force de son serment et de son immutabilité, joignit, selon sa promesse, son opération spirituelle à l'opération temporelle d'Adam quoique contraire à sa volonté. Le Créateur agit avec Adam ainsi qu'il le désirait, et lui accorda le couronnement de son ouvrage en renfermant dans la forme de matière créée par Adam, un être mineur que le malheureux Adam a assujetti dans une affreuse prison de ténèbres, et qu'il a rendu par ce moyen susceptible d'être pensif et pensant en le précipitant dans une privation éternelle ou limitée.

Le mot *pensif* vient d'une jonction intellectuelle mauvaise à l'être mineur qui, par sa nature d'être spirituel divin, était émané *être pensant*, entièrement dans l'immensité du Créateur. Cette jonction intellectuelle a fait dégénérer le mineur de ce premier état et l'assujettit à être pensif, par les notions intellectuelles qu'il reçoit de la part du mauvais esprit ; ce qui fait que le mineur n'est que par temps pensant, par jonction entière avec l'esprit bon. Il n'est plus surprenant qu'Adam, après sa prévarication, soit devenu un être pensif et pensant ; il n'est pas plus surprenant que toute sa postérité soit devenue telle par la suite de cette même prévarication. Ce dernier fait est prouvé visiblement par les différentes façons de penser, d'agir et d'opérer que nous observons parmi la postérité de notre premier père temporel. Nous voyons, parmi cette postérité, différentes nations, différentes langues, différents cultes divins ou matériels, et une variété infinie de révolutions, tant en général qu'en particulier. De plus, nous voyons les hommes avoir entre eux, dans tous les temps, une avide et intime communication, afin de s'instruire les uns les autres de la pensée qu'ils ont conçue, tendant soit au spirituel, soit au matériel. Cela annonce combien cette postérité compte peu sur elle même et s'édifie de l'inspiration bonne ou mauvaise qu'elle reçoit du bon ou du mauvais esprit dans les lieux de ténèbres qu'elle habite. C'est à cause de son avènement dans cet état contraire à sa nature spirituelle, que nous nommons la postérité d'Adam, *pensive et pensante,* par la communication de son être intellectuel bon et mauvais, dont l'homme s'est rendu susceptible d'être environné.

Mais il faut cependant observer ici qu'il y a eu des mineurs qui ont reçu la naissance et la vie temporelle par la seule volonté et l'opération divine. Ces mineurs étaient destinés pour la manifestation de la gloire de l'Éternel, et, quoique leur forme ait été émanée de la postérité d'Adam, le mineur qui habitait cette forme était vraiment un pur être pensant sans jamais être pensif. Et pourquoi cela ? Parce que l'Éternel lui manifestait sa propre volonté par la vision d'un de ses députés qui lui annonçait, sans aucun mystère, ce qu'il devait faire pour opérer exactement la volonté divine. Autre chose est l'inspiration intellectuelle, et autre chose est l'acte d'opération visuelle de l'esprit; ce que je ferai comprendre en parlant de mineurs qui furent émanés avant Adam par la seule volonté du Créateur, et pour manifester sa gloire.

Dans les premiers temps de la postérité du premier homme, *Héli*, que nous appelons *Christ* et que nous reconnaissons avec certitude pour un être pensant, réconcilia Adam avec la création. *Enoch* réconcilia la première postérité d'Adam sous la postérité de *Seth*. *Noé* réconcilia la seconde postérité d'Adam, en réconciliant la sienne avec le Créateur, et ensuite réconcilia la terre avec Dieu. *Melchissédec* confirma ces trois premières réconciliations en bénissant les œuvres d'*Abraham* et ses trois cents serviteurs. Cette bénédiction est une répétition de celle que Dieu donna aux trois enfants de Noé, savoir : *Sem*, *Cam* et *Japhet*. *Abraham* et ses trois cents serviteurs forment le nombre parfait quatre et rappellent le même nombre quaternaire qu'avait formé Noé avec ses trois enfants.

C'est par le nombre huitenaire, qui résulte de la jonction de ces deux nombres quaternaires, que nous apprenons que toutes les réconciliations et confirmations dont nous venons de parler ont été faites directement par le Christ. Car, quoiqu'elles aient été opérées par l'assistance des mineurs émanés pou cette fin, ces mineurs, cependant, n'ont été que des figures apparentes dont le Christ s'est servi pour manifester la gloire et la miséricorde du Créateur en faveur des réconciliés. Nous connaissons avec certitude que le nombre huit est inné de double puissance donnée par le Créateur au Christ ; et c'est lui qui nous apprend que le *Messias* a opéré toutes choses en faveur des hommes temporels de cette première et seconde postérité d'Adam. Nous regardons comme seconde postérité d'Adam la postérité de Seth, parce qu'elle s'est rendue susceptible de réconciliation, et nous n'y comprenons point celle de Caïn, parce qu'elle est encore à être réconciliée et qu'elle paie encore tribut à la justice du Créateur. Nous devons le concevoir clairement par le type que nous figure la malédiction que Caïn reçut de son père Noé, après le repos de l'arche sur la terre. Son exil est demeuré fixé dans la partie du midi : c'est ce signe immémorial aux hommes, de génération en génération, que la postérité de Caïn n'est point encore réintégrée spirituellement dans toutes ses puissances et vertus personnelles, quoiqu'elle ne soit plus permanente sur cette surface terrestre.

Je ne vous laisserai point ignorer que ce qui est survenu à Caïn avait été prophétisé par un signe sensible aux enfants de Noé qui, toutefois, ne le comprirent pas. Ce signe était l'évasion du corbeau qui s'enfuit de l'arche avant que la terre fut découverte. Il dirigea son vol vers le Midi et ne revint plus reprendre sa place dans l'arche. Ceux mêmes qui étaient restés dans l'arche ne le revirent plus après qu'ils en furent sortis. Cette fuite du corbeau nous fait voir, par son type, qu'aucun fâcheux ou heureux événement n'arrive à l'homme sans qu'il ait pu le prévoir, et qu'il lui ait été annoncé de quelque façon que ce soit. Pourvu qu'il veuille réfléchir sur sa pensée, il verra bientôt le mal ou le bien qui lui en doit résulter, parce que l'intellect bon ne veut rien voir opérer sur la créature qu'il protège, sans lui faire entrevoir ce qui doit lui arriver de bien ou de mal.

Vous pourriez me demander pourquoi la première postérité d'Adam en Caïn n'est point encore réconciliée avec le Créateur? Le Christ, me direz-vous, n'est-il point venu pour réconcilier les vivants et les morts avec le Créateur? Dieu le Fils, par sa passion et l'effusion de son sang, n'a-t-il pas ouvert les portes du royaume des cieux à tous ceux qui étaient morts en privation divine? Ainsi cette postérité d'Adam en Caïn doit être comprise dans la réconciliation. Je répondrai à cela que le Christ n'a réconcilié avec Dieu le Père que ceux que l'opération spirituelle des justes avait marqués par le sceau. Ce sceau leur fut envoyé visiblement et sans aucun mystère sur l'emploi qu'ils devaient en faire en faveur de ceux qui devaient le recevoir pour être disposés à se fortifier de plus en plus dans la foi et dans la confiance en la miséricorde du Créateur, et afin de pouvoir soutenir avec une fermeté invincible toute la manifestation puissante de la justice divine qui pouvait s'opérer spirituellement devant eux par le Christ, chez tous les habitants de la terre, vivant en privation divine. Ce que je dis ici s'est réellement opéré par le Christ, comme je vais le faire concevoir plus clairement.

Nous ne pouvons point douter de la vertu et de la toute-puissance de Dieu le Fils, qui est vraiment l'action directe de la volonté du Créateur, père de toutes choses. Nous pouvons encore moins douter que toute création n'ait été opérée par le Créateur en présence de ce Fils divin, qui disait à chaque acte d'opération de pensée divine : tout est bon. Pour qu'il put dire une pareille chose, il fallait bien qu'il connût à fond le principe de la pensée opérante du Créateur. Il connaissait, en effet, toute la bonté et toute la validité des saintes pensées opérantes que le Créateur opérait devant lui, et il applaudissait lui-même par la joie et les délices qu'il ressentait en disant : *Je suis en toi et en tes œuvres, Créateur Tout-Puissant, comme tu es en moi et dans mes œuvres. J'ai lié dans leurs bornes toutes les choses que tu as créées, ainsi que ta volonté l'a ordonné. Celui qui marche après toi et moi vérifiera et confirmera toutes les œuvres et les miennes, et il apprendra à tous les êtres spirituels divins ta volonté touchant les lois immuables sur lesquelles tout être créé est fondé.* C'est encore en vertu de ces mêmes lois que tout être émané agit en sa vertu et puissance, bonne ou mauvaise, et que toute opération spirituelle temporelle se fait, ainsi que son produit, en faveur de celui qui opère pour ou contre la gloire du Créateur et de la créature. C'est ce qui sert à vous convaincre que c'est le Christ lui-même qui a dirigé les opérations des justes dont je viens de parler en faveur des mineurs devenus les esclaves des démons, et en faveur de ceux qui souffrent encore présentement toutes les persécutions des esprits démoniaques. Nous l'apprendrons plus particulièrement par les trois jours que le Christ est resté ignoré de la terre et de ses habitants. Le premier jour, il descendit dans les lieux de la plus grande privation divine, appelés vulgairement les enfers, pour délivrer de la servitude horrible les mineurs marqués du sceau de la réconciliation. C'est véritablement là la première opération, puisqu'il n'était venu chez les hommes que pour opérer en nature la justice divine directement contre les ennemis du Créateur.

La seconde opération du *Christ* fut faite en faveur des justes, que l'on nomme *Saints Patriarches*, qui payent encore tribut à la justice du Créateur, non pas pour avoir mené une vie criminelle, ni s'être mal conduits spirituellement, mais seulement pour purger la souillure qu'ils ont contractée par leur séjour dans une forme de matière qu'ils ont eue, et où ils sont descendus par la prévarication d'Adam, tandis qu'ils devaient habiter un corps de gloire incorruptible, selon que le Christ nous l'a montré physiquement par sa résurrection glorieuse. Le Messias, qui signifie régénérateur spirituel divin, avait disposé, par sa propre opération doublement puissante et faite immédiatement de son chef, les mineurs patriarches qui devaient être, pendant leur vie temporelle, un type réel de son avènement et de sa toute-puissance pour la manifestation de la justice divine qui devait être opérée par lui sur tous les êtres émanés. Ces mineurs patriarches avaient reçu du Christ, pour cet effet, le caractère doublement fort de son opération, par lequel ils étaient prévenus de tout ce que le Christ faisait et devait faire à l'avenir en leur faveur et en faveur des mineurs, qui étaient dans une position divine plus considérable que la leur. Il n'est point surprenant que cet être réconciliateur eut, par préférence, donné ce caractère aux mineurs qu'il avait lui-même disposés pour servir d'instrument à la manifestation de la gloire divine. Il leur donna de plus la puissance de rendre ce caractère reversible sur les mineurs en privation, et cela par leur propre opération spirituelle divine sur ces mineurs en faveur desquels ils devaient opérer pour la plus grande gloire du Créateur et la plus grande honte des démons. C'est à cause de cette disposition et préparation spirituelle divine que le régénérateur fut premièrement chez les mineurs les plus opprimés, comme ayant plus besoin de son secours que ceux qui avaient déjà notification de par Christ même de tout ce qu'il opérait pour la plus grande gloire du Créateur.

Vous désirez sans doute de connaître quel était ce caractère que le régénérateur mit sur ces saints patriarches? C'était un être spirituel majeur plus puissant que les mineurs glorieux, et qu'ils ne pouvaient distinguer que par les différentes actions spirituelles que cet être opérait lui-même au centre de ces mineurs réconciliés et non encore régénérés. L'opération du Christ sur ces mineurs patriarches produisit en eux un changement incompréhensible; ils furent par ce moyen plus fortement convaincus qu'ils ne l'avaient jamais été pendant leur vie passagère de la tendresse inviolable que le Créateur avait et aurait éternellement pour sa créature, ne l'ayant point créée pour la perdre si elle ne se perd point elle-même, en vertu du caractère puissant que ces justes mineurs avaient reçus.

Le Christ (ce nom signifie réceptacle d'opération divine) opéra sur les mineurs une action toute opposée à celle qu'ils avaient eue par le passé, en traçant au mineur reconcilié un travail tout différent de celui qu'ils avaient fait pendant leur cours temporel, ainsi qu'on peut le comprendre, quoique sans comparaison, par les différents usages qui se pratiquent parmi les habitants de cette surface terrestre. Il avait été mis également sur les esclaves des démons un pareil caractère, provenant de l'opération sainte de ces glorieux patriarches, qui opérèrent la volonté du Christ conjointement avec l'être spirituel majeur doublement puissant. C'est par ce moyen que les esclaves des démons reçurent le sceau de la réconciliation divine, mais sceau à la vérité plus fort que celui qui avait été mis sur les mineurs patriarches, attendu que celui-ci ne devait opérer que des choses très-succintes, au lieu que celui qui fut mis sur les esclaves des démons devait opérer des faits plus forts et plus considérables. Aussi le changement qui se fit sur les mineurs patriarches, quoique très-fort, le fut infiniment moins que celui qui se fit sur les esclaves des démons, parce que l'esprit qui opérait dans l'habitation de ces mineurs avait deux actions à opérer, savoir : la réconciliation des mineurs et la punition des majeurs pervers. Voilà quelles furent la première et la seconde opération du Christ pendant les deux premiers des trois jours qu'il resta ignoré des hommes, pour nous donner le type de la sépulture et ensuite celui de la réconciliation et résurrection spirituelles aux yeux de toute la création.

La troisième opération du Christ fait allusion au troisième jour de sa sépulture; et elle fut faite sur deux espèces de mineurs qui étaient plus ou moins resserrés en privation divine. Ainsi cette troisième opération fut divisée en deux substances, dont une visible aux mortels ordinaires, et l'autre invisible à ces mêmes mortels, attendu qu'aucune matière ne peut voir et concevoir l'esprit sans mourir, ou sans que l'esprit ne dissolve et n'anéantisse toute forme de matière.

A l'instant de son apparition, la substance invisible de la troisième opération du Christ a consisté à avoir abrégé lui-même le terme des travaux et des opérations pénibles que faisaient les mineurs qui satisfaisaient à la durée du temps pendant leur cours universel, général et particulier, selon qu'il a été prescrit par le Créateur.

Ce cours universel, auquel le mineur est assujetti, se fait connaître par l'étude soigneuse que les hommes de tous les temps ont faite, et que ceux du siècle présent font encore, des trois principaux cercles sphériques pour se procurer avec plus de certitude les différents moyens de parcourir toute la surface de la terre. Les hommes ne considèrent ces trois cercles que comme étant propres à satisfaire leurs passions cupides de matière, relativement au peu de connaissance qu'ils ont de ces cercles, par le vice du motif de leurs recherches. Je conviens bien que ces trois cercles appelés : cercle sensible, cercle visuel et cercle rationnel, ont en eux la propriété d'instruire l'homme dans la connaissance de l'espace et des bornes de la création universelle, générale et particulière; mais il faut que les hommes soient dans de grandes ténèbres s'ils ne considèrent ces trois cercles que matériellement.

Nous attachons spirituellement le cercle mineur au sensible, le cercle intellect au visuel, et le cercle majeur au cercle rationnel, et ces trois cercles ne sont autre chose qu'une étendue distincte dans laquelle les mineurs équitables finiront d'opérer leur action temporelle, invisible à l'homme corporel. Cette opération commence au cercle sensible; les mineurs passent de là dans le cercle visuel où s'accomplit la force de leur opération spirituelle, que nous nommons réaction d'opération; en ce que l'étendue de ce second cercle est infiniment plus considérable que celle du premier, dans lequel les mineurs ont fini le cours de l'opération naturelle à leur être : ils vont jouir du repos à l'ombre de leur réconciliation, dans le cercle que nous nommons rationnel.

Tous les différents corps planétaires et élémentaires résident dans les intervalles de ces trois principaux cercles, que nous distinguons encore par les trois principales puissances divines qui s'opèrent certainement entre eux, comme je vais le faire entendre par les trois nombres qui suivent : le nombre quatre est donné au mineur, le nombre sept tes donné à l'esprit, et le nombre huit au double esprit qui est le Christ. Le Christ préside à l'esprit, l'esprit préside au mineur, et le mineur préside à la forme terrestre. C'est donc, comme nous l'avons dit, à abréger le cours et les opérations des mineurs dans ces trois cercles que consiste la première substance de la troisième opération du Christ, afin que ces mineurs puissent ensuite se reposer à l'ombre de leur réconciliation.

La seconde substance visible aux hommes corporels consiste dans le plan qu'il leur a tracé lui-même, soit par sa résurrection, soit par sa propre instruction qu'il a laissée à ses fidèles élus par sa parole spirituelle divine. Voilà sincèrement ce que je sais et ce qui m'a été dit touchant la réconciliation faite par le Christ, réconciliation vraiment préparée par les élus justes de ce même Christ, auquel il en avait donné le premier l'exemple, ainsi que je vais le faire concevoir.

Héli réconcilia le premier homme avec le Créateur, par l'entremise de son esprit qui fit jonction avec le premier mineur émané. Enoch, par sa justice, opéra en faveur de la postérité des enfants de Seth tant vivants que décédés, sur lesquels il fit passer le caractère ou le sceau authentique de son opération. C'est avec ce sceau qu'il marqua ceux qui furent dignes d'accompagner le Christ lorsqu'il fut rendre compte à son père, Créateur, des opérations qu'il avait faites pour sa plus grande gloire et à la honte de ses ennemis. Noé a répété le même type, ainsi que Melchissédec, Élie, Zorobabel et le Christ. Voilà ceux qui ont été préposés par ordre du Créateur pour marquer les êtres mineurs spirituels qui devaient accompagner le triomphe de la manifestation de la justice divine opérée par la puissance de l'Homme-Dieu et divin, selon son immédiate correspondance avec le Créateur.

Je n'entrerai point dans le détail des différentes opérations que ces justes ont faites pour coopérer à la marque de ces signalés qui devaient définitivement former la cour du Christ, lorsqu'il fut paraître en esprit face à face avec le Créateur, père de toute autorité et puissance divine immuable. Mais vous pourriez me demander comment il se peut que ce que j'ai dit touchant la réconciliation du mineur ait été opéré par les justes dont je viens de parler? Tout évènement, me direz-vous, temporel ou spirituel, n'était-il pas prévenu par les lois immuables que le Créateur avait données à la création universelle ? Je vous répondrai que vous devez sentir que Dieu ne pouvait prévenir ce qu'il n'avait pas prévu, ne pouvant lire dans la pensée, ainsi que je l'ai déjà dit, que lorsqu'elle est conçue, et ne pouvant détruire la volonté des êtres spirituels. On sait que, sans cette liberté, Adam n'aurait pu prévariquer, et sa prévarication a opéré un changement si considérable que le Créateur a été forcé de changer l'opération de la création générale et particulière. Par la création générale on doit entendre la terre, et par la création particulière, tous les mineurs qui l'habitent tant dans le corps terrestre que le céleste. Oui, c'est cette prévarication que vous ne pouvez pas ignorer, quoique vous n'en connaissiez pas encore parfaitement le genre, qui a obligé le Créateur à faire force de loi divine dans sa création.

Vous savez que le Créateur émana Adam, homme-Dieu juste de la terre, et qu'il était incorporé dans un corps de gloire incorruptible. Vous savez que, lorsqu'il eut prévariqué, il le maudit lui personnellement avec son œuvre impure, et maudit ensuite toute la terre. Vous savez encore que, par cette prévarication, Adam dégénéra de sa forme de gloire en une forme de matière terrestre. Vous saurez donc par moi que toutes ces choses n'auraient pû servir à la nature générale et particulière, si le Créateur n'avait suspendu et retiré vers lui, pour un temps, les pouvoirs qu'il avait donnés à son premier homme dans son état de justice. Le changement qui se fit chez Adam, du corps de gloire en corps de matière terrestre, annonçait les nouvelles lois que le Créateur lui donnerait lorsqu'il serait réconcilié. C'est lors de cette réconciliation que le Créateur le bénit une seconde fois, lui pardonna sa faute, mais ne lui rendit qu'une puissance inférieure à celle qu'il possédait avant son crime jusqu'à sa réconciliation. Ceci, d'ailleurs, vous est clairement et physiquement représenté en nature sensible par les différentes lois que Moïse descendit de dessus la montagne. Moïse ne donna point au peuple d'Israël les premières tables de la loi ; la prévarication de ce peuple engagea Moïse à rompre ces tables et à priver par là les Israélites de cette loi divine qu'ils désiraient recevoir avec tant d'ardeur. Moïse, après cet évènement, se réconcilie avec son peuple et lui promet une seconde loi de par l'Éternel : loi qu'il lui donna selon qu'il plut à l'Éternel de lui accorder en faveur de la réconciliation qu'il avait faite avec son peuple élu. Cette réconciliation ne pouvait venir directement de la seule volonté et faculté de Moïse; elle ne venait que de la puissance du Créateur. La preuve qu'on en peut donner, c'est que tous les pouvoirs d'un homme seul ne sont pas capables de réconcilier vingt personnes à sa volonté; et si Moïse n'avait opéré que de son chef et sans le secours d'un être supérieur à lui, toutes ses paroles et tous ses efforts eussent été inutiles. Jugeons-en par comparaison avec les hommes de ce siècle, qui traitent de grossiers les hommes de ces premiers siècles. Quelle idée pouvons-nous avoir, et comment réconcilier les hommes du siècle présent qui n'ont jamais vu aucune manifestation physique, spirituelle ou divine s'opérer devant eux, si ce n'est celles qui s'opèrent par les lois immuables qui doivent actionner et entretenir la création universelle, pendant la durée que le Créateur lui a prescrite ? Vous désirez peut-être savoir quel est le temps de cette durée; mais ce n'est point ici le lieu de vous en parler. Je vais poursuivre définitivement l'explication du genre de la prévarication d'Adam, parce que c'est de là que sont sortis toutes les époques, tous les types et tous les différents évènements qui sont survenus depuis le commencement du monde jusqu'à nous et qui se perpétueront jusqu'à la fin des siècles.

La peine qu'Adam ressentit d'être devenu pensif et pensant, ne fut autre chose que ce qui devait manifester la première des époques fâcheuses qui devaient survenir à sa postérité, et c'est de là qu'Adam conçut plus fort la grande conséquence de sa prévarication. Il la conçut par le trouble, l'agitation et les différents combats qui se passaient en lui, lorsqu'il fut resserré dans son corps second de matière terrestre. Dans cet état, il fit ses lamentations au Créateur ; il réclama la clémence du Dieu vivant qui est le Christ, et du Dieu vivifiant. L'esprit alors lui présenta dans son assoupissement le fruit de sa prévarication, ce qui acheva de le consterner et d'augmenter la violence de ses remords en considérant son ouvrage. Il conçut ce que le Créateur lui faisait demander. Ce malheureux homme sentit qu'il fallait qu'il reconnût sincèrement sa faute et qu'il la confessât telle qu'il l'avait opérée et qu'elle lui était représentée. Adam satisfit à la volonté divine ; il avoua avec la plus grande sincérité l'ouvrage de sa maudite pensée et l'opération de sa propre volonté, qui devait le lier avec le fruit de son travail pour un temps immémorial. Il confirma cet aveu en donnant à ce fruit de sa prévarication le nom de Houva ou Hommesse qui signifie chair de ma chair, os de mes os, et l'ouvrage de mon opération conçue et exercée par l'œuvre de mes mains souillées. Voilà ce que vous cherchiez à connaître touchant le genre de prévarication d'Adam.

Ce que je viens de vous dire sur la prévarication d'Adam et sur le fruit qui en est provenu, vous prouve bien clairement ce que c'est que notre nature corporelle spirituelle, et combien l'une et l'autre ont dégénéré, puisque l'âme est devenue sujette au pâtiment de la privation, et que la forme est devenue passive, d'impassive qu'elle aurait été si Adam avait uni sa volonté à celle du Créateur. C'est là aussi où vous pouvez reconnaître sensiblement ce que nous appelons spirituellement *décret prononcé par l'Éternel contre la postérité d'Adam jusqu'à la fin des siècles*, et que l'on nomme vulgairement *péché originel*.

Mais il faut à présent que je vous fasse encore mieux concevoir que je l'ai fait, le changement des lois cérémoniales d'opération de la création générale et particulière, relativement au crime du premier homme. Je vous ai montré quels étaient le pouvoir, la vertu, le commandement et l'autorité du premier mineur émancipé dans son corps de gloire. Je vous ai montré comment il se transmua, par son crime, de cette forme glorieuse en une forme de matière terrestre. Mais ce corps second de matière terrestre avait la même figure apparente que le corps de gloire dans lequel Adam avait été émané. Il n'y eut donc de changement que dans les lois par lesquelles il se serait gouverné, s'il était resté dans ce premier principe de justice.

Lorsqu'un être créé temporel change de nature d'action, il change nécessairement de lois d'opération : lorsque le Créateur réconcilia la création générale universelle et particulière, il y eut changement dans les lois qui dirigeaient cette création avant qu'elle fut maudite et réconciliée. Il en fut de même du premier homme ; ayant changé son état de gloire, il était absolument nécessaire que le Créateur changeât aussi les premières lois d'opération qu'il lui avait données ; ces premières lois n'étant plus convenables à l'action et à la direction d'une forme corporelle aussi peu étendue que celle dont Adam fut contraint de se revêtir par autorité divine.

Les lois qui gouvernent les formes corporelles de matière apparente passive, ne sont point, comme vous devez le sentir, celles qui gouvernent tout esprit mineur, possesseur et gouverneur d'une forme de corps glorieux, qui ne tire point son origine de la matière que nous voyons physiquement condensée. La forme glorieuse ne contient point l'esprit mineur ou autre esprit en privation divine, puisqu'elle est, comme le mineur et comme tout autre esprit, députée par l'Éternel pour manifester chez les hommes ou partout il plaît au Créateur, la gloire de cet être divin. Je dirai plus, Adam et sa postérité étant détenus dans cette forme de matière terrestre, ne devaient pas rendre au Créateur le même culte que celui pour lequel le premier homme avait été émané. Si le premier mineur a changé de forme, il faut de toute nécessité qu'il ait changé d'opération. Cette nouvelle opération est infiniment bornée par la force des lois que le Créateur a exercées contre Adam et qu'il a rendues reversibles sur toute sa postérité jusqu'à la fin du temps.

Cette opération bornée ne doit point vous surprendre, vu l'emploi inique qu'Adam a fait de son premier Verbe que l'Éternel avait mis en lui, pour qu'il produisit une postérité de Dieu. Ce Verbe, que vous ignorez peut-être et que vous considérez comme une chose incompréhensible, n'était que l'intention et la volonté qui devaient opérer par la parole puissante de ce premier homme. Mais pour connaître plus clairement le Verbe de postérité de Dieu qu'Adam avait inné en lui, il faut remonter à la connaissance des différents Verbes que le Créateur a employés pour sa création universelle, dans laquelle consistent la générale et la particulière, selon son intention, sa volonté et sa parole, de laquelle toute action, toute forme et tout être spirituel mineur sont provenus.

C'est en joignant ces trois dernières choses, l'intention, la volonté et la parole, aux trois qui les précèdent, que je ferai concevoir les trois principaux Verbes de Création dont l'Éternel s'est servi pour créer toutes choses. L'intention se joint à la création de l'univers, qui est figuré par un cercle immense, dans l'intérieur duquel le général et le particulier sont mis en action et en mouvement. La volonté se joint à la création du général ou de la terre, qui est figurée par un triangle, ainsi que la figure qu'en avait conçue le Créateur dans son imagination pensante devait être représentée. La parole rejoint l'émanation particulière des mineurs spirituels, habitant dans la forme corporelle particulière terrestre, forme semblable à celle de la terre, et qui a été également produite conformément à l'image de la pensée divine.

C'est par ceci et par ce qui va suivre que nous apprenons à concevoir le Verbe de Création qui était au pouvoir d'Adam. Si le créateur n'avait point eu d'intention, il n'aurait point eu de volonté, il n'aurait point eu de paroles d'actions. Or, puisque l'être spirituel mineur n'est que le fruit de l'opération de ces trois principes divins, il fallait que le premier homme portât les marques de son origine, et qu'il eût par conséquent ces trois principes innés en lui, lorsque l'Éternel le détacha de son immensité divine pour être homme-Dieu sur la terre.

Nous avons vu précédemment que Dieu ne pouvait être l'auteur du mal; ainsi Adam fut émané dans le bien et dans la justice. Adam avait donc en lui un Verbe puissant, puisqu'il devait naître de sa parole de commandement, selon sa bonne intention et sa bonne volonté spirituelle divine, des formes glorieuses impassives, et semblables à celle qui parut dans l'imagination du Créateur. Ces formes glorieuses ne pouvaient être de la nature des formes de matière terrestre, qui n'étaient destinées, selon la volonté du Créateur, qu'à servir de prison aux esprits prévaricateurs. Aussi la forme dans laquelle Adam fut placé était purement spirituelle et glorieuse, afin qu'il put dominer sur toute la création, et exercer librement sur elle la puissance et le commandement qui lui avaient été donnés par le Créateur sur tous les êtres.

Cette forme glorieuse n'est autre chose qu'une forme de figure apparente que l'esprit conçoit et enfante selon son besoin et selon les ordres qu'il reçoit du Créateur. Cette forme est aussi promptement réintégrée qu'elle est enfantée par l'esprit.

Nous la nommons impassive parce qu'elle n'est sujette à aucune influence élémentaire quelconque, si ce n'est à l'influence pure et simple. Elle n'est susceptible d'aucun aliment, si ce n'est de celui que son esprit lui procure. Aucune particule du feu central n'actionne sur elle. Enfin cette forme glorieuse aurait été perpétuée par Adam par la reproduction de sa postérité spirituelle, mais toutefois sans aucun principe d'opération matérielle, selon que l'avènement et la résurrection du Christ, et la descente de l'esprit divin dans le Temple de Salomon nous l'ont fait voir en nature.

Par tout ce qui a été dit, nous ne devons plus douter des changements considérables des lois d'opérations survenues par la prévarication du premier homme, soit sur le corps général et particulier, soit sur les mineurs, et dans les opérations que ces mêmes mineurs ont à faire aujourd'hui, et qui sont toutes opposées à celles pour lesquelles ils avaient été émanés. Nous avons vu de plus une lueur de ce fameux nombre ternaire de création de toute forme quelconque, par la jonction de l'intention, de la volonté et de la parole qui enfante l'action divine, laquelle est certainement Verbe. En effet, à quoi servirait l'intention sans la volonté, la volonté sans la parole, et la parole sans effet ou action ? Il a fallu l'intention, la volonté et la parole pour opérer chacune des trois parties de la création, mais c'est la parole qui a déterminé l'action de l'intention et de la volonté divine. C'est par cette détermination que le Verbe a eu lieu : c'est donc certainement dans le Verbe du Créateur, que le nombre ternaire de création générale universelle et particulière existe et non ailleurs ; car l'intention, la volonté et la parole produisent un effet spirituel, ou une action ; ce qui fait voir que le Verbe de création ne s'est point produit de lui-même ; puisqu'il est émané de l'intention, de la volonté et de la parole du Créateur.

C'est aussi par ce Verbe et son émanation que nous reconnaissons avec certitude que le premier nombre ternaire de création quelconque est coéternel en Dieu, selon ce qui suit : l'intention 1, la volonté 2 et la parole 3, d'où provient l'action ou le Verbe. Additionnez : dans ces trois nombres vous trouverez 6, ainsi qu'il suit : 1 et 2 font 3, 3 et 3 font 6. C'est là ce qui complète les six pensées de création générale et particulière de l'Éternel. Ce nombre est certainement dans la création universelle, générale et particulière.

C'est par tout ce que je viens de vous dire que vous devez concevoir d'où est provenu tout être créé, tant spirituel que matériel, de même que la grande puissance qu'avait jadis le premier homme, et celle que peut avoir encore aujourd'hui sa postérité. Cette puissance, toutefois, est bien peu de chose si l'homme ne fait point sa réconciliation avec le

Créateur. J'ose même dire qu'elle n'est rien sans cela, et qu'alors la brute a plus de vertu dans son seul instinct passif, que n'en a le mineur spirituel lorsqu'il a dégénéré et qu'il s'anéantit dans l'inaction spirituelle divine jusqu'au point de devenir le tombeau de la mort. Je veux dire, par l'expression du tombeau de la mort dont je me sers ici, que les malheureux mineurs qui ne sont point réconciliés, deviendront la proie des esprits pervers, qui, par la jonction qu'ils feront avec eux, les feront demeurer dans leur réprobation pour un temps infini.

Voilà quel sera le sort des mineurs qui n'auront pas suivi la justice du Créateur. Voyez combien nous devons nous tenir sur nos gardes, et nous efforcer d'imiter Adam qui, après avoir confessé son crime avec sincérité et avec le repentir le plus amer, obtint du Créateur sa réconciliation et fut remis en partie dans ses premières vertus et puissances sur les trois genres de créations temporelle, *sous condition toutefois que son intention et sa volonté seraient à l'avenir conformes aux lois de la réconciliation*. Réfléchissez sur cette réconciliation, vous y verrez toujours le nombre ternaire, savoir : Adam, le Christ et le Créateur. Vous y verrez que cette triple essence divine forme bien clairement les trois principes de toute création ainsi qu'il suit : l'intention du Père 1, la volonté du Christ 2, et la parole du mineur spirituel qui provient de l'intention et de la volonté des deux premiers 3. Je mets le mineur au nombre des trois premières essences divines parce qu'il est lui-même le produit de l'intention du Père, de la volonté du Fils régénérateur et de l'action de l'Esprit divin ; ce que j'expliquerai plus clairement lorsque je parlerai de la quatriple essence divine, que je ne prétends point vous laisser ignorer, quoique je n'en ai pas encore fait mention.

Je vais continuer de parler de la réconciliation parfaite du mineur premier homme. Lorsque le Créateur bénit Adam et son œuvre impure, il lui dit : « Adam, rehausse ton ouvrage, afin que vous produisiez ensemble une postérité de forme particulière dans laquelle sera contenue la figure universelle générale en figure certaine et indubitable, ainsi qu'elle est contenue dans la forme que tu diriges pour le temps que je prescris. » Ce sont les paroles que l'Écriture rapporte : Croissez et multipliez. C'est-à-dire, lorsque Adam et Ève furent sortis de leur première place opérante, il leur fut ordonné de reproduire les formes semblables aux leurs, Adam et Ève exécutèrent cet ordre avec une si furieuse passion des sens de leur matière, que le premier homme retarda par là son entière réconciliation. Cependant ils engendrèrent la forme corporelle de leur premier fils qu'ils nommèrent Caïn, qui veut dire : le fils de ma douleur. Ce nom lui fut donné par Adam parce qu'il sentit bien qu'il avait opéré en ce fils une opération conduite par une passion désordonnée et contraire à la modération dont il devait user. (Disons en passant que l'ordre qui fut adressé par le Créateur directement à Adam pour sa reproduction, nous enseigne que le Créateur avait fait Adam le gardien de sa semence reproductive).

Adam avait bien raison de nommer son premier né : le fils de ma douleur, puisque ce fut par cette œuvre que sa réconciliation fut suspendue. Ce fut encore par cette même opération, et par le nom de Caïn, qu'il donna à son premier né, qu'il prophétisa la grande douleur qu'il ressentait à l'avenir par la forte prévarication de sa postérité, qui contreviendrait aux lois, préceptes et commandements divins ; et c'est pourquoi Adam a été reconnu pour le premier prophète par cette même postérité.

Cependant ce même fils engendré par une passion contraire aux ordres du Créateur, devait contribuer à la réconciliation du premier père, par les vives douleurs que ce fils lui ferait sentir en lui répétant la noirceur de sa première prévarication, puisque Caïn opéra mystérieusement cette prévarication en présence d'Adam. C'était bien là le coup le plus cruel et le remords le plus amer qu'il put faire naître dans le cœur de son père. Aussi l'on ne peut concevoir quels furent la douleur et l'accablement d'Adam, lorsqu'il vit son premier fils en proie aux puissances démoniaques. Personne ne pouvait juger comme le premier père de sa propre douleur, et de celle que son fils devait éprouver, puisqu'il n'y avait pas longtemps qu'Adam lui-même avait été retiré, par la pure miséricorde du Créateur, des mains de ces mêmes démons qui venaient de séduire son premier fils, et de le précipiter pour une éternité dans la privation divine.

Par cette double peine, Adam se fortifia dans sa loi et dans sa confiance au Créateur. Il gémit plus que jamais d'avoir coopéré à la conception de ce malheureux fils, hors des bornes prescrites par le Créateur. Il se soumit volontairement par son serment authentique à la volonté du Créateur, et promit de ne s'écarter jamais des lois, préceptes et commandements que le Créateur lui tracerait sous quelque prétexte que ce fût. Mais cette résignation du premier père ne fut qu'apparente; il n'eut point la persévérance qu'il avait jurée; au contraire, il conçut avec sa compagne hommesse ou Ève une postérité femelle qu'ils nommèrent conjointement Caïnan, qui veut dire : enfant de confusion; parce que cette conception fut opérée selon les mêmes lois que Caïn avait été conçu.

Cinq ans après, la liaison qu'il voyait entre ces deux enfants lui fit croire que le temps était venu où toutes ses peines allaient finir. Il s'aveugla de nouveau et conçut avec Houva ou Ève une troisième postérité, laquelle était femelle et qu'il nomma Aba 1 qui veut dire : enfant de matière ou enfant de privation divine. Adam resta ensuite l'espace de six années sans produire de postérité, parce que, pendant cet intervalle et à commencer de la naissance de son troisième enfant, il tomba dans un abattement considérable. Un si fort dégout de son être s'empara de lui qu'il ne savait que devenir. Il tomba dans une entière inaction, soit pour le spirituel divin, soit pour le spirituel démoniaque, n'étant plus sensible à aucune impression bonne ou mauvaise. Ce qui le rendit tel, ce fut la forte connaissance qu'il eut de tous ses crimes passés envers le Créateur. L'esprit bon lui procura cette connaissance, et lui fit entendre clairement que la terre qu'il avait cultivée jusqu'à présent, contre les ordres du Créateur, ne lui produirait que douleur et amertume, et serait le poison de la discorde pour toute sa postérité.

C'est là l'essence des menaces que le Créateur fit à Adam en le chassant du Paradis Terrestre, selon que l'Écriture le rapporte : « *Va cultiver la terre; elle ne te produira que des ronces.* » Je demanderai s'il y a des ronces plus aiguës que celles que peut porter dans le cœur d'un père bon une postérité criminelle? C'étaient là les maux que le Créateur avait annoncés au premier homme, que l'ouvrage de son opération de matière terrestre lui produirait; mais c'était dans cet anéantissement, que le Créateur se proposait de pardonner toutes les faiblesses du premier homme en le disposant, lui et sa compagne, à coopérer à une conception pure et simple, sans participation d'aucun excès des sens de leur forme matérielle. Ainsi, Adam ne borna point sa postérité aux trois enfants dont je viens de parler; il eut encore quatre enfants deux mâles et deux femelles, et c'est le premier fils de ces quatre qui devait opérer la réconciliation de son père.

Adam forma donc avec sa compagne une opération agréable au Créateur, et Ève conçut le séminal qu'Adam avait répandu dans ses entrailles et qu'elle conserva heureusement jusqu'à son entière maturité. Il n'était pas surprenant qu'Ève eut un soin tout particulier de ce nouveau fruit, puisqu'elle sentait naître dans elle-même une racine de salut. Suivons ici la postérité d'Adam.

Adam et Ève prirent un soin particulier de ce quatrième enfant. Ils ne le perdirent jamais de vue, quoiqu'ils ne connussent pas encore parfaitement tout le fruit qu'ils devaient en retirer par la suite l'un et l'autre. Ils ne pouvaient se lasser d'admirer sa conduite soit envers ses deux sœurs et son frère Caïn, soit envers ses père et mère. Il cherchait à gagner leur amitié dès l'âge le plus tendre, n'ayant encore que trois ans, et il alla toujours en augmentant en bonté et en sagesse, en vertu et en bon exemple, tout le temps qu'il resta parmi les hommes comme homme-Dieu juste sur la terre. Ce bienheureux enfant s'efforçait sans cesse d'adresser au Créateur des cultes spirituels qui surprenaient toute sa famille. Toutes ses opérations ne tendaient qu'à calmer la justice de Dieu envers sa première créature mineure et envers sa postérité, connaissant par ses opérations combien cette postérité allait être fortement frappée par la justice divine. Enfin, Abel se comporta comme Adam aurait dû le faire dans son premier état de gloire envers l'Éternel : le culte qu'Abel rendait au Créateur était le type réel que le Créateur devait attendre de son premier mineur.

Abel était encore un type bien frappant de la manifestation de gloire divine, qui s'opèrerait un jour par le vrai Adam ou le Christ pour la réconciliation parfaite de la postérité passée, présente et future de ce premier homme ; moyennant que cette postérité userait en bien du plan d'opération qui lui serait tracé par la pure miséricorde divine, ainsi que le type d'Abel l'avait déjà prédit par toutes ses opérations à Adam et à ses trois premiers nés.

Ces trois premiers nés d'Adam tinrent une conduite toute opposée à celle d'Abel. Aussi, plus Adam et Ève se sentaient en paix. Une joie et une satisfaction inexprimable inondaient Ève, au lieu qu'elle n'avait ressenti que de vives et cruelles douleurs pendant tout le temps qu'elle avait porté ses trois premiers enfants. Cette différence provenait des dons que la grâce de l'Éternel avait mis dans l'âme de ce quatrième enfant.

Cette âme communiquait à la sienne son innocence, sa candeur et sa pureté. Adam redevint de même satisfait et joyeux, ce qui augmenta encore le contentement qu'Ève ressentait. Ils considérèrent surtout avec plaisir le temps où ce dernier fruit fut enfanté. Ce fut à la septième année de l'intervalle qui s'était passé depuis pu'Adam avait eu les trois premiers. Adam ne put s'empêcher de louer le Seigneur sur cet évènement, ainsi : *L'Éternel Créateur des cieux et de la terre et de son serviteur Adam, ou réaux, soit à jamais béni pour tout ce qu'il a créé. C'est de lui que je tiens une quatrième postérité qui fera toute ma satisfaction dans le cours d'ici-bàs et dans celui qui est à venir.*

Il nomma cet enfant *Aba 4*, qui veut dire : *enfant de paix*, ou *Abel 10*, qui veut dire : *un être élevé au-dessus de tout sens spirituel.*

Tout ce que je viens de dire a été répété en nature physique vers le milieu du temps par la grossesse de Marie et d'Élisabeth ; par le tressaillement qu'Élisabeth sentit naître dans son âme lorsqu'elle salua sa cousine Marie qui venait la visiter, et par la satisfaction que les deux pères temporels sentirent, l'un de la propre opération physique de ses œuvres, et l'autre de l'unique opération spirituelle que l'Éternel avait manifestée en faveur de sa femme adoptive. On verra ailleurs l'explication de tous ces types, occupant les cornes de l'autel ou le côté des cercles qui regarde vers le nord, et Caïn celui qui regarde le midi.

Après qu'Abel eut rempli ses fonctions spirituelles suivant ses ordres, il se retira de sa propre prosternation, il fut rendre compte à son père de ce qu'il avait appris du Créateur en sa faveur. Adam mit alors Abel à sa propre place septentrionale et fut ensuite tout tremblant, faire sa prosternation ainsi qu'Abel l'avait faite. Lorsqu'il eut fini, il rappela ses deux fils à lui, en plaçant Abel sur sa droite et Caïn sur sa gauche, et dans cette situation, Adam leur fit part de ce qu'il avait appris du Créateur. « Je vous préviens, leur dit-il, de par l'Éternel Créateur, que j'ai obtenu grâce devant lui : sa justice a cessé d'être reversible sur moi par l'intermission et l'entremise de mon fils Abel, dont le Créateur a exaucé la sainteté en ma faveur. Venez, mes deux fils, que je partage ma joie avec vous, en vous faisant part des deux sensations que je viens d'éprouver, celle du mal, et celle du bien qui fait ma réconciliation parfaite avec le Créateur. » Puis s'adressant à Caïn, il lui dit : « Mon fils premier né, que vos œuvres à l'avenir soient celles de votre frère dernier né. Apprenez de moi que le Créateur met sa confiance sans aucune distinction d'origine temporelle et spirituelle, et qu'il accorde toute puissance supérieure à celui ou à celle qu'il sait la mériter, et à qui elle est dûe. Que votre volonté, Caïn, soit à l'avenir celle de votre frère Abel, de même que la mienne sera inviolablement à l'avenir celle du Créateur.

Le cérémonial commença à la moitié du jour solaire, et le tout ne dura qu'environ une heure de temps. Plus les signes venaient vers leur fils Abel, plus leurs trois premiers nés devenaient les ennemis de leur propre frère. Adam et Ève regardèrent Abel comme un interprète spirituel divin, et ils observaient avec précision tout ce qu'il leur disait et leur faisait faire, en joie et en sainteté. Les trois premiers nés au contraire s'opposaient à tout ce qu'Abel opérait en leur propre faveur et en celle de leur père et mère; ils allèrent même jusqu'à tendre des pièges d'opérations contraires aux siennes, pour le détruire et l'effacer physiquement de devant eux, ce qu'ils firent, ainsi qu'on va l'apprendre.

Adam se proposa un jour de rendre au Créateur, conjointement avec ses deux fils, le culte d'une opération spirituelle divine, mais sa postérité femelle ne pouvant y assister, à cause du peu de vertus et puissances divines innées dans les femelles et de leur peu de force et de fermeté de soutenir de pareilles opérations, il éloigna cette postérité femelle à une distance de quarante-cinq coudées du lieu qu'il avait choisi pour son travail. Tout étant disposé, Adam ordonna et consacra son dernier né, Abel, pour être le premier à exercer les fonctions spirituelles de l'opération qu'il se proposait de faire.

Abel se mit aussitôt en devoir de les remplir; il dressa lui-même l'autel ou les cercles convenables, au centre desquels il offrit lui-même les premiers parfums. Ces parfums étaient sa propre forme corporelle qu'il offrit en holocauste au Créateur en se prosternant humblement. Il soumit en même temps son Être mineur spirituel à l'Éternel, pour être le réceptacle de la justice divine, sur lequel l'Éternel manifesta sa plus grande gloire de miséricorde envers Adam sa première créature mineure. Adam, le travail fini, et les opérants se retirèrent chacun à leur destinée ordinaire, Caïn du côté de ses deux sœurs, et Abel du côté de son père et de sa mère.

Cette division de trois personnes d'un côté et trois de l'autre nous offre une figure trop frappante pour que nous ne l'observions pas; elle est le vrai type de la séparation du bien et du mal; elle nous représente encore les trois essences spirituelles qui composent les différentes formes corporelles de matière apparente, tant celles de l'être raisonnable que de l'être irraisonnable. Joignez ces deux nombres ternaires vous verrez par leur produit sénaire le nombre de création divine ou les six pensées du Créateur pour la création universelle, générale et particulière. Voyez encore si vous ne trouverez pas ce que l'Écriture nous enseigne, que trois sont en haut comme trois sont en bas. Voyez de plus quel est celui des deux nombres ternaires qui figure le mal. Enfin réfléchissez sur ce sujet, et cherchez-vous à vous-même des corrections et des conséquences satisfaisantes.

*Caïn*, étant retiré dans le lieu qu'Adam lui avait destiné, fit part à ses deux sœurs du prétendu outrage que son père lui avait fait en enlevant son droit d'aînesse, pour le rendre reversible sur son frère cadet *Abel*, et en l'assujettissant à la subordination et à la volonté de ce même frère Abel dernier né. Les deux sœurs de Caïn l'engagèrent d'user de toute sa puissance et de sa force contre celle de son frère et de son père, et même contre le Créateur qui avait permis un pareil forfait, à la sollicitude d'un frère cadet qui avait surprit la bonne foi de leur père et corrompu sa pensée par la cérémonie d'un culte faux et injuste. En conséquence, *Caïn* conçut d'opérer un culte aux faux Dieux et au prince des démons, pour qu'il lui donnassent une puissance supérieure à celle que le Créateur avait donnée à son frère *Abel*, et cela pour se venger du prétendu tort qu'il avait reçu de son père par l'entremise de son frère. Il fit assister à son opération ses deux sœurs avec lui, ainsi qu'Abel et lui avaient assisté à l'opération de leur père; il consacra sa sœur cadette aux mêmes fonctions que celles qu'avait remplies Abel, et il suivit avec précision tout le premier cérémonial qu'il avait vu faire. Et lorsque ce fut à son tour de faire sa prosternation, il remit son autre sœur à la place qu'il occupait à l'autel ou aux cercles et, s'étant mis en prosternation, il offrit en victime la forme et la vie d'Abel (la forme est le corps et la vie de l'âme) au prince des démons.

Après cette cérémonie, Abel vint se présenter à Caïn, qui lui fit beaucoup de reproches. Abel les reçut avec douleur et humilité, et répondit ensuite à Caïn : « Ce n'est point à moi ni à notre père temporel que vous devez en vouloir, c'est contre vous-même et contre celui qui vous dirige en ce moment que vous devez combattre ; car je vous dis que vous venez d'opérer un culte faux et impie devant l'Éternel. La force de votre crime surpasse celle du crime d'Adam : vous avez offert à votre Dieu de ténèbres un holocauste qui n'est ni à votre disposition, ni à la sienne; vous avez cherché à tort de répandre le sang du juste pour la justification des coupables. »

*Abel* retourna ensuite trouver Adam et lui fit part de tout ce qui s'était passé, ce qui affligea beaucoup ce malheureux père et le plongea dans la plus grande consternation. Abel tâcha alors de consoler Adam et lui fit des questions sur le sujet de sa tristesse et de son abattement; mais Adam ne lui répondit rien. Il semblait qu'il prévoyait ce qui devait arriver à ce fils bien-aimé, et qu'il n'osait le lui dire. Abel rassura Adam sur toutes ces inquiétudes et lui dit d'un ton ferme : « Mon père, ce qui est décrété par le

Créateur en votre faveur et celle de votre postérité doit avoir son action soit en bien, soit en mal; car la création générale que vous voyez, n'est autre chose qu'un lien que l'Éternel a réservé pour faire opérer la manifestation de sa toute-puissance, pour sa plus grande gloire. C'est donc, mon père, dans votre postérité corporelle que le Créateur mettra des sujets convenables, pour être les vrais instruments dont il se servira pour le triomphe de sa justice, l'avantage des bons et la honte des mauvais. Il est inutile à l'homme d'aller contre ce qui est délibéré par le Créateur pour ou contre sa créature spirituelle. » Adam parut calme, et, s'adressant au Créateur, il dit : « *O toi Éternel ! que ce qui est conçu par ta pensée et par ta volonté soit accompli par ton fidèle serviteur, père de la multitude des nations qui habiteront et opèreront dans ton cercle universel : Amen !* »

Ensuite *Adam* et *Abel* furent visiter Caïn, qui vint au-devant d'eux avec ses deux sœurs. Lorsqu'ils se furent joints, ces filles embrassèrent leur père et Caïn embrassa son frère Abel, mais, dans cet embrassement, Caïn porta sur Abel trois coups d'un instrument de bois fait en forme de poignard. Le premier coup lui perça la gorge, le deuxième lui perça le cœur et le dernier lui perça les entrailles. Ce meurtre se passa en présence d'Adam sans qu'il s'en aperçut. Mais, à peine le meurtre fut commis, qu'Adam sentit une commotion terrible; les deux sœurs de Caïn et d'Abel en éprouvèrent une pareille ; et tous trois, frappés de cette commotion, tombèrent à la renverse en s'écriant : « Notre conciliateur, Seigneur, nous est ravi par la main de l'impie ! Nous réclamons la justice et nous remettons à toi seul notre vengeance. »

Voyez avec quel artifice les sujets du démon se déguisent aux yeux de la créature par des paroles spirituelles et louables en apparence. Cette sommation, quoique très naturelle parmi les trois personnes ci-dessus, et fondée sur la sympathie de leur sens de matière, provenait encore d'une autre cause, ainsi que le terrassement qui survint à ces trois personnes. Cela provenait de la vision qu'elles eurent en nature effective du mineur et majeur spirituel d'Abel, et qu'elles ne purent soutenir sans tomber en défaillance. Adam se releva le premier et s'en retourna, en compagnie du majeur et mineur d'Abel, retrouver Ève, à qui il apprit tout ce que le Créateur avait voulu exiger de lui, pour son entière réconciliation, que ces crimes venaient d'être expiés par la victime *Abel*, son fils, et qu'ainsi tout était consommé.

Je vous laisse à penser quelle devait être la douleur de ce malheureux père et quelle fut celle de sa compagne. Ne sont-ce pas là ces fameuses ronces qui ont percé le cœur d'Adam ? N'est-ce pas là cette funeste ronce produite sur la terre, créée par la prévarication d'Adam? C'est donc Ève qui a produit, en Caïn, l'instrument du fléau du malheureux Adam, ayant conçu ce fils avec Adam par une opération de confusion, selon que le nombre deux nous l'annonce, et que je vais détailler ici avec sincérité.

Le nombre de confusion est celui qui dirige ce que nous appelons opération simple et particulière, qui se fait de la pure volonté du mineur avec le majeur spirituel démoniaque. Ces deux sujets ne font qu'un par l'intime liaison de leur pensée, de leur intention et de leur action. Cependant, ce sont toujours deux sujets distincts l'un de l'autre en ce qu'ils sont toujours susceptibles de désunion; ce qui arrive lorsqu'un médiateur plus puissant qu'eux se met entre l'un et l'autre, et opère entre eux une réaction opposée à la première. Par ce moyen, il se fait un changement considérable en faveur du mineur, en contenant l'action du majeur démoniaque. Ainsi, c'est la jonction avec cet être démoniaque que nous appelons opération de confusion, et que nous distinguons par le nombre deux.

Vous pourriez me demander si, lorsque le mineur se joint au majeur spirituel bon, il ne fait pas également le nombre deux ou de confusion? Mais je répondrai que non, attendu que l'esprit bon qui fait jonction avec un mineur, ne peut se joindre avec ce mineur, qu'au préalable il n'ait communiqué à ce même mineur son esprit intellect, que nous appelons : puissance spirituelle mineure, qui prépare et dispose l'âme particulière mineure à recevoir impression de l'esprit majeur bon, selon la volonté et le désir de ce même esprit majeur et du mineur particulier. L'âme, par cette jonction, acquiert le nombre deux qui, se joignant à l'esprit, forme d'abord un nombre ternaire; savoir : la puissance innée du mineur premier qui est l'âme, 1; la puissance mineure de l'intellect, 2; et la puissance directe de l'esprit majeur, 3. Voilà comment l'âme mineure fait le nombre ternaire dans son premier principe de jonction spirituelle. Nous ne comptons point ainsi la jonction qui se fait de l'âme avec l'intellect démoniaque, et ensuite avec l'esprit mauvais, parce que, dans cette jonction, l'âme abandonne entièrement sa puissance spirituelle bonne pour devenir elle-même intellect du démon; au lieu que, dans sa jonction avec le bon esprit, elle conserve et fortifie sa puissance spirituelle divine, qui mérite, par conséquent, d'être comptée dans l'énumération que nous en faisons.

L'esprit majeur bon, tenant son action immédiate de la Divinité, l'âme a, par conséquent, sa correspondance régulière aux quatre puissances divines, que nous appelons : quatriple essence, ainsi qu'il suit : l'âme mineure, 1, est en correspondance spirituelle avec l'intellect, 2; l'intellect avec l'esprit, 3; et l'esprit avec la Divinité, 4. C'est là ce que nous prouve l'exacte correspondance de tout être spirituel avec le Créateur éternel.

Je veux faire connaître, de plus, la correspondance du cœur de l'homme avec tout être spirituel. Le corps de l'homme est l'organe de l'âme; c'est par lui que le mineur fait apercevoir à tous ses semblables son intention et sa volonté d'action spirituelle, par les différents mouvements et les différentes opérations qu'il fait faire à sa forme. L'âme mineure est l'organe de l'intellect; l'intellect est l'organe de l'esprit majeur, et l'esprit majeur est l'organe du Créateur divin. Telle est la belle harmonie organique des principaux êtres spirituels divins, soit avec la forme particulière de l'homme, soit avec la forme générale et universelle, et c'est ce qui nous fait connaître avec certitude que tout est vraiment émané du premier être nécessaire à tout être quelconque, soit spirituel, soit temporel.

En effet, par les nombres dont je me sers, vous devez apprendre à connaître la triple et la quatriple essence divine. Ces nombres sont ceux dont l'Éternel s'est servi lui-même pour opérer la création universelle, générale et particulière, et l'émanation des esprits, tant ceux qui sont devenus mauvais, que ceux qui ont conservé la pureté de leur nature spirituelle divine. Le nombre ternaire apprendra à connaître l'unité ternaire des essences spiritueuses dont le Créateur s'est servi pour la création des différentes formes matérielles apparentes ; et le nombre quaternaire nous apprendra à connaître le nombre spirituel divin dont le Créateur s'est servi pour l'émanation spirituelle de tout être spirituel de vie, qui sont les esprits majeurs, vivants qui sont donnés au Christ, et de privation qui sont les démons, et les mineurs qui sont tombés sous leur puissance.

C'est cette vertu des nombres qui a fait dire aux sages de tous les temps que nul homme ne peut être savant, soit dans le spirituel divin, soit dans le céleste, terrestre et particulier, sans la connaissance des nombres. Autre chose est la connaissance des lois de la nature spirituelle, autre chose est la connaissance des lois d'ordre et de convention des hommes matériels. Les lois des hommes varient comme l'ombre ; celles de la nature spirituelle sont immuables, tout étant inné en elle dès leur première émanation.

Vous serez encore plus amplement instruit de ces vérités à la suite de ce traité. Suivons la réconciliation d'Adam et d'Ève :

### NOMBRES.

1 : Unité, premier principe de tout être tant spirituel que temporel, appartenant au Créateur divin.

2 : Nombre de confusion appartenant à la femme.

3 : Nombre appartenant à la terre et à l'homme.

4 : Quatriple essence divine.
5 : Esprit démoniaque.
6 : Opérations journalières.
7 : Esprit saint appartenant aux esprits septenaires.
8 : Esprit doublement fort appartenant au Christ.
9 : Démoniaque appartenant à la matière.
10 : Nombre divin.

*Adam* et *Ève*, ayant éprouvé la peine cruelle dont nous avons parlé, et ne connaissant rien de positif que cet évènement annonçait soit pour eux, soit pour la postérité première et celle à venir, se prosternèrent dans la plus grande douleur et la plus grande foi devant le Seigneur, pour lui demander grâce et miséricorde du crime que Caïn avait commis sur leur fils Abel, n'ayant en lui ni le pouvoir ni la force de venger de leur propre autorité le sang du juste par l'effusion de celui du coupable, et sachant bien que la vengeance n'appartient qu'au Créateur. L'Éternel exauça les prières et lamentations d'Adam et d'Ève sur la mort de leur fils *Abel*; il leur envoya un interprète spirituel qui leur apparut et leur expliqua le type du crime commis par Caïn, en leur disant : Vous avez bien raison de regarder le *meurtre* d'Abel comme une perte considérable et comme une marque de la colère de Dieu qui doit rejaillir sur vos descendants jusqu'à la fin des siècles.

Vous devez encore la considérer comme un reste du fléau de la justice divine pour l'entière rémission de votre premier crime, et pour votre parfaite réconciliation ; mais le Créateur, qui a connu votre retour parfait et votre résignation, m'envoie auprès de vous pour calmer vos peines et vos larmes sur le malheureux évènement que vous regardez comme irréparable. Le Créateur vous dit par ma parole que vous n'avez l'un et l'autre produit cette postérité d'Abel que pour être le vrai type de celui qui viendra dans un temps, pour être le véritable et l'unique réconciliateur de toute votre postérité. Sachez encore l'un et l'autre, que Caïn, que vous regardez avec raison comme criminel, ne l'est pas tant qu'Adam l'a été envers le Créateur. Caïn n'a frappé que la matière et Adam a pris le trône de Dieu par la force : voyez s'il est plus criminel que vous ? Votre fils Caïn est encore un type de la prévarication des premiers esprits qui ont séduit Adam et qui lui ont donné réellement la mort spirituelle, en précipitant son être mineur dans une forme de matière passive, ce qui l'a rendu susceptible de privation divine, et changé sa forme glorieuse en une forme matérielle sujette à être anéantie, sans pouvoir être remise dans sa première nature de forme apparente, après sa réintégration dans le premier principe des formes apparentes, que l'axe central dissipera aussi promptement qu'il l'a formé. Soyez fermes et persévérants dans votre confiance en l'Éternel ; le terme de votre réconciliation est rempli. *Adam* répondit : Que la volonté de mon Créateur soit la mienne !

Je vais entrer maintenant dans l'explication des types véritables que font tous les évènements que j'ai rapportés. Adam, par sa postérité temporelle, fait la figure du Créateur ; et cette postérité d'Adam fait la figure des esprits que le Créateur avait émanés de lui pour sa plus grande gloire, et pour lui rendre un culte spirituel. Vous avez vu que ces esprits peuvent se considérer comme aînés à Adam, ayant été émanés avant lui. Vous savez aussi que ces esprits ayant prévariqué, l'Éternel les éloigna de sa présence, qu'il émana et qu'il émancipa de son immensité divine un être spirituel mineur pour les contenir en privation, et que ce mineur que nous nommons Adam et Réaux, n'était par conséquent que le second né spirituellement de ces premiers esprits, et qu'il sortait ainsi qu'eux du père divin Créateur de toutes choses.

Je veux donc faire observer que Caïn, fils aîné d'Adam, est le type de ces premiers esprits émanés par le Créateur, et que son crime est le type de celui que ces premiers esprits ont commis contre l'Éternel. Abel, second né d'Adam, fait par son innocence et sa sainteté le type d'Adam émané après ces premiers esprits dans son premier état de justice et de gloire divines. Et la destruction du corps d'Abel, opérée par Caïn son frère aîné, est le type de l'opération que les premiers esprits firent pour détruire la forme de gloire dont le premier homme était revêtu, et le rendre par ce moyen susceptible d'être comme eux en privation divine. Voilà l'explication certaine du premier type que font Adam, Caïn et Abel, par les fâcheux évènements qui leur sont survenus.

Le second type que font ces trois mineurs n'est pas moins considérable, soit par le rapport qu'ils ont avec tout être corporel, céleste, général et terrestre, soit par les évènements qu'ils annonçaient devoir survenir à la postérité du premier homme. Pour s'en convaincre, il faut observer qu'Adam, par les trois principes spiritueux qui composent sa forme de matière apparente, et par les proportions qui y règnent, est l'exacte figure du temple général terrestre, que nous savons être un triangle équilatéral, ainsi qu'on le verra physiquement dans la suite.

Adam avait en son pouvoir une végétation corporelle, de même qu'il est de la nature de la terre de végéter. Adam n'a pu végéter que de deux sortes de végétations : la masculine et la féminine. La terre ne peut également produire que ces deux espèces de végétations, soit dans les animaux passifs, soit dans les plantes et autres végétaux. Mais je vous apprendrai que, outre le pouvoir qu'a le corps de l'homme de se reproduire corporellement, il a encore celui de végéter des animaux passifs qui sont réellement innés dans la substance de cette forme matérielle. Voici d'où nous l'apprenons.

Lorsque l'être agent spirituel a quitté sa forme, cette forme devient en putréfaction. Après que cette putréfaction est faite, il sort de cette forme corporelle des êtres corporels que nous appelons reptiles, qui subsistent jusqu'à ce que les trois principes spiritueux, qui ont coopéré à la forme corporelle de l'homme, soient réintégrés. Il ne faut pas croire que cette putréfaction vienne d'elle-même, ni directement de la forme corporelle, mais il faut savoir que le séminal de toutes choses sujettes à la végétation est inné dans l'enveloppe soit terrestre, soit aquatique. Ainsi le corps de l'homme, étant provenu de la terre générale, et ayant innés dans sa forme de matière les trois principes qui ont coopéré chez lui à former son enveloppe soit terrestre, soit aquatique, il n'est pas douteux qu'il réside encore en cette forme particulière un séminal d'animaux susceptibles de végétation. C'est par ce séminal que la putréfaction arrive dans les corps après ce qu'on appelle vulgairement la mort.

Les trois principes que nous appelons Soufre, Sel et Mercure, opérant par leur réintégration, entrechoquent, par leur réaction, les ovaires séminaux qui sont dans toute l'étendue du corps. Ces ovaires reçoivent encore par là une nouvelle chaleur élémentaire, qui dépouille l'espèce animale reptile de son enveloppe, et cette enveloppe, ainsi dissoute, se lie intimement avec l'humide grossier du cadavre. C'est la jonction de cette enveloppe des reptiles avec l'humide grossier du cadavre qui opère la corruption générale du corps de l'homme, et qui le met ensuite à sa dernière fin de forme apparente. C'est donc toujours par la réaction des trois principes opérants que provient la putréfaction, et cette putréfaction procure l'explosion des animaux reptiles dont le séminal est épars dans le corps général de l'homme.

Il faut absolument que cette dernière opération soit faite par lui ; et voilà ce qu'on appelle la peine et le travail du corps. Je vous ferai observer encore que les animaux reptiles, provenus de corps, n'ont leur action que dans l'humide radical et le plus essentiel qui est contenu dans ce cadavre. La vie et l'action, que les animaux ont dans l'humide radical, ne proviennent que de l'opération de l'axe, feu central, qui dépouille, par son opération dernière, toutes les impuretés qui entourent les trois essences spiritueuses qui sont encore contenues dans la forme du cadavre. Leur feu élémentaire, conjointement avec le feu central, entretiennent la forme de figure apparente de ces animaux reptiles, par l'opération de réfractions de leurs rayons de feux spiritueux, qui, par la suite, se replient sur eux-mêmes lorsqu'ils ne trouvent plus de fluides à opérer, c'est-à-dire quand tout a été entièrement consommé par eux. On peut vérifler ceci sur la forme d'un cadavre, où l'on verra opérer la vérité de ce que je dis touchant la putréfaction. En vous expliquant comment ces animaux reptiles ont la vie, je veux dire qu'il est généralement de même de la vie et de la forme corporelle de tous les animaux irraisonnables, qui ne tiennent leur être que de ces deux feux. En voilà assez sur la putréfaction : Je vais suivre l'explication des types des enfants d'Adam.

Outre le type de la prévarication des premiers esprits, et celui de leur attaque victorieuse contre le premier homme, Caïn fait encore le type de la séduction impie et funeste dont ces mauvais esprits useraient envers les postérités futures d'Adam, ainsi qu'il venait de le faire dans sa première postérité. Nous le voyons dans le premier crime qu'il commit sur son frère Abel, et dans la séduction dont il usa envers ses sœurs, lorsqu'il les engagea d'être témoins de ce qu'il allait effectuer sur la personne de leur frère, selon qu'ils l'avaient projeté ensemble. Caïn, après sa prévarication, fut obligé d'aller vivre avec ses deux sœurs dans la partie du midi où il fut relégué à demeure fixe par l'ordre du Créateur et par l'autorité d'Adam. C'est là le type du lieu où les démons ont été relégués pour être contraints d'y opérer leur volonté et leur intention malfaisante, soit contre le Créateur, soit contre les mineurs des deux sexes, l'homme et la femme étant susceptibles de retenir impression de l'intellect démoniaque. Ce lieu du midi est encore le type de la partie universelle où le Créateur manifestera sa justice et sa gloire à la fin des temps. C'est aussi dans ce lieu que les justes manifesteront leurs vertus et puissances, à la honte des esprits pervers et à celle des mineurs réprouvés.

Cette partie méridionale, ayant été maudite du Créateur, et étant marquée par l'Écriture pour être l'asile des majeurs et des mineurs qui auront prévariqué, je dirai de plus que ces trois personnes : Caïn et ses deux sœurs, par leur nombre ternaire, annoncent la prévarication de la forme corporelle terrestre de l'homme, que l'intellect démoniaque séduit par la jonction qu'il fait avec les trois principes spiritueux qui constituent toute forme corporelle. C'est de ces trois sujets que nous avons sorti le nombre neuvaire des matières prévaricantes, soit des démons, soit des mineurs, ainsi que je vais le faire concevoir.

Vous savez que le nombre ternaire est donné à la terre, ou à la forme générale, et aux formes corporelles de ses habitants, de même qu'aux formes des habitants célestes. Ce nombre ternaire provient de trois substances qui composent les formes quelconques que nous nommons : principes spiritueux : Soufre, Sel et Mercure, comme émanant de l'imagination et de l'intention du Créateur. Ces trois principes, ayant été produits dans un état d'indifférence, l'axe central les a disposés et les a opérés pour leur faire prendre une forme ou une consistance plus consolidée; et c'est de cette opération de l'axe central que proviennent toutes les formes corporelles, de même que celles dont les esprits pervers doivent se revêtir pour leur plus grande suggestion.

C'est aussi, par conséquent, de ces mêmes substances qu'étaient composées les formes corporelles de Caïn et de ses deux sœurs, dont nous expliquons maintenant le type.

Au sujet du nombre neuvaire, je dirai donc qu'il n'est point étonnant que les esprits majeurs pervers et leurs agents se tiennent de préférence et plus volontiers à la forme corporelle de l'homme qu'à tout autre; puisque cette forme humaine avait été premièrement destinée pour eux. Nous voyons d'ailleurs une preuve de l'intime liaison des esprits malins avec le corps de l'homme dans les paroles que le Christ adressa à ses apôtres, à la fin de sa dernière opération temporelle au Jardin des Oliviers. Quand il fut revenu les rejoindre, il les trouva endormis et leur dit en les réveillant : « Ne dormez pas, car la chair est faible et l'esprit est prompt. » C'est par cette facilité avec laquelle l'esprit malin se communique à la forme corporelle de l'homme, que les trois personnes dont nous parlons laissèrent corrompre les principes spirituels qu'ils avaient innés dans leurs formes. L'intellect démoniaque s'insinua et se joignit entièrement à la forme de ces trois mineurs; et de là, parvint à séduire l'agent spirituel qui y était renfermé, et qui devait diriger et gouverner cette forme au gré du Créateur.

Cette insinuation produisit une telle révolution sur ces trois mineurs, qu'il ne fut plus en leur pouvoir de se délier de l'intime correspondance qui régnait entre eux; par la parfaite sympathie qu'ils avaient contractée tous les trois avec l'intellect démoniaque, il n'y avait entre eux qu'une seule intention, qu'une seule pensée et une seule action. On n'a jamais vu une pareille union parmi les hommes de tous les siècles, et il est impossible que trois personnes différentes et libres agissent de la sorte, si elles ne sont conseillées et conduites par un bon ou un mauvais esprit.

C'est donc de ces trois personnes, possédées du prince des démons, que nous sortons, comme je l'ai dit, le nombre neuvaire de matière, savoir : en additionnant les trois principes spiritueux et essences premières, leur trois vertus et leur trois puissances démoniaques, ainsi qu'il suit :

1° Trois principes à Caïn, trois à sa sœur aînée, trois à sa sœur cadette = 9.

2° Trois vertus à Caïn, trois à sa sœur aînée trois à sa sœur cadette = 9.

3° Puissances à Caïn, trois à sa sœur aînée, trois à sa sœur cadette = 9.

Mais pour vous convaincre que le nombre neuvaire de matière sort de ses mineurs, il ne faut que voir leur première opération démoniaque, et comme ils ont perpétués leurs opérations criminelles jusqu'au juste châtiment que le Créateur exerça sur toute leur postérité, châtiment que l'Écriture nous fait connaître en nous apprenant que l'Éternel frappa toute la terre et ses habitants par le fléau des eaux, et que, par ce moyen, la postérité coupable de ces trois mineurs, ainsi que les hommes qu'ils avaient séduits, furent anéantis. C'est depuis cette époque que le nombre neuvaire est parvenu à la connaissance, de même que la mystérieuse addition qui suit :

```
  3
  3
  3
 ---
  3
  3
  3
 ---
  3
  3
 ---
 27
```

Additionnez le produit de tous ces nombres qui est 27, vous y trouverez 2 et 7 font 9.

Multipliez 27 par 9, cela vous rendra toujours 9.

Si vous multipliez ce produit à l'infini, il vous reviendra toujours 9.

C'est là ce que j'avais à vous dire sur le nombre neuvaire. Voulant vous faire connaître les autres types considérables que Caïn fait encore dans cet univers, je vous apprendrai que Caïn fait le type de l'élection des prophètes que le Créateur devait envoyer par la suite des temps parmi la postérité d'Adam. Il vous a été enseigné que, lorsque *Caïn* eut détruit l'individu de son frère Abel, il se retira dans sa demeure ordinaire, où, étant à réfléchir sur son crime, il lui survint une voix spirituelle divine qui lui demanda ce qu'il avait fait de son frère Abel. Caïn répondit brusquement : *Est-ce que tu me l'a donné en garde ?* Après cette réponse, l'esprit lui fit une attraction si considérable, soit sur sa forme corporelle, soit sur son être mineur qu'il fut aussitôt terrassé ; et dans cette situation il se réclama au Créateur en disant : *Seigneur ! ceux qui me rencontreront me tueront.* A cette considération, l'Éternel, père de miséricorde, voyant la consternation de Caïn et voulant le préserver du reproche et de la vengeance que sa postérité aurait pu exercer contre lui, le fit marquer d'un sceau préservatif, et l'esprit qui le marqua dit : *De par l'Éternel, quiconque frappera Caïn de mort, sera puni de mort sept fois.* Caïn se retira ensuite avec ses sœurs dans le lieu où il avait été relégué de par l'Éternel. Il eut dans cet endroit une postérité de dix mâles et de onze femelles. Il bâtit dans cet endroit une ville qu'il nomma *Hénoch*. Il imagina, pour coopérer à son entreprise, de fouiller dans les entrailles de la terre, et il prépara les matières qu'il en retira afin de leur donner les formes convenables aux usages qu'il voulait en faire, et fit cette opération avec son premier né qu'il avait nommé Hénoch. Il laissa son secret, soit pour la fonte des métaux, soit pour la découverte des mines, à son fils nommé Tubalcaïn. C'est delà qu'il nous est parvenu que Tubalcaïn était celui qui avait découvert le premier la fonte des métaux.

Caïn était un grand homme de chasse; il avait également élevé tous ses enfants mâles à la chasse, et surtout son dixième fils, en qui il avait mis tout son attachement. Il ne donna à ce fils d'autre talent que celui de la chasse. Ses autres enfants étaient plus portés aux travaux d'imagination et aux ouvrages manuels. Caïn, donna à ce dixième fils le nom de *Booz*, qui veut dire fils d'occision. C'est ce dernier fils qui donna la mort à son père Caïn, ce qui arriva de cette manière : Caïn, ayant résolu d'aller à la chasse des bêtes féroces, accompagné des deux enfants d'Enoch, ses petits-fils, ne prévint point son fils *Booz* de la partie de chasse qu'il avait projetée de faire le surlendemain. Booz, de son côté, projeta, avec deux de ses neveux, fils de Tubalcaïn, d'aller à la chasse le même jour que son père, mais également sans l'avoir prévenu de son projet. Booz, n'ayant point d'enfant, avait mis toute son amitié dans ses deux neveux. Ils partirent donc ensemble pour aller à la chasse; mais Booz, sans le savoir, prit la même route que son père *Caïn* : et, étant tous deux dans un fourré qu'ils étaient accoutumés de battre, Booz aperçut l'ombre d'une figure au travers de ce fourré nommé *Onam*, qui veut dire douleur, décocha alors une flèche qui alla percer le cœur de son père l'ayant pris pour une bête féroce. Jugez de la surprise et du frémissement de Booz, lorsqu'il se fut transporté dans l'endroit où il avait tiré son coup de flèche, et qu'il vit son père tué par sa propre main. La douleur de Booz fut d'autant plus grande qu'il savait la punition et la menace que le Créateur avait lancées contre celui qui frapperait la personne de Caïn. Il savait que celui qui aurait ce malheur serait frappé sept fois de peines mortelles, ou serait puni sept fois de mort. (J'expliquerai ailleurs la punition de sept fois la mort.)

Booz appela à lui ses deux neveux et les présenta devant le cadavre. Aussitôt qu'ils eurent reconnu la forme et la figure de Caïn, ils jetèrent un grand cri d'exclamation et firent en même temps un signe d'horreur, ce qui augmenta encore plus la désolation du malheureux Booz. Après qu'il eut raconté comment il était la cause innocente de la destruction de la forme corporelle de son père Caïn, il leur dit : « Mes amis, vous êtes témoins de mon crime ; quoiqu'involontairement, j'ai transgressé les ordres et la défense du Créateur, je suis coupable devant l'Éternel et devant les hommes. Je suis le plus jeune des fils de Caïn ; le dernier de sa postérité, le plus coupable et le plus criminel. Vengez, sur la personne de ce dernier né, la mort de son père et le scandale qu'il vient de vous donner. »

L'intellect démoniaque, qui connaît la faiblesse

des hommes dans l'affliction, suscita aussitôt une passion outrée de vengeance aux deux neveux de Booz sur la mort de Caïn. Ils armèrent leur arc d'une flèche pour la lancer sur leur oncle. Mais, lorsqu'ils étaient près de la lancer sur lui, une voix se fit entendre et dit : « *Quiconque frappera de mort celui qui a tué Caïn, sera puni soixante-dix-sept fois de mort.* » (Ce que j'expliquerai encore par la suite.) A cette effrayante menace spirituelle divine, les deux neveux de Booz tombèrent à la renverse, mais, étant revenu de leur évanouissement, ils portèrent leurs armes à Booz en disant : « Le Créateur t'a fait grâce, Booz, de la mort que tu as donnée à ton père Caïn. Nous sommes à présent les plus coupables devant l'Éternel, puisque nous avons conçu volontairement d'exécuter sur toi notre pensée vindicative. » Booz répondit à ses deux neveux : « Que la volonté du Créateur s'accomplisse ! »

Après cette résignation de Booz, ils se retirèrent tous ensemble dans la ville d'Hénoch. La tristesse et l'abattement avec lesquelles ils se présentèrent dans la ville, mirent la postérité de Caïn dans la dernière consternation. Cette douleur redoubla encore lorsque cette postérité apprit que la destruction de la forme de leur père Caïn avait été faite par le dernier né de ce même père. Le malheureux Booz, se voyant réduit à une inimitié générale de toute la postérité première de Caïn, fut forcé de se retirer de cette troupe de possédés d'intellect démoniaque et fut prendre sa retraite dans le désert de Jeraniaz, qui veut dire : écoutez le Créateur. C'est dans cet endroit que Booz finit ses jours dans la contrition et dans la pénitence.

Voilà comment Caïn fut le vrai type de la prophétie, lorsqu'il dit, après le crime qu'il commit sur son frère Abel : « Ceux qui me rencontreront, Seigneur, me tueront. » N'a-t-il pas été rencontré par son fils dans un fourré? N'a-t-il pas été tué effectivement par un homme comme il l'avait dit? Ce qui forme réellement le type de prophétie, c'est que la rencontre de deux personnes, Caïn et Booz, n'est point préméditée, et que l'un et l'autre se sont trouvés sans se connaître, dans le lieu où Caïn reçut le coup de la mort.

Je veux vous faire remarquer combien est ridicule et absurde l'observation que les hommes du siècle ont faite sur ce parricide de Caïn par son fils Booz. Ce type, ignoré de la plus grande partie des hommes d'aujourd'hui, leur a fait croire et même assurer qu'Adam n'est pas le premier homme, puisque, disent-ils, lorsque Caïn eut tué son frère Abel, il dit au Créateur : « Seigneur! que vais-je devenir? Ceux qui me rencontreront me tueront ». Si ces hommes avaient été instruits du type que faisaient ces paroles adressées au Créateur, ils auraient vu clairement que c'était celui des prophètes, ainsi que nous l'avons vu s'effectuer réellement parmi les hommes de la terre et sur Caïn lui-même. Mais, me direz-vous, comment le Créateur pouvait-il mander des prophètes, par la suite, chez les hommes pour les contenir dans leurs actions aux lois qu'il leur avait données, puisque vous dites que le Créateur ne prend aucune part aux causes secondes qui s'opèrent parmi les hommes? Je répondrai que le Créateur ne peut ignorer l'être pensant démoniaque qui opère continuellement des faits séduisants et pernicieux pour le mineur spirituel, ainsi qu'il était déjà arrivé dans la séduction d'Adam et de sa postérité. Le Créateur, en conséquence, a jugé nécessaire pour l'avantage de l'homme, d'élire spirituellement des êtres mineurs, et de les douer de l'esprit prophétique, non seulement pour contenir l'homme dans les lois, préceptes et commandements qu'il leur avait donnés, mais encore pour la plus grande molestation des esprits malins et pour la manifestation de la plus grande gloire divine. La pensée de l'être spirituel bon ou mauvais, comme l'action bonne ou mauvaise devant le Créateur, voilà comment l'Éternel prend connaissance des causes secondes.

Voyons maintenant quel est le type que fait la retraite de Booz dans le désert de Jezanias. Booz, étant le dernier fils de la postérité directe de Caïn et complétant par son rang le nombre dénaire, il n'est pas douteux qu'il ne fut doué de quelques dons spirituels divins, pour être une figure et un exemple réels de la grande miséricorde que le Créateur accorde dans quelques circonstances que ce soit, par l'avantage de l'être mineur spirituel et majeur pervers, lorsque les esprits se réclament sincèrement à lui. Vous devez le comprendre très-clairement par la grâce que le Créateur accorda à Booz, qui était doublement criminel ; premièrement, pour avoir assisté au culte des démons de préférence à celui du Créateur, ayant eu une connaissance parfaite de l'un et de l'autre, et pour s'être laissé entraîner par l'exemple et l'habitude fausse contractée parmi la postérité de Caïn ; soit par crainte des peines temporelles que cette postérité lui ferait souffrir, soit pour sa propre satisfaction personnelle. Secondement, Booz fut criminel pour avoir mis à mort son père Caïn, et avoir contrevenu par là aux défenses que le Créateur avait faites d'avance à la postérité de Caïn, après le crime commis sur la personne d'Abel. Ce n'est point que le Créateur ait prévenu pour cela la conduite future des causes secondes qui opéreraient parmi cette postérité (vous savez ce que je vous ai dit à ce sujet) ; mais c'était pour faire sentir aux princes des démons, par cette défense, qu'il connaissait leur conduite à tous, et qu'il voulait prévenir les hommes des abominations que ces derniers pourraient opérer contre eux, comme ils en avaient déjà opéré pour la chute d'Adam et pour celle de sa postérité première.

Les hommes eux-mêmes n'ont-ils pas toujours jugé la conduite future de leurs semblables par la conduite passée, malgré le proverbe faux qui règne parmi eux, qu'un homme ne peut répondre ni de lui-même, ni de sa conduite à venir. Ne savons-nous pas d'ailleurs que le Créateur est plus fort et plus puissant que les démons, et que leur plus forte rage démoniaque ne fait que de nouvelles malédictions quand elle s'élève contre le Créateur ou contre le juste mineur, dont l'édifice est inébranlable, quand il est élevé sur la moindre base spirituelle divine ? Ne savons-nous pas enfin que ce que le Seigneur garde est bien gardé. C'était sur cette seule puissance invincible et sur la justice immuable du Créateur qu'étaient fondées toutes les défenses et toutes les menaces qu'il fit à la postérité de Caïn.

Je voudrais vous faire une petite dissertation sur tout ce que je viens de vous dire, afin de vous faire mieux comprendre la conduite atroce que les esprits démoniaques tiennent par préférence contre la forme du mineur et contre le mineur même. Les esprits démoniaques s'attachent à la forme du mineur préférablement à celle de la brute, parce que la forme de l'homme est l'image et la répétition générale du grand œuvre du Créateur. L'homme porte par sa forme la figure réelle de la forme apparente qui apparut à l'imagination du Créateur, et qui fut ensuite opérée par des ouvriers spirituels divins, et unie en substance de matière apparente solide, passive, pour la formation du temple universel, général et particulier. Ces esprits s'attachent encore plus volontiers à la forme de l'homme, parce que cette forme contient un être mineur spirituel plus puissant qu'eux qu'ils tâchent continuellement de séduire et de détourner du Créateur. Voilà pourquoi le prince des démons fait attaquer par ses esprits intellects la forme corporelle de l'homme plutôt que celle des brutes, parce que les brutes ne font aucune figure du grand-œuvre du Créateur, et qu'elles ne contiennent en elles aucun être spirituel divin sur lequel les esprits démoniaques puissent faire quelqu'impression.

Il faut savoir que l'esprit démoniaque qui cherche toujours à persécuter les mineurs, commence par faire attaquer leurs formes par son intellect mauvais. Cet intellect mauvais rend la vie de l'homme passive, susceptible d'être vie spirituelle démoniaque, lorsqu'il a fait jonction entière avec la forme. De là vient que cet esprit intellect attaque le mineur spirituel divin, afin qu'il puisse recevoir impression de la volonté du prince des démons par l'ordre duquel cet intellect agit, et qui a fait serment de livrer combat contre toute espèce d'opération spirituelle tendant à la gloire du Créateur. C'est de ce combat redoutable que provient la bonne ou la mauvaise réintégration de la forme corporelle de l'être mineur. Tout dépend de la fermeté de ce mineur à repousser cet être étranger à lui et à sa forme, ou de sa faiblesse à consentir aux insinuations de l'esprit mauvais. Il nous est facile de nous convaincre que ces sortes de combats se passent plutôt sur la forme de l'homme que sur celle des brutes. Observons les actions, les mouvements et les opérations de ces brutes. Ont-ils des combinaisons et des réflexions pour la destruction ou la conservation de leur forme corporelle? Ont-elles un culte? Ont-elles des lois pour se maintenir parmi elles en bonne ou en mauvaise intelligence? Ne voyons-nous pas au contraire que tout s'opère chez les brutes par la pure nature qui les entretient seule pendant toute leur durée temporelle? Mais les actions du mineur, ses mouvements, ses opérations, se montrent d'une manière tout opposée à celle des brutes, et la différence de l'une à l'autre est si considérable qu'il est impossible de la nier. Oui, ce qui part de l'animal raisonnable est toujours au-dessus de ce qui vient de l'irraisonnable; et cela, parce que la forme corporelle de l'homme est susceptible de contenir trois sortes de vies différentes, ce que je vais faire concevoir.

La première est la vie de la matière, que nous appelons instinct ou vie passive, qui est innée dans la forme de l'animal raisonnable comme dans celle de l'irraisonnable. La seconde est la vie spirituelle démoniaque qui peut s'incorporer dans la vie passive. La troisième est la vie spirituelle divine qui préside aux deux premières. Vous ne trouverez point la même chose parmi les brutes; il n'y a chez elles qu'un être de vie passive, provenu de l'opération spirituelle divine de l'axe feu central, qui dirige journellement son action sur toutes les formes corporelles quelconques de matière apparente consolidée par cette même opération. C'est par cette action et cette opération que toutes les formes de matière apparente sont entretenues pendant le cours de leur durée temporelle fixée par la volonté du Créateur.

Telle est la différence qui subsiste entre les êtres raisonnables et les êtres irraisonnables, et telle est la raison par laquelle les opérations démoniaques attaquent plutôt la forme corporelle de l'homme que celle des brutes. Il ne faut point de médiateur à ces brutes pour les remettre dans les principes de leurs lois naturelles lorsque leur passion pure et simple les a fait écarter de ces lois par leur propre mouvement. Elles n'ont pas besoin de ce médiateur, puisque leurs dissensions ne viennent point d'un autre conseil étranger que celui que la nature leur dicte.

Voilà la dissertation que je me proposais de faire. Je voulais vous expliquer le type de la retraite de Booz dans le désert de Jezanias; et cela m'a fourni occasion de vous instruire des choses les plus essentielles et de la plus grande conséquence pour l'homme de désir.

C'est par cette retraite de Booz que nous devons comprendre qu'il est au pouvoir du mineur spirituel divin de se séparer, quand il veut, de la profession et de la correspondance qu'il a contractées avec le prince des démons par l'organe de l'intellect démoniaque. Je n'entrerai point ici dans le détail des différents types que fait la postérité de Caïn, devant en parler dans la suite. Je dois d'ailleurs vous donner encore ici une explication sur le type de la naissance d'Abel, ainsi que je pourrai vous en donner quelques autres quand l'occasion se présentera.

Je vous dirai donc qu'Adam et Ève coopérèrent à la forme de leur fils Abel par une opération très-succinte de matière, c'est-à-dire, sans excès de leurs sens matériels. Ils s'étaient d'ailleurs soumis entièrement au Créateur par une résignation parfaite et spirituelle. Le Créateur ne put se refuser de correspondre à leur opération, en constituant à la forme qu'ils avaient opérée un être mineur doué de toute vertu et sagesse spirituelle divine. Cet être spirituel devait être le type de la manifestation de la justice divine à l'avantage des mineurs et à la honte des démons, ainsi qu'il fut le principal instrument de la réconciliation d'Adam et d'Ève. Ce type que faisait Abel en faveur de toute la postérité d'Adam jusqu'à la fin des siècles n'était pas la seule figure spirituelle que cet être mineur nous représentait; il servait encore de type pour l'avantage général et particulier de tout être spirituel quelconque. De plus, ce même Abel était un vrai type des mineurs doués de la grâce divine, que le Créateur ferait naître chez les hommes, pour être des instruments spirituels de la manifestation de sa justice.

Parmi les mineurs destinés à ces sortes d'opérations spirituelles, nous considérons premièrement Enoch, le septième de la prospérité de celui qui a remplacé Abel, c'est-à-dire de Seth. Il fait, par le rang de sa naissance, le vrai type de l'esprit divin, pour l'appui, la conduite et la défense des mineurs contre la persécution des démons. Il fait en outre, par sa mission, ses œuvres et ses opérations, et par le culte qu'il a professé, le vrai type de l'action directe de l'esprit doublement puissant du Créateur, qui devait prescrire aux hommes de ce temps la conduite qu'ils avaient à tenir pour se préserver des attaques de leurs ennemis. C'était cette même conduite qui devait guider les hommes dans leurs opérations naturelles, temporelles et spirituelles, et leur servir de base fondamentale pour se perpétuer dans le cérémonial de leur culte d'opération de correspondance divine.

Examinons donc quel est le culte qu'Enoch professa parmi les descendants de Seth. Il est le premier qui dressa parmi eux un autel de pierre blanche différente de ce que nous appelons marbre. C'est sur le centre de cet autel qu'Enoch recevait le fruit de son culte et qu'il s'offrait lui-même en sacrifice. C'est Enoch qui a enseigné le premier aux mineurs spirituels à élever des édifices divins sur leur base; c'est lui qui a prophétisé la justice du Créateur, qui devait être reversible sur toute la terre en punition des crimes de la postérité de Caïn et du reste de celle de Seth qui avait fait jonction avec celle de Caïn ; c'est lui qui régla les alliances de la postérité de Seth, en défendant que les enfants du Créateur divin se liassent avec les enfants des hommes. (Par tout ce que j'ai dit de la prévarication d'Adam et du fruit qu'il reçut de son opération, vous devez concevoir ce que c'est que les enfants des hommes.) C'est Enoch qui a prophétisé les vrais élus du Créateur qui devaient naître de l'Éternel, en faisant lui-même l'élection de dix sujets pour opérer le culte divin parmi la postérité de Seth. C'est donc Enoch qui est le grand type du cérémonial et du culte divin parmi les hommes passés, ainsi qu'il l'est encore parmi les hommes d'à présent, ce que l'on concevra par l'explication de ses opérations spirituelles divines

Enoch, qui n'est autre chose qu'un esprit saint sous une forme corporelle de matière apparente, tint une assemblée spirituelle divine vers la région septentrionale, en vertu du grand désir et de la bonne volonté de ses disciples qu'il avait choisis parmi la postérité de Seth et d'Enos. Il donna à cette postérité le nom d'enfants du Créateur, et cette postérité de Seth et d'Enos, étant frappée par la face des saintes opérations du Créateur, ne put s'empêcher de le nommer : le saint homme Enoch, nom qui signifie dédié, ou dévoué au Créateur. Il entreprit avec le plus grand succès de réformer la conduite des mineurs qui le reconnaissaient déjà pour un homme puissant sur toute chose créée. Il les interrogea sur les différentes opérations et invocations journalières qu'ils pratiquaient contre la volonté du Créateur, d'où ils prenaient mal à propos le nom d'enfants du Dieu vivant. Les représentations qu'il leur fit à ce sujet, et même les menaces des jugements terribles qui devaient arriver en peu de temps sur eux, engagèrent ces mineurs à se livrer entièrement à la conduite, à la discipline et aux instructions du saint homme Enoch. Il les rassura, les raffermit dans la foi et dans la pratique des saintes opérations, qu'ils ne connaissaient encore que par les discours qu'il leur avait tenus dans la première assemblée faite le jour du Sabbath. Pour cet effet, il fit parmi eux une élection de dix sujets auxquels il déclara la volonté du Créateur, et auxquels il prescrivit un cérémonial et une règle de vie pour pouvoir invoquer l'Éternel en sainteté. Il admit ces dix sujets à la connaissance de ses travaux Listiques Catholiques ;

(on donnera en son lieu l'interprétation précise de ces deux mots, qui appartiennent aux sciences spirituelles divines). Il leur fit ensuite élever un édifice qui n'avait qu'un seul appartement ou enceinte, dans laquelle se plaçaient ces dix sujets qu'Enoch avait choisis pour l'assister dans ses saintes opérations. Il donna à chacun d'eux une lettre initiale des saints noms de Dieu; ce qui formait en tout dix lettres, afin qu'ils suivissent avec régularité et précision toutes espèces d'opérations agréables au Créateur et avantageuses pour les mineurs reconciliés. Après cette première opération, il les renvoya chacun dans leur tente ou le quartier qu'il leur avait assigné lui-même, ainsi que Moïse l'a représenté depuis par le campement des Lévites autour de l'arche.

Enoch tint cette assemblée d'opérations divines avec ses dix élus de dix en dix semaines, et leur transmit dans chaque assemblée une nouvelle lettre initiale du saint nom de Dieu, de sorte qu'après sept assemblées chacun d'eux eut en son particulier deux mots puissants avec lesquels il commandait toute chose créée depuis la surface terrestre jusqu'à la surface céleste. Les deux mots consistaient en sept lettres dont quatre formaient le nom redoutable, puissant et invisible de l'Éternel, qui gouvernait et soumettait tout être créé dans le corps céleste, et les trois autres lettres formaient un nom saint, qui assujétissait et gouvernait tout être créé sur le corps terrestre. Ces dix chefs, remis par le secours d'Enoch dans leurs premières vertus et puissances spirituelles divines, firent, par leurs opérations saintes, de si grands prodiges, qu'ils ramenèrent à eux plusieurs sujets de leur famille, qu'ils instruisirent les mineurs vraiment appelés par l'esprit saint dans les sciences qu'ils possédaient par le pouvoir et ministère d'Enoch, type de réconciliation du genre humain.

Le nombre des prosélytes devint en peu de temps fort considérable, mais ces nouveaux prosélytes ne se tinrent pas également dans leurs vertus et dans leurs puissances. Ce qui en pervertit plusieurs, ce fut la conduite atroce d'un des dix chefs admis par Enoch à la réconciliation divine, qui suscita la dissension parmi les émules et répandit un air de mépris sur les instructions qu'ils avaient reçues d'Enoch. Cet esprit de révolte augmenta si fort parmi les nouveaux appelés qu'ils se livrèrent entièrement à l'abandon du Créateur et à la jouissance de la matière sous la conduite du chef prévaricateur. Il ne resta donc plus que le nombre de neuf sur la terre. Ces neuf justes se replièrent sur les forces et sur les connaissances qu'ils avaient reçues du saint homme Enoch, et le prièrent de s'assembler encore une fois avec eux, pour remplacer celui de leurs frères que le démon leur avait ravi.

Enoch, sensible à leurs prières, fit avec les neuf

justes une assemblée dans laquelle il leur communiqua entièrement son secret C'est là qu'il fit son élection particulière pour remplacer le prévaricateur; mais il ajouta que celui qu'il avait choisi à cette fin, n'entrerait en vertu et puissance divine qu'après qu'eux-mêmes auraient fait l'expiation de leurs péchés pendant leur vie temporelle, et que la justice divine aurait sévi contre les criminels. Le cœur de ces neuf justes fut si fort saisi qu'ils restèrent dans une espèce d'anéantissement ou d'assoupissement qui dura environ une heure. Pendant ce temps, Enoch fit son invocation au Créateur en faveur de ces neuf disciples, qui virent alors, dans la situation où ils se trouvèrent, tous les fléaux dont le Créateur devait se servir pour frapper la terre et le reste de ses habitants. L'effroi que ces neuf justes en conçurent, les fit revenir de leur abattement; ils poussèrent un grand cri en regardant Enoch, et lui dirent : « Comment se peut-il, maître, que tout ce que nous venons de voir doive arriver sur cette terre? Ne pourriez-vous pas calmer par vos prières le courroux de celui qui vous a envoyé parmi nous, et retirer les fléaux qu'il se propose de lancer sur la terre et sur ses habitants? La vision que nous avons eu n'est point fausse : le Créateur est juste, et vous êtes saint, fort et invincible. »

Enoch leur répondit : « Qui vous a donc instruit de moi? Soyez tous un seul homme, vous serez également saints. Soyez tous une même loi, vous serez tous forts. Soyez tous sous la même règle de vie, que que je vous ai prescrite, et vous serez éternellement mineurs spirituels invincibles. Telle est la volonté du Père et de son Saint Esprit sur son fils. Soyez tous fils du Tout-puissant ici-bas, et vous saurez que celui que vous avez nommé Enoch est l'esprit du Père qui est en haut. »

A peine *Enoch* eut-il fini de parler et béni les neuf disciples, qu'une nuée enflammée descendit du ciel et l'enleva rapidement pour porter cet esprit saint à sa destination. Ses disciples qui le perdirent de vue se lamentèrent et dirent : « Qu'allons-nous devenir, ô Éternel, sans l'assistance de notre maître Enoch ! Pourquoi le ravis-tu du sein de ses frères et de ses disciples ? Si la terre est coupable, en quoi nous, hommes corporels, devons nous être responsables, si ce n'est du sang matériel que nous avons reçu d'elle, et que nous abandonnons à ta sainte justice ? Exauce, Seigneur, nos vœux, et prends pitié de tes fils et de tes serviteurs. »

*Enoch* devait être par la suite un nouveau type de la volonté du Créateur, ainsi que l'on a vu qu'il y en avait eu plusieurs se succédant depuis les temps passés jusqu'à ce jour. Le premier principe de la religion spirituelle divine, qu'il avait établie parmi la postérité de Seth, fut conservé et remis en vigueur par la puissance de Noé qui, lui-même, est encore un type d'élection spirituelle pour la reconciliation générale et particulière ; ce que nous verrons clairement lorsque nous examinerons son entrée dans l'arche avec les différentes espèces d'animaux ; le repos et la sérénité de cette même arche pendant le déluge ; les instructions spirituelles que Noé donne à ses fils légitimes ; enfin toute la conduite qu'il tint pour préserver ceux qui lui étaient confiés du fléau terrible dont Dieu se servit pour exterminer la terre et tous ses habitants.

Sans entrer dans le détail de la conduite particulière d'Enoch envers ses disciples et de son élection secrète, il suffit d'observer ce qui vient d'être dit pour voir clairement que le vrai Messias a toujours été avec les enfants de Dieu, mais toutefois inconnu. L'on trouvera aussi dans cette même explication l'interprétation de ce qu'a voulu dire le prophète Daniel, lorsqu'il pense emblèmatiquement dans une de ses prophéties, de la captivité d'Israël, par le nombre de soixante et dix semaines, qui furent converties en soixante et dix années de servitude sous Nabuchodonosor, prophétie qui fut confirmée par l'esclavage des Israléites et dont ils furent délivrés par les puissantes opérations de Zorobabel, après les soixante et dix années de servitude à laquelle le Créateur les avait condamnés, pour les fautes qu'ils avaient commises contre lui et contre leurs frères.

Mais ce n'est point seulement par l'avènement

d'Enoch, dont j'ai commencé d'expliquer le type, que nous trouvons des preuves de la présence du Christ parmi les enfants de Dieu. Abel, qui avait fait le type des mineurs préposés pour la manifestation de la justice divine, faisait aussi le véritable type du Messias. Nous reconnaissons cette vérité par les opérations de tous les mineurs élus qui ont exercé leurs puissances et leurs vertus spirituelles parmi les hommes des siècles passés, et qui les opèrent encore parmi les hommes d'aujourd'hui. Ces mineurs élus depuis *Abel et Enoch* sont *Noé, Melchisédech, Joseph, Moïse, David, Salomon, Zorobabel* et le *Messias*. Tous ces sujets préposés pour la manifestation de la gloire divine, font le nombre complet denaire spirituel divin, duquel toute chose, tant spirituelle que matérielle est provenue, ainsi que je l'expliquerai par la suite lorsque je parlerai des types et des époques survenues au corps général et particulier, de même qu'aux mineurs dont je viens de faire mention. Ce sera en effet dans ces explications que vous pourrez vous convaincre de la vérité de ce que j'ai dit par l'égalité, la similitude et le rapport des opérations de ces mineurs avec les opérations d'Abel, ce qui vous fera connaître clairement qu'Abel a fait la véritable figure des opérations du Christ ; de même que vous avez vu Caïn figurer véritablement les opérations du prince des démons.

En effet, Caïn, par le meurtre de son frère *Abel*, nous

représente clairement la rage des démons, qui ont juré de dissoudre et de détruire toute espèce de création; et cela, en se servant des hommes eux-mêmes, dans lesquels ils insinuent une multitude de passions matérielles qu'ils savent être conformes à la faiblesse des sens de la vie matérielle et spirituelle; et, par le moyen de ces insinuations, ils opèrent chez les mineurs des actions opposées les unes aux autres, et les entretiennent par là dans la confusion.

Aussi voyons-nous qu'il n'y a pas, parmi les hommes de matière, deux pensées, deux actions, deux opérations qui puissent s'accorder. L'acharnement des démons à semer les dissensions parmi les hommes ne tend qu'à leur faire naître des pensées démesurées d'orgueil et d'ambition, afin que les hommes vivent continuellement dans une discorde spirituelle, et qu'ils ne connaissent pas le motif et la cause du trouble et des peines auxquelles ils sont condamnés, et qu'ils perdent entièrement l'idée du culte qu'ils devaient rendre au Créateur.

Voilà les abominations qui ont été figurées par le crime de Caïn. Abel était véritablement son frère temporel, étant issus tous deux du même homme, mais il n'y avait aucune comparaison à faire entre les opérations qui avaient coopéré à la formation de l'un et et de l'autre. La forme de Caïn avait été conçue dans l'excès de la volupté des sens de la matière, et nous retraçait sensiblement la prévarication du premier homme. Celle d'Abel au contraire fut conçue sans excès des sens matériels et avec toute la pureté des lois de la nature ; aussi cette forme était plutôt spirituelle que matérielle, et c'est par cette conception spirituelle que nous regardons la forme d'Abel comme une vraie figure de la forme du Christ, provenue spirituellement d'une forme ordinaire, sans le secours d'opérations physiques matérielles et sans la participation des sens de la matière.

D'un autre côté, cette formation corporelle du *Christ* nous retrace l'incorporation matérielle du premier homme, qui, après sa prévarication, fut dépouillé de son corps de gloire, et en prit lui-même un de matière grossière en se précipitant dans les entrailles de la terre. Car, avant que cet esprit divin doublement puissant et supérieur à tout être émané, vint opérer la justice divine parmi les hommes, il habitait le cercle pur et glorieux de l'immensité divine. Mais lorsqu'il fut député par le Créateur, il quitta cette demeure spirituelle pour venir se renfermer dans le sein d'une fille vierge. Or l'absence que fait ce mineur Christ de son véritable séjour ne nous rappelle-t elle pas l'expulsion du premier homme de son corps de gloire ? L'entrée de ce majeur spirituel, ou verbe du Créateur, dans le corps d'une fille vierge, ne nous rappelle-t-elle pas clairement l'entrée du premier mineur dans les abîmes de la terre, pour se revêtir d'un corps de matière ? Les différentes peines et les révolutions qu'éprouve le corps de cette fille vierge dans la grossesse et l'enfantement, sont la figure de la sujétion et des révolutions spirituelles démoniaques que le corps général terrestre endurera et est obligé d'endurer relativement à la prévarication d'Adam.

Dieu, ayant alors maudit la terre et l'ayant livrée à de rigoureux pâtiments, les persécutions que les différentes nations ont faites au corps de la vierge et à son fruit, nous représentent celles que les démons des différentes régions ont faites et font au corps général terrestre et particulier, de même qu'aux mineurs qui y sont contenus.

La défaite du corps de Christ, détruit par la main des hommes, nous prouve bien aussi que les démons ont pouvoir sur les formes corporelles de matière apparente; mais il faut savoir que ces mêmes démons ne peuvent empêcher la réintégration des substances spiritueuses qui composent les formes, ces substances n'étant point provenues d'eux. Ils peuvent bien aussi détruire la forme particulière, mais non la forme générale terrestre, qui ne doit finir qu'au temps prescrit et limité par le Créateur.

La défaite de l'individu corporel de Christ, opérée par les hommes en présence des deux femmes, Marie de Zébédée et Marie Madeleine, avait été figurée par le meurtre commis par Caïn sur son frère Abel en présence de ses deux sœurs. Les deux femmes que je viens de nommer, suivirent le Christ dans toutes ses opérations spirituelles divines, ainsi que les deux sœurs de Caïn avaient suivi leur frère dans toutes ses opérations démoniaques.

Ce ne sont pas là les seuls rapports que nous puissions reconnaître entre les opérations du Christ et les opérations des premiers mineurs. Nous ne pouvons ignorer que le sang qui a coulé du corps du juste Abel ne soit le type et la ressemblance certaine de celui que le Christ devait répandre, et qu'il a effectivement répandu. Ce sang d'Abel, répandu sur la terre, est le véritable type et la réaction de l'action de la grâce divine, qui a fait paix et miséricorde à la terre et à ses habitants. C'était également le type de l'alliance que le Créateur devait faire avec sa créature après sa réconciliation, ainsi que nous avons vu le premier homme rentrer en grâce auprès du Créateur immédiatement après le sacrifice d'Abel. Ceci n'a-t-il pas été répété clairement par la circoncision d'Abraham, par laquelle ce père de multitude obtint sa réconciliation parfaite auprès du Créateur, et ce fut par l'effusion de son sang que ce patriarche connut l'alliance que l'Éternel faisait avec lui? N'est-il donc pas sensible que l'effusion du sang de Christ est la confirmation de tous ces types qui ont précédés, puisque l'effusion de ce sang, en faisant trembler la terre, fit ressentir à toute la nature sa réconciliation et l'alliance que le Créateur faisait avec elle et avec ses habitants ?

Puisque j'ai commencé à vous parler des évènements qui ont accompagné les opérations du Christ, en vous expliquant le tremblement de terre qui arriva pour lors, vous pourriez aussi me demander l'explication de l'obscurcissement du soleil qui arriva dans le même temps. Je vous dirai que l'éclipse qui arriva dans la partie céleste est le type réel du fléau survenu aux esprits démoniaques que le Christ, par son opération, réduisit plus bas qu'ils ne l'étaient dans leur privation de puissance contre la création générale et particulière. Cette éclipse rappelait en outre les ténèbres de l'ignorance, où les Hébreux se trouvèrent plongés lorsqu'ils eurent éclipsé de leur mémoire les saints noms divins qui conduisaient auparavant toutes leurs opérations naturelles, temporelles, spirituelles et divines. Elle figurait aussi l'aveuglement des incrédules, qui restent et resteront jusqu'à la fin des siècles dans la privation de la lumière divine.

Cette éclipse ferait enfin le véritable type de la matière générale, qui s'éclipsera entièrement à la fin des temps, et s'effacera de la présence de l'homme comme un tableau s'efface de l'imagination du peintre. Par cette dernière comparaison vous pouvez entendre que le principe de la matière du corps général n'est autre chose pour le Créateur qu'un tableau spirituel conçu dans son imagination. Ainsi, dans ce tableau spirituel était compris tout être corporel, mais toutefois sans substance de matière. Ce tableau contenait principalement le mineur spirituel qui devait contribuer à la formation des corps.

Si j'ai expliqué, me direz-vous, l'éclipse considérable arrivée lors de la mort du Christ, je peux bien aussi vous expliquer quel est le type de la rupture du voile, qui arriva dans le même temps. J'y consens dans l'espérance que cela vous sera profitable selon votre bon désir, je vous dirai donc que votre rupture du voile du temple est un type considérable pour l'avantage du mineur spirituel qui aura le bonheur d'être compris au rang de ceux que le Créateur récompensera de sa plus grande gloire spirituelle divine. Ce voile déchiré est le véritable type de la délivrance du mineur privé de la présence du Créateur. Il explique la réintégration de la matière apparente qui voile et sépare tout être mineur de la connaissance parfaite de toutes les œuvres considérables qu'opère à chaque instant le Créateur pour sa plus grande gloire. Il explique le déchirement et la descente des sept cieux planétaires, qui voilent, par leur corps de matière, aux mineurs spirituels la grande lumière divine qui règne dans le cercle céleste. Il explique encore la rupture de celui qui cachait et voilait à la plus grande partie des mineurs la connaissance des œuvres que le Créateur opère pour sa plus grande justice en faveur de sa créature.

Moïse nous a fait concevoir clairement cette dernière figure en donnant aux Hébreux la connaissance de la loi divine, qu'il leur récita la face couverte d'un voile rouge. Ce voile rouge, qui cachait au peuple la face de Moïse et les tables sur lesquelles étaient écrites l'intention et la volouté du Créateur, représentant très-parfaitement les esprits pervers qui servent de voile scandaleux à tous les mineurs qui ont fait fonction avec eux. La couleur rouge de ce voile représente l'insinuation de l'intellect démoniaque dans les principaux sens de la forme du mineur, qui le prive de toute communication des sens spirituels divins, et le rend incapable de retenir aucune impression spirituelle, soit par type, soit par mystère, soit même en nature pure et simple spirituelle. La face de Moïse voilée annonçait l'état de privation des connaissances divines où Israël allait être réduit par les alliances, que Moïse voyait que le peuple allait faire avec le prince des démons, et l'ignorance où ce peuple allait tomber, du type spirituel que Moïse opérait devant lui.

C'est par ses alliances criminelles que les Hébreux sont appelés depuis : les enfants des ténèbres et enfants du sang de la matière, et qu'ils ont été remplacés par ceux que l'on appelle : enfants de la grâce divine. Mais ces nouveaux enfants doivent bien prendre garde de s'endormir sur la grâce qu'ils possèdent au préjudice du peuple Hébreu : la réprobation de ce peuple n'était qu'un type frappant de la réalité d'un fait qui doit survenir un jour à la face de l'univers et dont je parlerai dans l'explication des révolutions dernières qui surviendront à la créature vers la fin de toute durée.

Je me suis assez étendu sur l'explication des types de Caïn et d'Abel; je vais maintenant vous parler de la postérité subséquente d'Adam. J'ai montré comment Adam avait été parfaitement réconcilié par le moyen d'Abel. Vous concevez aisément que, sans cette réconciliation, la nature universelle, générale et particulière, n'existerait pas de la manière dont elle existe aujourd'hui, quoique le temps de sa durée eût été le même. Mais comme le Créateur avait mis dans Abel tous les dons nécessaires pour opérer, dans toute son étendue, la manifestation de la gloire divine à l'avantage de la créature et à la honte des démons, il fallait, après la mort d'Abel, que tous ces dons fussent reversibles sur un autre mineur. Les décrets du Créateur s'opèrent et s'opéreront toujours avec une immutabilité irrévocable. Adam conçut donc, au gré du Créateur, une troisième postérité, qu'il nomma Seth, qui veut dire admis à la postérité de Dieu. Ce fut cet être mineur spirituel qui hérita de tous les dons puissants qu'avait possédés Abel, parce qu'Abel ne devait être qu'un type simple de réconciliation spirituelle; au lieu que Seth avait, non seulement ce même type à opérer, mais encore celui de la stabilité des lois de la nature, du cours de ses différentes révolutions et des évènements temporels qui se passeront chez elle, au moment où elle s'effacera des yeux de celui qui l'a fait naître dans son imagination divine.

Pour cet effet, le Créateur instruisit lui-même par la voie de son envoyé spirituel Héli, le bienheureux homme Seth des secrets ressorts spirituels divins qui contenaient et dirigeaient toute la nature, tant matérielle que spirituelle. Il reçut immédiatement du Créateur, par l'esprit, toute connaissance des lois immuables de l'Éternel, et apprit par là que toute loi de création temporelle et toute action divine étaient fondées sur différents nombres. Il apprit par ce même Héli que tout nombre était coéternel avec le Créateur, et que c'était par ces différents nombres que le Créateur formait toute figure, toutes ses conventions de création, et toutes ses conventions avec sa créature. Pour que vous ne doutiez pas de cette vérité, je vous donnerai la connaissance des nombres coéternels qui sont innés dans le Créateur.

Vous savez sans doute que tous les sages passés et présents ont toujours regardé le nombre dénaire comme respectable à tous égards. Les sages n'ont eu et n'ont encore tant de respect pour ce nombre denaire que parce qu'ils ont appris à en connaître la force par leur persévérance dans leurs opérations spirituelles divines, par le moyen desquelles ils ont obtenu les mêmes dons qui avaient été donnés à Seth. Ces sages n'ont point obtenu ces dons pour leur postérité charnelle, la plupart n'en ayant point eu, quoiqu'il fussent unis à des mineurs féminins selon la volonté du Créateur; mais ils n'employaient ces dons qu'à l'éducation et l'instruction des enfants spirituels que le Créateur leur assignait, pour les disposer par là à devenir des instruments de la manifestation de la gloire divine.

C'est parmi cette postérité spirituelle qu'ils ont perpétué la connaissance de ce fameux nombre denaire, dans lequel toute espèce de nombre de création était contenu, et d'où ils eurent la faculté de tirer tous les nombres terrestres, mineurs, majeurs et supérieurs qui y étaient innés, ainsi qu'il a été enseigné au bienheureux homme Seth, et qu'il m'a été dit de l'enseigner à l'homme de désir. Je vous répondrai donc, selon que je le tiens de ceux qui ont été chargés de me le montrer, que le nombre denaire remplit les quatre nombres de puissance divine. Je place devant vous le nombre denaire en quatre figures différentes de caractères d'arithmétique : 1, 2, 3, 4. Additionnez ces quatre caractères en cette manière : *1 et 2 font 3, 3 et 3 font 6, 6 et 4 font 10*, vous trouverez votre nombre denaire, qui est la grande et première puissance divine, dans laquelle les trois autres nombres sont contenus, ainsi que vous pouvez le voir par les additions suivantes : 3 et 4 produisent le nombre 7 qui fait la seconde puissance du créateur; 1 et 2 font 3, 3 et 3 font six, voilà la troisième puissance du Créateur; enfin additionnez 1 et 3 et vous aurez 4 ; et c'est le nombre quaternaire qui termine et conclut les quatre puissances divines du Créateur contenues dans son nombre coéternel *denaire*.

Il convient, pour votre plus grande instruction, que je vous donne l'application de ces quatre nombres, afin que vous puissiez connaître à quel usage chacun d'eux a été employé par le Créateur pour la création universelle, générale et particulière. Je vous dirai donc que le nombre denaire est un nombre indivisible ou qui ne peut souffrir aucune division. C'est lui qui complète, divise et subdivise tout être de nombre inné dans le temple universel, général et particulier, corporel, animal, spirituel, divin. C'est pourquoi ce fameux nombre a toujours été regardé par les sages comme le nombre unique et représentant la quatriple essence divine, et, en conséquence, comme très-respectable de tout être spirituel provenu de ce nombre. C'est aussi pourquoi ce nombre ne peut être opéré que par le Créateur, et non par aucun être spirituel doublement puissant, simple et mineur, et à cette considération nul sage n'a fait usage de ce nombre, le réservant toujours, par respect, à la divinité.

Voilà quel est l'emploi du nombre denaire ou de la première puissance divine, que l'on figure ainsi 10 ou ① ; et c'est par ce nombre que l'imagination pensante divine a conçu la création spirituelle divine, temporelle. Passons au nombre septenaire.

Le nombre septenaire, qui est sorti du nombre absolu denaire, est le nombre plus que parfait que le Créateur employa pour l'émancipation de tout esprit hors de son immensité divine. La classe d'esprits septenaires devait servir de premier agent et de cause certaine, pour contribuer à opérer tout espèce de mouvement dans les formes créées dans le cercle universel. Qu'observons-nous dans toutes ces formes ? Du sonore, du mouvement, de l'action et de la réaction. Toutes ces différentes qualités et propriétés des formes ne nous seraient pas sensibles, si ces formes n'avaient en elles un être inné que nous appelons particule du feu incréé excentral, qui les rend susceptibles de toutes les actions que nous observons en elles.

Mais toutes ces actions et ces mouvements des formes matérielles ne peuvent pas provenir de ce seul principe inné, et ce principe ou cette particule de feu incréé ne produirait jamais rien dans les formes corporelles, s'il n'était réactionné par une cause principale et supérieure qui l'opère et le rend propre au mouvement et à l'entretien de ces mêmes formes. Cette cause supérieure, ainsi que nous le voyons, n'est autre chose que ces agents septenaires spirituels divins, qui président comme chefs aux différentes actions et aux différents mouvements de tous les corps auxquels ils font opérer leurs pensées et leur volonté selon qu'ils les ont conçues. Ceci nous est figuré réellement par ce qui a été enseigné précédemment, que la forme corporelle humaine était l'organe de l'âme du mineur, et l'on ne peut mieux concevoir les facultés et le pouvoir de ces agents septenaires sur les êtres corporels, que par les différentes opérations que les mineurs mêmes produisent par leurs actions sur leurs propres formes, et qui se passent aux yeux de leurs semblables. Voilà quelle est la vertu et la faculté puissante du nombre septenaire, son émanation du nombre denaire, et l'emploi que le Créateur en a fait pour l'émancipation des esprits formés à sa ressemblance ; et ce nombre est *la seconde puissance de la Divinité.*

La troisième puissance divine ou le nombre sénaire est également émané du fameux nombre denaire. Ce nombre sénaire n'est pas aussi parfait ni aussi puissant en vertu spirituelle que le nombre septenaire, et cela parce que le nombre sénaire peut se diviser en deux parties égales ou deux fois trois, ce qui ne se peut pas faire sur le nombre septenaire sans le détruire et le dénaturer. Le nombre sénaire est celui par lequel le Créateur fit sortir de sa pensée toutes les espèces d'images de formes corporelles apparentes qui subsistent dans le cercle universel. La Genèse n'enseigne-t-elle pas que Dieu a tout créé en six jours ? Il ne faut pas croire par là que la Genèse ait voulu borner la puissance de la Divinité en lui limitant un temps, soit de six jours, soit de six années. Le Créateur est un pur esprit supérieur au temps et à la durée successive, mais il peut avoir opéré six pensées divines pour la création universelle, et ce nombre six appartient effectivement à la création de toute forme de matière apparente. Par ce même nombre, le Créateur fait sentir à sa créature, tant spirituelle que temporelle, la durée de temps que doit subsister la création universelle. Voilà quelle sont la vertu du nombre sénaire et l'emploi que le Créateur en a fait. C'est par là que les sages ont acquis la connaissance du principe des formes et des bornes que le Créateur a mis à la durée de leur cours; c'est encore là que nous apprenons que tout être corporel se réintégrera dans son premier principe d'émanation par le même nombre qui l'a produit. Venons au nombre quaternaire ou à la quatrième puissance du Créateur.

Le nombre quaternaire, qui est celui qui complète la quatriple essence divine, est infiniment plus parfait et plus considérable que le nombre sénaire, parce que c'est lui qui contribue à la perfection des formes prises dans la matière indifférente, parce qu'il donne le mouvement et l'action à la forme corporelle, et parce qu'il préside à tout être créé comme étant le principal nombre d'où tout est provenu. Ainsi nous l'appelons nombre devenu puissant du Créateur, comme contenant en lui toute espèce de nombre de création divine, spirituelle et terrestre, ainsi que je vous l'ai fait comprendre par les différentes additions des quatre caractères qui composent ce nombre quaternaire, et par l'addition totale de ces mineurs, caractères que vous a rendus le nombre denaire.

C'est par ces différentes additions que sont désignées les différentes facultés et les différentes puissances que l'homme a reçues du Créateur. C'est pourquoi c'est dans le nombre quaternaire que l'homme doit apprendre à connaître tous les nombres de puissances spirituelles qui sont innées en lui, puisqu'il a eu le malheur d'être privé de ces connaissances. Le nombre quaternaire enfin est celui dont le Créateur s'est servi pour l'émanation et l'émancipation de l'homme ou du mineur spiritnel; ce qui fait que l'âme est appelée vie éternelle ou impassive, ainsi que je vais vous le faire comprendre.

Vous devez savoir qne la figure triangulaire a toujours été regardée comme très importante parmi tous les sages des différentes nations. *Adam, Enoch, Noé, Moïse, Salomon, le Christ* ont fait un grand usage de cette figure dans leurs travaux. Nous voyons qu'aujourd'hui même on observe avec soin de placer ce triangle sur nos hôtels, au sommet et au frontispice des bâtiments. Je demande si cette figure peut être le fruit de l'imagination du constructeur? Cela n'est pas possible puisqu'elle existe avant lui et qu'elle est en nature sur notre propre corps. On ne peut pas croire non plus que ce triangle soit la figure de la Trinité, quoique l'on donne aux trois angles d'un triangle équilatéral les noms de Père, de Fils et de Saint-Esprit, parce qu'enfin la Trinité ne peut être figurée par aucune forme sensible aux yeux de la matière. Cette figure ne représente donc autre chose que les trois essences spiritueuses qui ont coopéré à la forme générale terrestre dont voici la figure ▽. L'angle inférieur représente le Mercure; l'angle vers le midi représente le Soufre, et l'angle vers le nord représente le Sel. Or, ce n'est que la jonction du principe spirituel ou du nombre quaternaire à ces trois essences qui leur a donné une liaison intime, et leur a fait prendre une seule figure et une seule forme, qui représente véritablement le corps général terrestre divisé en trois parties : *Ouest, Nord* et *Sud*.

Voilà comment, par la jonction du nombre 1 avec le nombre 3, nous démontrons la grande puissance du nombre quaternaire qui complète parfaitement la quatriple essence divine. C'est du centre de ce triangle que les trois pointes angulaires émanent. Ce centre est composé de quatre lettres; nous voyons donc bien clairement que tout être de création est soumis et provient de la quatriple essence divine, et que l'esprit mineur, par son émanation quaternaire, porte réellement le nom de cette quatriple essence.

Telles sont les sublimes instructions spirituelles que Seth reçut du Créateur par la voie de son député Hély. C'est par là qu'il acquit toute puissance et l'entière connaissance des opérations divines, et non point, comme on l'a dit, qu'il ait été instruit dans toutes les sciences spirituelles et naturelles par la voie de son père Adam. Cela ne se pouvait absolument point, puisque Adam, par sa prévarication, fut dépouillé de toute puissance spirituelle, et qu'il n'obtint même après sa prévarication qu'une simple puissance mineure, qu'il ne pouvait encore transmettre de son chef, mais seulement par l'autorité suprême de la divinité. *Adam* n'a pu communiquer à *Seth* que le pénible cérémonial qu'il avait appris à connaître par un long travail de corps, d'âme et d'esprit, et non jamais les fruits spirituels provenus de ses opérations temporelles spirituelles.

*Adam*, dans son premier état de justice, comme je viens de le faire entendre, reçut véritablement de l'esprit divin toutes les sciences et toutes les connaissances spirituelles; c'est-à-dire la route certaine et un plan exact de toutes les opérations spirituelles divines pour lesquelles il avait été émané; mais ayant fait un usage criminel de ses pouvoirs, le Créateur les lui retira aussitôt et laissa ce malheureux Adam, même après sa réconciliation, susceptible d'être homme d'erreur dans toutes ses opérations humaines, spirituelles et temporelles, ce qui arrive à l'homme toutes les fois qu'il n'opère qu'en vertu de ces trois puissances ternaires qui sont : Puissances *aérienne, terrestre* et *fougueuse*. Il est dangereux à l'homme de désir d'user de ces trois puissances dans quelqu'opération que ce soit, sans au préalable avoir obtenu du Créateur la puissance quaternaire qui nous est retirée par la prévarication d'*Adam;* et c'est le défaut de cette puissance quaternaire qui nous fait sentir que l'homme, depuis la prévarication d'Adam, est homme d'erreur; et c'est le défaut de cette puissance quaternaire qui nous fait encore sentir que l'homme est véritablement en privation spirituelle divine. Il est vrai que l'homme peut sortir quelquefois de cette privation pendant la durée de son cours temporel, mais ce n'est jamais pour longtemps, le Créateur, qui est immuable, ayant dit expressément à son homme reconcilié que nulle connaissance des sciences divines ne lui serait rendue qu'après qu'il l'aurait gagnée par ses travaux qui lui furent prescrits pour la seconde fois. C'est depuis cette époque que l'homme est ignorant et borné; ce qui ne lui serait point arrivé, s'il eût dirigé sa puissance quaternaire selon les instructions du Créateur.

Outre les types frappants que *Seth* avait faits de

la réconciliation spirituelle et de la stabilité des lois de la nature, il faisait encore véritablement celui de la miséricorde divine, puisqu'il remplaça Abel, puisqu'il pria pour la grâce de son frère Caïn, qu'il paraît avoir obtenu, soit par l'expiation que Caïn fit de son crime par le genre de mort dont il fut frappé, soit par la pénitence que fit Booz du crime involontaire qu'il avait commis sur la forme de ce même Caïn. Vous ne devez pas douter que ces deux mineurs n'aient obtenu miséricorde du Créateur, par la vertu et sainteté du bienheureux homme Seth. Si vous me demandez quelle est la preuve physique qui peut vous porter à croire que ce que je dis à ce sujet soit certain, je vous répondrai que, lorsque vous aurez eu le bonheur de connaître le genre de travail de Seth, celui que les sages ont opéré après lui, ainsi que les travaux de Moïse et du Christ, vous ne me ferez plus de pareilles questions. Si vous aviez été en société avec ces sages célèbres, vous vous garderiez de parler de la sorte. Vous vous seriez contenté d'admirer leurs faits, sans chercher à entendre ce qu'ils disaient, car il vous eût été aussi difficile de comprendre leurs questions et leurs discours, que leurs faits qui s'opéraient en nature devant ceux qui étaient présents.

Ce respectable Seth, comme postérité de Dieu par sa naissance, fut chargé d'instruire ses descendants du culte divin. Il transmit à son fils Enos, qui veut dire faible mortel, toute cérémonie d'opération divine, spirituelle et terrestre, céleste, aquatique et fougueuse; il lui recommanda, sous les peines les plus terribles, de ne point abuser des connaissances qu'il lui avait confiées par l'Éternel, de même que des fruits provenus de ses travaux spirituels; il lui défendit, entre autres choses, toute liaison avec les profanes, ou les enfants des hommes; c'est-à-dire les filles concubines de la postérité de Caïn; et que cette race fut jamais unie avec les enfants de Dieu qui étaient la postérité de Seth. C'était dans cette postérité que le Créateur devait faire naître les mineurs préposés pour la manifestation de sa gloire, ainsi que je l'ai déjà fait voir par le peu que j'ai rapporté touchant l'élection d'Enoch; et ainsi que je le ferai concevoir plus clairement par l'énumération de tous les mineurs élus. Vous y verrez que cette postérité de Seth et de son fils Enos ne tarda pas à se corrompre par ses alliances avec la postérité de Caïn, et qu'elle déchut par là de toutes les connaissances spirituelles divines, que Seth lui avait communiquées. Cette postérité d'Enos subsista ainsi dans l'abomination jusqu'à la septième génération d'où provient le patriarche Enoch, dont j'ai parlé déjà, comme je viens de vous le dire, et dont je vais traiter le type plus amplement.

Voilà ce que j'ai d'intéressant à vous dire sur le type de Seth, ne croyant point devoir entrer dans

## DE LA RÉINTÉGRATION DES ÊTRES 131

les détails des évènements particuliers qui lui sont arrivés et à sa postérité, évènements qui ne sont d'aucune utilité pour les choses que vous devez désirer.

*Enoch* prit naissance dans la postérité de Seth et eut pour père *Jared* ou *Ared*, qui veut dire homme illuminé par Dieu. Ce père donna à son fils le nom de Deliacim, qui signifie : *résurrection du Seigneur dans la postérité de Seth*, et il le surnomma Enoch avec un E et non avec un H. Ce nom d'Enoch signifie : dédicace. Tous ces noms et le type qui a fait Jared dans la postérité de Seth ou d'Enos, étaient une vraie figure du passé, du présent et de l'avenir. Jared était un homme juste devant le Créateur; il était plus puissant en vertu divine que les autres patriarches, par la force du culte divin qu'il exerçait pour l'expiation des crimes de la postérité d'Enos. Les lumières qu'il recevait journellement de l'esprit divin, le préparaient à être le précurseur d'un être juste qu'il savait par l'esprit devoir émaner de lui par l'esprit. C'était ce même esprit qui lui enseigna le type merveilleux que son fils Enoch devait faire de l'esprit divin, et de l'action même de la divinité, pour la conduite et la défense des mineurs contre les attaques de leurs ennemis, ainsi que nous l'avons déjà dit précédemment en parlant de l'élection d'Enoch.

*Jared* apprit enfin par l'esprit les œuvres puissantes et spirituelles que son fils Enoch devait opérer et qu'il a réellement opérées parmi la postérité de Caïn et de Seth et la postérité femelle d'Adam, qui forment les trois nations habitant sur la surface de la terre. Je ne passerai pas ce dernier point sans vous faire observer que la convention des hommes a distingué : Ismaël, Israël, les Chrétiens et les Idolâtres ou les incrédules, qui, sous prétexte d'honorer et d'élever la Divinité, ne connaissent d'autre Dieu que la matière ; mais, dès que cette division en quatre parties ne provient que de la convention des hommes sans la participation divine, elle ne peut être que fausse et trompeuse, pour les raisons qui vont suivre.

Adam, qui n'était émancipé de la circonférence divine que pour être le roi de la terre et pour avoir une postérité de Dieu, ne devait, par sa première nature d'esprit, participer à aucune division de cette même terre. Mais étant devenu homme de matière par sa prévarication, il eut parmi sa postérité charnelle trois enfants mâles, *Caïn*, *Abel* et *Seth*. Abel n'étant venu que par ordre du Créateur, et pour une simple manifestation spirituelle divine, ne devait jouir d'aucune portion de matière, et ne participer en rien à la division de la terre, qui ne devait être distribuée qu'à la postérité des hommes provenus des sens de la matière. Aussi ce mineur juste fut il promptement soustrait du nombre de cette postérité matérielle après avoir rempli sa mission selon la volonté du Créateur. Il ne resta plus que trois personnes : Adam, Caïn, Seth. Adam, selon l'ordre qu'il en avait reçu de l'Éternel, fit lui-même la division de la terre en trois parties et non en quatre. Cela ne pouvait être autrement, me direz-vous, puisqu'il n'y avait alors que trois personnes ? Mais je vous répondrai que, quand Adam aurait eu cent enfants, il n'eût pas pu diviser la terre en plus de trois parties; la terre n'en ayant pas davantage et sa forme étant parfaitement triangulaire. Ainsi Adam l'a divisée dans tout son contenu de régions ainsi qu'il suit : l'Ouest à Adam, le Sud à Caïn, et le Nord à Seth. De même qu'il n'y a que trois cercles sphériques : le sensible, le visuel et le rationnel, de même il n'y a que trois angles terrestres, de même aussi la création universelle est divisée en trois parties.

Ce qui nous prouve que la création universelle ne peut être divisée qu'en trois parties, c'est qu'on ne peut pas y trouver ce que l'on appelle la *quadrature du cercle*, ou la division du cercle en quatre parties. C'est par toutes ces opérations que nous rejetons la quatrième partie que le vulgaire admet dans la division de la terre. Ainsi il ne peut y avoir sur cette même terre que trois nations principales, desquelles toute nation composite et conventionnelle de nom est émanée. Ces trois nations ont été représentées par les trois enfants de Noé, à qui cette même terre fut encore divisée en trois parties égales, savoir : *Cham* au *Midi*, *Sem* à *l'Ouest*, et *Japhet* au *Nord*, ainsi que j'en parlerai ailleurs. J'ajouterai ici que l'ordre qu'Adam reçut du Créateur de faire cette division de la terre, fut très-douloureux pour lui, en ce qu'il lui rappelait la différence de son état de gloire à son état de réprobation. Je vous dirai de plus que ce partage de la terre annonça la division qui a régné depuis, et qui règnera jusqu'à la fin parmi les hommes ; état de guerre et de dissension dans lequel Adam a plongé toute sa postérité. Revenons à Enoch.

La naissance d'*Enoch* causa une grande satisfaction spirituelle parmi la postérité de *Seth*. Il portait sur la figure le caractère de ce qu'il était et celui de sa mission, et son avancement dans le monde fut marqué dans les cieux par un signe planétaire qui étonnait beaucoup la postérité de *Seth* et encore plus celle de *Caïn*. Ce signe, qui se fit connaître à toute la création, fut surtout sensible dans le midi, où habitait la postérité de Caïn. Cette postérité fut, avec raison, plus alarmée que celle de Seth, de l'apparition de ce signe, parce qu'elle comprit qu'il était le pronostic du fléau que le Créateur allait lancer sur elle, et sur tous les habitants de cette région méridionale. Ce signe n'était autre chose qu'une étoile extralignée de son cercle planétaire ; elle était descendue plus près de la terre qu'à son ordinaire, et elle avait par ce moyen une lumière différente de celle qu'elle recevait dans l'ordre de son cours naturel ; de sorte qu'elle parut toute opposée et toute différente des autres étoiles qui lui étaient égales naturellement. Cette apparence différente la fit nommer par les hommes : *Lathan*, qui veut dire *signe de confusion et de peine terrestre*, et c'est ce que le vulgaire appelle comète. Voici qu'elle était la figure de ce signe :

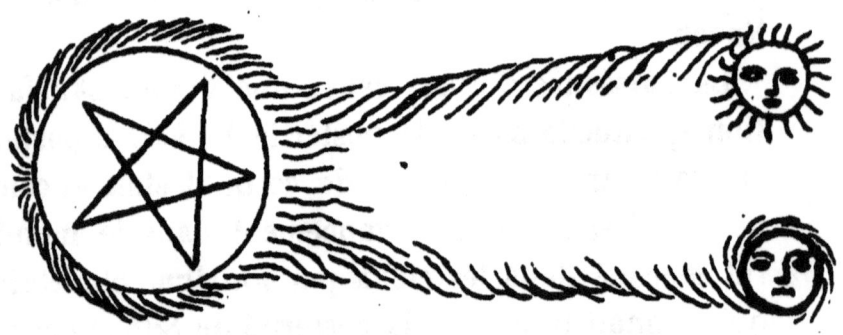

Pour que vous conceviez parfaitement ce que c'est qu'un signe planétaire, il faut apprendre que tout corps céleste, soit majeur, soit supérieur, soit inférieur, et qui est formé de matière qui, en principe, est susceptible dans son contenu, de forme corporelle, d'avoir six divisions. Un cercle planétaire est composé de six principales étoiles égales en grandeur, en vertu et en puissance, lesquelles reçoivent l'ordre d'action, de mouvement et d'opération, par l'étoile supérieure qui est au centre des six composant le cercle planétaire. Dans les intervalles de ces étoiles, il y a une infinité d'autres corps que nous appellons : *signes ordinaires planétaires*, nommés vulgairement : *petites étoiles*. Ces signes suivent, dans leur arrangement, le même ordre qui règne parmi les étoiles du cercle planétaire ; c'est-à-dire qu'ils sont joints sept à sept. Chacun de ces signes a sept vertus adhérentes aux principales étoiles du cercle planétaire, et, en outre, chacun de ces signes a encore en soi sept autres vertus, ce qui les rend susceptibles d'être multipliés par leur propre nombre de figures et de vertus qui est sept fois sept, dont le produit est $49 = 13 = 4$. C'est par ce nombre que vous apprendrez à connaître que les corps planétaires supérieurs, majeurs et inférieurs sont réellement constitués en vie spirituelle divine et en vie corporelle passive, ainsi que tous les corps permanents dans le cercle universel, le tout avec distinction. Les irraisonnables ont la vie et l'instinct passifs, et les raisonnables ont le même instinct, et en outre la vie spirituelle impassive.

Vous savez que tout être de forme corporelle a pris naissance des trois essences spiritueuses : *Mercure, soufre* et *sel*, que les esprits de l'axe ont actionné pour coopérer à la formation de tous les corps, ils n'ont coopéré à cette formation qu'en insérant dans les différentes essences, un véhicule de leurs feux, et c'est sur ce véhicule de leurs feux qu'ils actionnent continuellement pour l'entretien et l'équilibre de toutes les formes. Voilà ce que nous appelons la vie passive à laquelle est soumis tout être de forme, tant céleste que terrestre.

Nous avons distingué les corps planétaires en supérieurs, majeurs et inférieurs, pour pouvoir extraire plus facilement la connaissance de leurs vertus et de leurs puissances. L'étoile du centre est l'être supérieur planétaire; c'est cette étoile qui gouverne ces corps planétaires majeurs et inférieurs, et elle est appelée supérieure parce que c'est sur elle que l'influence solaire va se répandre immédiatement. Cette étoile supérieure communique ce qu'elle a reçu aux étoiles majeures planétaires qui garnissent son cercle : les majeures les communiquent à une infinité de petites étoiles qui sont en jonction avec elles, et que nous appelons signes, ou corps inférieurs planétaires; et ces signes inférieurs, après avoir reçu l'action influétique des supérieures et des majeures, la répandent avec une exacte précision sur les corps grossiers terrestres.

Voilà un petit tableau de la composition d'un cercle planétaire et de ses habitants, que l'on peut regarder comme étant d'un nombre infini, vu la multitude des différents êtres animaux, spirituels mineurs, et esprits purs et simples divins qui habitent ces cercles planétaires, et c'est là que nous trouvons la vie spirituelle impassive. Ce ne serait rien pour l'homme et pour toutes les formes, tant la générale que les particulières, si les cercles planétaires n'étaient habités que par des êtres tels que ceux dont je viens de parler; mais ils sont encore susceptibles d'être habités par des êtres spirituels malins, qui s'opposent aux puissances et combattent les facultés des actions influétiques bonnes, que les êtres planétaires spirituels bons sont chargés de répandre dans le monde entier, selon les lois d'ordre innées en eux pour le soutien et la conservation de l'univers.

C'est de là qu'il est passé en proverbe parmi les hommes qu'il y a de mauvaises influences planétaires, et ceci est très-positif, ainsi que je le ferai voir clairement lorsque je détaillerai les principes des différents corps célestes et terrestres, et que je donnerai une connaissance positive de toutes les vertus et puissance de Saturne, du Soleil et des autres cercles planétaires. Vous doutez peut-être de la jonction qui se fait des esprits mauvais avec les esprits bons planétaires, et c'est par le peu de connaissance que vous avez de ces esprits bons et de leurs actions, et ne croyant pas possible qu'ils soient interrompus dans leurs fonctions naturelles par les esprits mauvais. Cela ne peut cependant pas être différemment par la raison que je vais vous en dire.

Vous n'ignorez pas la naissance d'Adam dans une

forme glorieuse; vous n'ignorez pas sa prévarication et sa dégradation de toute puissance spirituelle. Vous devez être assez instruits à ce sujet, mais ce que vous ignorez, c'est de savoir si le démon était dans une forme corporelle lorsqu'il a tenté le premier homme. Puisque vous l'ignorez, je vous dirai que le démon était pour lors dans un corps de gloire, ou une forme glorieuse; et cela parce qu'il serait impossible que d'esprit à esprit pur et simple, il y eût de tentations, d'embûches, ni de séductions, si ces esprits étaient revêtus d'une forme corporelle.

Il n'en est pas de l'esprit pur et simple comme il en est de l'homme corporel : tout homme est libre de communiquer ou de cacher ses pensées à ses semblables; mais parmi les esprits purs et simples, un être spirituel ne peut concevoir une pensée sans que les autres esprits n'en reçoivent communication. Tout est à découvert et tout se fait ressentir à la fois parmi les êtres dégagés de matière, et le privilège de l'esprit pur et simple est de pouvoir lire dans l'esprit par sa correspondance naturelle spirituelle. C'est ce qui fait que rien ne peut échapper à la connaissance de l'esprit, au lieu que c'est tout le contraire parmi les mineurs incorporés dans une forme de matière apparente.

C'est de là que je vais vous faire comprendre que tout esprit planétaire supérieur, majeur et inférieur, renfermé dans une forme corporelle pour y opérer selon sa loi pendant la durée du temps qui lui est prescrit, est sujet comme le reste des humains à être attaqué et combattu dans ses opérations journalières. Mais la différence qu'il y a de ces esprits à l'homme, c'est qu'ils ne succombent pas aux combats que leur livrent les démons, et la raison en est toute naturelle : ces êtres spirituels ne sont point susceptibles de corruption ou de séduction, et les formes qu'ils habitent ne sont point susceptibles de putréfaction. Ces êtres agissent avec exactitude selon leurs lois de nature dans les différentes formes qu'ils habitent. Aussi leur réintégration tant spirituelle que corporelle sera très-succincte. L'homme au contraire s'écarte journellement des lois spirituelles qu'il a en lui, aussi ne peut-il espérer sa réconciliation qu'après un long et pénible travail, et la réintégration de sa forme corporelle ne s'opèrera que par le moyen d'une putréfaction inconcevable aux mortels. C'est cette putréfaction qui dégrade et efface entièrement la figure corporelle de l'homme et fait anéantir ce misérable corps, de même que le soleil fait disparaître le jour de cette surface terrestre, lorsqu'il la prive de sa lumière.

Il n'en a pas été de même du *Christ*, d'*Abel*, d'*Élie*, ni d'*Enoch*, tant pour leur être spirituel que pour leur forme matérielle. Je vous dirai de plus, touchant *Enoch*, que son avènement dans le monde prédisait celui d'une réconciliation universelle, que le signe qui parut à sa naissance prédisait celui qui parut à la naissance du même réconciliateur, et que son type est celui de trois opérations distinctes que le Christ avait à faire chez les hommes pour la manifestation de la gloire divine, pour le salut des hommes et pour la molestation des démons. Ces trois opérations sont : la première qui s'est faite pour la réconciliation d'Adam, la seconde pour la réconciliation du genre humain, l'an du monde 4000 ; la troisième *qui doit paraître à la fin des temps, et qui répète la première réconciliation d'Adam, en réconciliant toute sa postérité avec le Créateur, pour la plus grande mortification et pour l'humiliation du prince des démons et de ses adhérents.*

Ce sera alors que ces esprits pervers reconnaîtront leur erreur et leurs abominations, en restant pour un temps immémorial à l'ombre de la mort et dans la privation divine et dans les plus terribles gémissements. Ce sera alors qu'ils feront un travail plus pénible et plus considérable qu'ils ne le font pendant la durée des siècles temporels.

Je n'entrerai point ici dans le détail du genre de travail que doivent faire ces esprits pervers, ni dans l'explication du nombre 49, devant traiter ces deux points dans un autre endroit. Je dois également vous parler ailleurs du type d'*Enoch*, lorsque j'entrerai dans le récit des époques ; ainsi je m'en tiendrai à tout ce que je vous ai dit jusqu'à présent, et je passerai à l'explication du type de *Noé*.

Noé est un type considérable et frappant de la création universelle, terrestre, générale et particulière de toutes les formes corporelles apparentes. Il est par son nombre *denaire* le type du Créateur, étant né le dixième des patriarches et le dernier des chefs pères de familles de la postérité d'Adam avant le déluge; et c'est lui qui, par sa postérité, a perpétué celle d'Adam, que le déluge avait effacée de la surface terrestre.

Avant d'aller plus loin, je dois entrer dans les détails des motifs qui ont occasionné le déluge. Les prétendus savants qui n'en conçoivent pas la possibilité, et qui ignorent pourquoi le Créateur a envoyé ce fléau sur la terre, n'hésitent pas à nier ce fait. Ils tournent en ridicule ceux qui y ajoutent foi, et ils regardent comme des personnages imaginaires ceux mêmes à qui le Créateur avait fait part de cet évènement avant qu'il arriva, et du décret qu'il avait fait dans son immensité. Mais sans m'arrêter à leurs faibles objections, je vous apprendrai que ce décret ne fut lancé que pour la manifestation de la justice divine contre les chefs démoniaques qui avaient entièrement révolté le Créateur par les persécutions infinies qu'ils exerçaient sur les mineurs. Les conquêtes immenses qu'ils avaient faites sur ces malheureux mineurs avaient si fort enorgueilli les chefs démoniaques qu'ils se crurent invincibles, et même plus puissants que le Créateur.

Vous devez concevoir aisément combien cet orgueil était peu réfléchi de leur part. Toutes ces conquêtes prouvaient plutôt en effet la faiblesse des démons que leur puissance, selon que je vais vous le faire concevoir. Il ne faut pas croire que la terre fut alors considérablement peuplée. Les hommes qui étaient à sa surface étaient en si petite quantité qu'on ne pouvait y compter pour ainsi dire qu'une poignée d'habitants, et cependant, pour assujettir ce petit nombre de mineurs, il a fallu que le chef des démons employât non seulement toute leurs puissances mais encore celles de toutes ses légions qui sont à l'infini, et même encore, si ses mineurs avaient fait un bon usage de leur liberté, toutes les insinuations et les opérations des démons n'auraient pu prévaloir contre eux. Toutes les victoires des démons se bornent donc à avoir subjugué la faible postérité de Caïn, et une partie de celle de Seth. Assurément cette faible conquête n'était pas capable de manifester dans le démon une puissance absolue et supérieure à celle du Créateur sur tous ces mineurs, s'étant laissés vaincre de leur propre volonté. De quel prix pouvait être pour lui une pareille victoire, si ces conquêtes mêmes qu'il avait faites ne devaient pas rester en son pouvoir, et s'il ne pouvait s'assurer de les posséder et d'en jouir autant qu'il le voudrait ? C'est alors comme s'il n'avait rien conquis. Il a livré de grands combats et s'est donné beaucoup de travaux et de souçis, et cependant rien ne prospère et rien ne reste à sa domination. Voilà quelles ont été les victoires du chef des démons sur les mineurs de ces premiers temps et qu'elles sont celles qu'il a gagnées depuis et qu'il pourra gagner à l'avenir.

Plus les princes des démons emploient leurs puissances contre le Créateur, plus ils sont humiliés et punis. Plus ils remportent de victoires sur les mineurs spirituels, plus ils sont tourmentés et désespérés, parce que le Créateur leur enlève, à leur grande honte, leur proie, en ramenant à sa justice divine les mineurs qu'ils ont subjugués, et ne souffrant jamais qu'une victoire complète demeure à ces esprits pervers ni à leurs légions. Il est donné à ces esprits pervers des lois immuables, toute action, mouvement et autorité puissante pour agir selon leur volonté contre tout être spirituel émané, de même que contre tout être de forme corporelle. Mais malgré toute leur opiniâtreté, nulle de leurs œuvres ne parvient au but où ils se proposent de venir.

Vous me demanderez peut-être quel était le but auquel les démons se proposaient d'arriver ? C'est de passer les bornes qui leur sont prescrites en séduisant sans relâche non seulement les habitants de la terre, mais encore ceux des différents corps célestes, en séduisant et en transportant des attaques plus fortes que celles qui étaient remises à leur puissance ordinaire ; c'est d'avoir fasciné l'entendement des mineurs, afin de pouvoir se faire passer à leurs yeux comme seuls vrais dieux de la terre et des cieux, leur promettant de leur procurer la même puissance et les mêmes facultés que celles que possède la Divinité, et que, si ces mineurs voulaient les suivre et les reconnaître pour leurs chefs, ils pourraient bientôt agir en liberté sur tout être quelconque. Bien plus, ces esprits pervers allèrent jusqu'à persuader à ces mineurs que la Création universelle était faussement attribuée à la Divinité, que ce Dieu qu'ils avaient entendu jadis n'était autre chose que l'un d'eux, qui dirigeait toute la Création et l'homme même depuis son avènement sur la terre, et, qu'en conséquence, l'émanation des mineurs venant du grand prince *du midi*, chef principal de tout être matériel et surmatériel (qui veut dire *véhicule du feu axe central incorporé dans une forme*), ils eussent à le reconnaître et à lui obéir aveuglément en tout ce qu'il ferait inspirer par ses agents inférieurs, et qu'alors ils verraient avec satisfaction se manifester leurs puissances avec autant de succès que celles de leur chef, le grand prince *du midi*, qui s'opéraient tous les jours devant eux.

Un prince régionaire de la partie de *l'ouest*, ou prince majeur des démons terrestres, disait à ces mineurs : « Regardez l'œil de ce grand prince universel, en leur montrant le soleil, c'est la maison de celui qui dirige toute l'étendue que votre vue et votre imagination peuvent apercevoir et comprendre. » Le prince régionaire septentrional terrestre disait de son côté : « Je vous instruis, mes alliés chéris, de la part du Très-haut et très-puissant prince qui a vécu et qui vivra éternellement avec vous et nous, que vous ayez à entendre ce que votre maître et le mien vous dit par ma parole. Tournez la face vers cette principale maison, en leur montrant le corps *lunaire* ; cette maison est celle où habitent tous les esprits majeurs comme moi, inférieurs et mineurs ; c'est là que se manifeste la gloire de notre grand prince ; c'est donc à elle que vous devez avoir recours pour obtenir du grand prince tous les moyens et toutes les facultés qui vous sont nécessaires pour égaler votre puissance à la nôtre. »

Ces chefs pervers ne s'en tinrent pas là ; ils enseignèrent aux pauvres mineurs qu'ils avaient séduits, la façon avec laquelle ils devaient opérer communication avec les habitants de ces deux maisons qu'ils leur avaient fait considérer comme les deux plus grandes et les deux plus considérables, savoir : la lune, la plus grande maison du cercle sensible ou terrestre, et le soleil, la plus grande maison des cieux ; en leur recommandant de ne faire aucun travail ni opération sur ces maisons que lorsqu'elles seraient en conjonction et en opposition parfaite, ce qui forme les éclipses de soleil et de lune ; parce qu'alors ils obtiendraient des principaux chefs habitants de ces maisons, tout ce dont ils auraient besoin, soit pour eux directement, soit pour ceux qu'ils auraient ramenés sous la protection de leur prince tout-puissant.

Les deux autres chefs régionaires leur tinrent à peu près le même langage, de sorte que les malheureux mineurs, séduits par toutes ces promesses, employèrent avec zèle et précision toutes les facultés et puissances qu'ils avaient reçues des chefs démoniaques. Ces hommes possédés firent de grands progrès dans la perversité et corrompirent aussi dans très peu de temps la postérité de Caïn et une grande partie de la postérité de Seth.

J'observerai ici qu'il fallait que les discours des chefs démoniaques eussent été bien séduisants pour pervertir en si peu de temps presque tous les habitants de la terre ; ce qui doit nous avertir de veiller et de nous tenir fortement sur nos gardes ; car il n'y a rien que ces esprits pervers n'inventent pour corrompre le mineur et le confondre avec eux. C'est par leurs actions que nous nous apercevons de ce que nous appelons vulgairement le pour et le contre, ou de l'action et de la réaction qui s'opèrent journellement dans l'univers. Pour concevoir quelle est la subtilité de leurs tentatives, il faut savoir qu'ils s'occupent sans relâche à la dégradation des formes et à la corruption des êtres spirituels, espérant toujours parvenir à leur but d'une manière ou de l'autre. Ils persécutent les mineurs dès le moment qu'ils commencent d'entrer dans ce bas-monde et lors même qu'ils ne peuvent faire usage de leurs sens corporels ; ce que l'on peut aisément apercevoir par les différents mouvements, les cris et les agitations des nouveaux-nés. Nous voyons toutes ces choses confirmées par la naissance du Christ, par son avènement dans une forme corporelle, par les persécutions et les souffrances qu'il a endurées pendant sa vie ; ainsi nous ne pouvons douter que les démons ne soient autour de la forme corporelle dès que le mineur y est incorporé. C'est de là qu'est venu l'usage qu'avaient les patriarches d'exorciser leur postérité par la bénédiction, afin d'écarter les esprits pervers qui environnent la forme corporelle. C'est de là encore qu'est venu la circoncision ou le baptême du sang, par lequel l'alliance fut révélée à Abraham. C'est de là enfin que le baptême de la grâce est parvenu aux nouveaux convertis au Christ.

Vous pourriez me demander à ce sujet ce que le monde présent serait devenu si Adam n'avait pas obtenu sa réconciliation ? Mais je ne répondrai à cette question qu'en vous disant que le décret du Créateur était immuable touchant la molestation des démons. L'Éternel prévint l'opération seconde de ces mauvais esprits par laquelle ils voulaient achever de confondre entièrement le mineur avec eux, afin de s'opposer à la justice qui devait s'exercer contre eux et contre leurs adhérents.

Le Créateur prit donc le mineur sous sa défense, et, par ce moyen, toutes les tentations des démons contre ses lois immuables devinrent impuissantes. Ils furent contenus par là dans une plus grande privation, et il ne leur est resté qu'une puissance simple spirituelle que Dieu n'a pu leur ôter, pour agir superficiellement dans l'univers. C'est pour cela qu'ils ne peuvent exercer la destruction totale sur ce que le Créateur a délibéré, et qu'ils ne peuvent arrêter le cours et la durée que le Créateur a fixés à chaque chose. C'est pour cela enfin que les démons n'ont pu empêcher que le monde fut tel qu'il est, après le changement de la forme glorieuse de l'homme en forme de matière.

Je dirai ici qu'il ne faut point regarder cette forme corporelle comme un corps réel de matière existante : elle ne provient que des premières essences spiritueuses destinées, par le premier Verbe de création, à retenir les différentes impressions convenables aux formes qui devaient être employées dans la création universelle. Il n'est pas possible de regarder les formes corporelles présentes comme réelles, sans admettre une matière innée dans le Créateur divin, ce qui répugne à sa spiritualité. Il est appelé Créateur, parce que de rien il a tout créé, et que toute sa création provient de son imagination; et c'est parce que sa création provient de son imagination pensante divine qu'elle est appelée *image*.

La même faculté divine qui a tout produit, rappellera tout à son principe, et de même que toute espèce de forme a pris principe, de même elle se dissipera et réintègrera dans son premier lieu d'émanation; ce qui sera traité plus au long par la suite.

Vous avez vu les forfaits iniques que les démons avaient opérés contre les mineurs des premiers temps pour les détourner du culte de Dieu, et les attacher au prince du *midi*, comme au seul chef divin. Vous devez apprendre de plus que ces esprits pervers leur avaient toujours parlé sous des apparences spirituelles, leur disant qu'ils seraient éternels comme eux, que, quand même ils viendraient à quitter leur forme corporelle, ils n'en existeraient pas moins, et qu'il leur serait toujours possible de se faire connaître et sentir de leurs semblables. Mais c'était en séduisant les mineurs par de belles apparences qu'ils les avaient entraînés dans les plus horribles abominations.

Je vous demanderai cependant si, malgré la force de toutes les persécutions démoniaques contre ce premier peuple, ou la postérité de *Caïn* et de *Seth*, il ne se trouva pas quelques hommes justes qui se défendirent de l'insinuation de l'intellect mauvais et qui s'éloignèrent entièrement des abominations où tombèrent les autres mineurs. Vous ne pouvez nier qu'il n'y en ait eu quelques-uns quand ce ne serait que les neuf patriarches qui sont suivis de Noé, par lequel le nombre *denaire* est rempli. Mais si je vous faisais la même question sur les hommes d'aujourd'hui, et si je vous demandais de me trouver un juste dans ce siècle, vous seriez très embarrassé, et, en effet, vous ne le trouveriez point ; parce que les hommes, provenus depuis la dernière époque du Christ, n'ayant plus sous les yeux les manifestations divines qui s'opérèrent sous les premiers siècles, ont perdu de vue la connaissance du grand culte divin, comme ils ne voient plus perpétuer les prodiges de la justice du Créateur, qui se passaient journellement sous ces premiers peuples et chez Israël.

Les hommes du siècle se livrent facilement au doute, qui ne provient que de leurs mauvaises habitudes et de leur ignorance. Il n'est donc point surprenant que les intellects démoniaques fassent aujourd'hui chez les mineurs un progrès encore plus considérable que par le passé. N'est-il pas vrai que, plus on s'éloigne d'un objet, plus il s'efface de notre vue, et que, si l'on s'écarte d'une chose pour laquelle on a eu de l'attachement, elle sort insensiblement de votre mémoire, au point qu'il est très-difficile, pour ne pas dire impossible, de la reprendre avec le même goût et la même ardeur que dans le premier principe ? Eh bien, je veux vous faire concevoir par là que c'est précisément ce qui est arrivé aux hommes de ce siècle : Ils se sont éloignés de toute connaissance divine sous prétexte d'une prétendue foi aveugle qui leur a fait perdre totalement l'idée de la vraie foi. La foi sans les œuvres ne peut être regardée comme véritable foi, quoique l'on puisse très-bien avoir les œuvres de la foi sans avoir la foi même. Je dirai de plus que les œuvres que l'homme peut produire par la faible foi, qui est innée chez tous les hommes, ne peuvent se considérer comme appartenant véritablement à la foi : la foi de l'homme ne peut être vive et parfaite, si elle n'est actionnée par un agent supérieur ; et c'est alors que, l'homme produit des œuvres qui ne sont plus censées lui appartenir, et qui manifestent toute la force de la foi qui agit en lui. Ils ont abandonné les sciences spirituelles pour se livrer à la négociation et à la cupidité des biens de la matière, ce qui leur a mis un voile si épais sur les yeux, qu'ils sont presque tous dans le même aveuglement où était la postérité de *Caïn* et la plus grande partie de celle de *Seth*.

Nous savons que cet aveuglement des premières postérités, ainsi que celui où tomba Israël, était une répétition frappante de la privation où était Adam pendant tout le temps que le Créateur exerça sa justice contre lui ; cette inaction spirituelle est la punition de tout esprit qui s'éloigne du Créateur, parce que aucun être spirituel en privation divine ne peut opérer de culte divin, qu'il n'ait reçu de l'Éternel sa réconciliation ainsi que nous le représente Adam et que plusieurs autres l'ont représenté après lui par leurs types et par leurs symboles. Un type dit plus que le symbole ; un type est une figure réelle d'un fait passé, de même que d'un fait qui doit arriver sous peu de temps. Le symbole ne fait que donner des renseignements sur le type d'un évènement à venir. Un type enfin est supérieur à la prophétie, en ce que les prophètes ne font que des menaces pour l'avenir, qui peuvent se retirer par la miséricorde du Créateur et le changement de conduite du peuple sur lequel la prophétie tombe, au lieu qu'un type annonce un évènement infaillible et qui est sous le décret immuable du Créateur. Nous ne pouvons donc point ignorer que cette première postérité n'ait été frappée et punie horriblement, ainsi que le peuple d'Israël, pour l'abandon qu'ils avaient fait du Créateur et du culte pour lequel ils avaient été formés.

Je vous demanderai maintenant dans quelle situation était le monde lors de l'avènement du Christ parmi les hommes? Quel était le culte qu'ils rendaient au Créateur? N'avaient-ils pas fait un marché public de son Temple, ou connaissaient-ils d'autres dieux que la matière? D'où provinrent leurs marchandises ? Et ces négociations matérielles ne les plongèrent-elles pas dans l'idolatrie! Nous pouvons croire ces faits avec d'autant plus de facilité que nous en avons sous les yeux la répétition dans les hommes d'aujourd'hui. Il est admis chez eux qu'il faut oublier le Créateur pour s'enrichir temporellement. Ces hommes nous représentent parfaitement les deux époques passées, savoir : celle de la postérité d'Adam et celle d'Israël. Nous voyons physiquement la même conduite, le même exemple, les mêmes habitudes, parmi les hommes de ce siècle. L'empire des démons triomphe au préjudice des faibles mineurs. Ces mineurs se sont tellement éloignés du culte divin et devenus souillés et impurs par l'alliance qu'ils font tous les jours avec les esprits pervers, qu'ils doivent s'attendre à des punitions infiniment plus terribles que celles qui sont tombées sur les premières postérités, puisque la postérité présente a vu et entendu parler directement Celui qui a opéré toute réconciliation spirituelle, et Celui par qui le Créateur a manifesté toutes ses œuvres aux yeux de la créature.

Que n'a pas fait cet être régénérateur? Que n'a-t-il pas dit pour dissiper l'insinuation démoniaque dont les mineurs étaient souillés? Que n'a-t-il pas souffert pour renverser les attaques que les démons faisaient contre les mineurs? N'a-t-il pas montré à ces mêmes mineurs que ce qu'ils opéraient ne venait pas d'eux-mêmes, puisqu'il leur a fait connaître qui les faisait agir contre la volonté divine ; puisqu'il leur a fait connaître les moyens que les démons employaient pour les faire renoncer à eux-mêmes et à leur âme ? Si une partie de ces mineurs a adopté les conseils des démons et que l'autre les a rejetés, cette différence de pensée et de volonté n'annonçait-elle pas à ces hommes qu'il y avait en eux un être libre et spirituel divin, et que, si ce n'était pas ainsi, les démons ne les auraient pas si fortement persécutés.

C'est par l'ignorance de toutes ces choses que les mineurs provenus depuis l'époque du Christ ont répété les abominations des premières postérités. Ils ont nié leur âme, et, en niant leur âme, ils ont nié la Divinité, car l'on ne peut admettre de Créateur sans admettre des créatures purement spirituelles. La postérité de *Caïn* avait poussé l'erreur jusque là, n'admettant ni Dieu ni âme; la plus grande partie de la postérité de *Seth* admettait une âme, mais point de Créateur divin, sinon l'esprit démoniaque qui les dirigeait, et elle admettait l'univers éternel, ce que la postérité de Caïn n'admettait pas, parce que leur premier père les avait instruits du principe de toutes choses créées, en leur faisant professer la fonte des métaux, et, par les formes qu'ils leur donnaient eux-mêmes, ils comprenaient que l'univers et tout ce qu'il renferme avait pris forme et reviendrait à son premier principe d'indifférence.

Si nous considérons Israël, n'y verrons nous pas

les mêmes erreurs et les mêmes crimes que parmi ces premières postérités? Cependant c'est ce peuple qui a été témoin de la manifestation de toute la justice et de toute la puissance divines. C'est pour lui que le Créateur a déployé toutes ces merveilles, et, malgré cela, il est tombé sous la puissance des démons, et a poussé l'audace jusqu'à répudier le Créateur éternel pour lui préférer de faux dieux. Les restes infortunés de ce peuple prouvent, par leur conduite, les prévarications où sont tombés leurs pères. Le culte qu'ils exercent fait connaître qu'ils ne sont conduits que par de faux principes et par le prince des ténèbres. Ils sont esclaves de la figure du cérémonial de la loi, mais ils ne le sont point de la vérité de leur âme et des lois du Créateur. Il ne sont assujettis que par la cupidité des biens de la matière.

Malgré cette fausse conduite des hommes provenus de la postérité de Caïn, de Seth et d'Israël, et de ceux qui sont venus depuis Christ, nous avons vu dans tous les temps se manifester la miséricorde du Créateur. Quoique sa créature demeure sous le poids de la justice divine. il ne lui retire point sa bienveillance; il lui procure au contraire tous les moyens qu'il croit lui être nécessaires pour sa satisfaction, soit temporelle, soit spirituelle.

Ismaël est un de ceux qui nous donne les preuves les plus frappantes de cette miséricorde divine.

Comme première postérité naturelle d'Abraham, il était le symbole de l'élection d'Israël ; sa sortie de la maison de son père représente Israël sorti honteusement du temple en privation divine ; sa fuite dans les pays étrangers hors de la terre de son père représente l'expulsion d'Israël hors de la présence du Créateur et sa dispersion dans toutes les parties de la terre. Sa mère *Agar* n'avait emporté pour leur nourriture à tous d'eux qu'un pain et une cruche d'eau, suivant le témoignage de l'Écriture, et, ayant consommé le tout en un jour, elle fut remplie de désespoir de voir son fils *Ismaël* près d'expirer de faim et de soif. Mais, dans cette affliction, elle n'oublia point le Créateur : aussi le Créateur ne l'abandonna point ; car l'ange du Seigneur lui apparut et lui dit : « Femme ! Le recours que tu as eu à l'Éternel pour l'expiation de tes fautes a été exaucé ; lève-toi, prends ton enfant et suis moi ». Après que l'ange eut satisfait la faim et la soif d'*Ismaël* et de sa mère, il les bénit tous d'eux au nom de l'Éternel et leur enseigna la route qu'ils devaient tenir pour aller se fixer dans la terre que le Créateur leur avait destinée, en disant à *Agar* : « L'Éternel prendra soin de ton fils ; il propèrera sur la terre en ta présence, et il naîtra de lui douze princes de la terre, douze chefs de tribus ».

Cet exemple ne doit-il pas nous montrer à mettre notre confiance en l'Éternel, comme étant sûrs qu'il ne peut jamais manquer ne nous rendre parfaitement heureux.

Je ne parlerai pas davantage ici d'*Ismaël*, devant en parler dans l'explication des types et des époques arrivés temporellement. Je vais enfin entrer dans l'explication du grand type de *Noé* que je vous ai déjà annoncé.

Les postérité de *Caïn* et de *Seth* ayant déjà poussé leurs abominations non seulement jusqu'à abandonner le Créateur et son culte, mais jusqu'à commettre les fornications les plus immondes, et auxquelles on ne peut penser sans frémir, le Créateur s'éleva contre ces prévaricateurs et contre les démons qui les avaient séduits. Il suscita à Noé, son fidèle élu, de se disposer à construire une arche en bois de cèdre, dans laquelle serait renfermé le témoignage de la justice divine qui allait s'exercer contre la terre et ses habitants. Ce bâtiment portait le nom d'Arche parce qu'il flottait sur les eaux, et son fondement avait la forme semblable au dessous du ventre d'un canard. Cette arche n'avait ni mature ni voilures, ni rames; toutes ces choses n'auraient été d'aucun usage à cette arche ni à ceux qui y étaient renfermés, parce que cette arche était dirigée par l'effort des eaux au gré du Créateur. Lorsque le temps fut arrivé où les créatures devaient manifester la justice divine sur toute la terre, il envoya à son élu Noé un ange qui lui dit, de sa part, de quelle manière il devait faire son entrée dans l'arche avec sa femme, ses fils, et les femmes de ses fils. Il fut averti également des provisions qu'il devait faire pour les animaux raisonnables et irraisonnables qui seraient renfermés avec lui dans l'arche. Ces provisions n'étaient pas des choses recherchées et délicates comme seraient la plus pure farine et autres choses choisies et susceptibles de flatter le goût. Elles ne consistaient que dans les simples fruits ordinaires de la terre, et il en resta encore plus des deux tiers dans l'arche lorsque tout le monde en fut sorti ; car Noé et toute sa famille avaient été si effrayés de l'horrible châtiment dont ils avaient été spectateurs, qu'ils purent à peine penser à leur vie corporelle.

Noé vit, en effet, se manifester la justice divine sur le corps général et sur le corps particulier, permanents dans le cercle universel, qui furent tous pendant ce temps en privation spirituelle divine; et Noé était si frappé de cet évènement, qu'il put tout au plus s'occuper de la vie spirituelle pour les animaux raisonnables et de la vie corporelle pour les animaux irraisonnables. C'est pourquoi il lui resta tant de provisions après le déluge.

Durant cette époque du déluge, Noé faisait le vrai type du Créateur ; il flottait sur les eaux comme le Créateur avant le débrouillement du chaos, selon les paroles de la Genèse. Le voile aquatique grossier qui couvrait toute la terre et la cachait, pour lors, de la face du Créateur, fait allusion aux cieux sur-célestes, que la plupart des philosophes nomment : *ciel cristallin*, qui sépare le Créateur de la cour divine de sa création universelle temporelle.

L'obscurcissement dans lequel furent les corps lumineux pendant cet évènement, fait allusion à la privation de la lumière spirituelle des corps catholiques qui n'avaient pas encore reçu des lois d'ordre pour agir selon que le Créateur l'avait résolu pour servir d'ornements et d'agents dans le cercle universel de la création. Cette privation de clarté divine des corps catholiques se répète journellement par la conception d'une forme humaine dans le corps d'une femme. Nous divisons la carcasse entière d'une forme humaine en trois parties, savoir : la tête, 1 ; le tronc, 2 ; et les os des Isles, 3. Nous ne pouvons disconvenir que ces trois parties ne soient différentes dans leurs figures et dans leurs proportions ; elles sont très-distinctes les unes des autres, et l'on peut très-bien les distinguer sans faire chez elles aucune fracture, si ce n'est de rompre les ligaments cartilagineux qui les unissent toutes trois ensemble ; de sorte que ces trois choses n'en font qu'une par cette intime liaison. Cependant elles ont chacune des propriétés et des facultés différentes, et ces différentes facultés font une parfaite allusion aux trois règnes que nous connaissons dans la nature : *l'animal, le végétal, le minéral*. Ces trois règnes sont contenus dans la forme terrestre, de même que les trois parties du corps humain dont j'ai parlé sont contenues dans l'enveloppe qui entoure toute la forme. Je ne fais pas mention ici des quatre membres : les deux bras, les deux cuisses avec leurs jambes, parce que ce ne sont que des adhérences au tronc et que je dois traiter ailleurs de leurs propriétés particulières. Ces trois parties principales du corps humain me fournissent encore une occasion de vous expliquer les trois actions principales qui ont donné l'explosion à tous les corps catholiques. La première action est la descente du mineur général dans la forme corporelle générale terrestre ; la seconde est la jonction de l'esprit divin majeur avec le mineur ou âme générale ; la troisième est la borne de l'étendue que l'esprit majeur fixa lui-même au corps général et aux corps particuliers, tant célestes que terrestres, par l'ordre du Créateur, ainsi que les différentes facultés et propriétés qu'il donna à tous les corps.

Il prescrivit également la vertu et la puissance de tout être spirituel majeur, inférieur et mineur, qui devait actionner, soit dans la forme générale et particulière, soit extérieurement à ces formes. Il prescrivit encore le pouvoir et les facultés des habitants l'*axe central* et vit que toutes choses étaient conformes à la volonté divine. C'est par ces trois opérations que la création universelle reçut les lois, préceptes et commandements, que se fit l'explosion du chaos,

Alors chaque forme corporelle contenue dans le chaos prit son action et opéra selon l'ordre qu'elle avait reçu. Il ne faut pas croire que l'explosion du chaos se soit faite par la descente de l'esprit mineur, ni par la jonction de l'esprit majeur avec lui, mais seulemsnt par la retraite que fit cet esprit majeur ou doublement fort de l'enveloppe chaotique pour aller se réunir à son père ; et ce ne fut que dans ce moment que toute chose se présenta en nature passive et active aux yeux du Créateur, conformément à l'image qu'il s'en était formé.

Ceci doit encore vous faire concevoir le sens de ces paroles de l'Écriture : *la lumière était dans les ténèbres et les ténèbres ne l'ont point comprise*. Toute forme corporelle est toujours un chaos pour l'âme spirituelle divine, parce que cette forme de matière ne peut recevoir la communication de l'intellect spirituel divin, n'étant elle-même qu'un être apparent. Le mineur, au contraire, par son émanation, est susceptible de recevoir, à chaque instant, cette communication, parce que c'est un être éternel.

Nous voyons clairement que le corps n'est qu'un chaos pour l'âme ou le mineur, par la manière dont le mineur passe sa vie temporelle dans le corps de la matière en punition du crime du premier homme. N'en passe-t-il pas la moitié dans une faible lumière qui n'est que le reflet de la lumière spirituelle divine, et l'autre moitié dans des ténèbres affreuses ? C'est ce que nous appelons lumière et ténèbres élémentaires, ou le jour et la nuit ; mais lorsque le mineur est séparé de sa forme chaotique, il n'est plus question pour lui de ténèbres temporelles élémentaires : il jouit pleinement de la lumière impassive spirituelle et inaltérable qui est innée en lui-même, selon que le Créateur nous enseigne lui-même que l'Esprit lit, voit et connaît tout par sa propre clarté, sans qu'il ait d'autre lumière que la sienne propre.

Pourquoi donc, direz-vous, l'Écriture enseigne-t-elle que les réprouvés vivront dans de pareilles ténèbres et seront privés de toute lumière ? Je vous répondrai que les ténèbres dont l'Écriture menace les réprouvés ne signifient pas une privation de clarté et de lumière, mais seulement une privation d'action spirituelle divine dans l'immense circonférence céleste où les vrais esprits réconciliés iront faire leur heureuse réintégration. L'Écriture ne peut avoir une autre signification en cet endroit, puisque tout esprit, soit bon, soit mauvais, porte avec lui sa propre lumière. Si vous doutiez que l'explosion du chaos se fut faite ainsi que je vous l'ai détaillé, il ne faudrait que faire attention à l'ange qui ouvre la porte de l'arche pour en faire sortir tous les animaux et les placer sur le sommet, pour être témoins de la manifestation de la justice divine, et vous verrez clairement que c'est la vraie figure de la sortie de l'esprit majeur de l'enveloppe catholique, qui a exposé à la face du Créateur tout être de création temporelle.

Je vais maintenant vous parler du type figuratif de cette arche mystérieuse. Cette arche mystérieuse, dans laquelle étaient contenus les différents êtres animaux, explique réellement l'enveloppe chaotique qui contenait tout principe de création de formes corporelles. Les quarante jours que ces animaux furent privés de la lumière élémentaire, figurent clairement l'opération physique que les hommes sont obligés d'éprouver dans leur reproduction corporelle. Leur fruit ne peut avoir vie passive, active, spirituelle, qu'au bout de quarante jours. Je ne dirai rien de plus à ce sujet; les opérations de la nature pouvant amplement vous instruire là-dessus. La descente et la jonction des eaux raréfiées avec les eaux grossières, vous rappellent la descente du premier mineur dans un corps matériel terrestre; et les quarante jours que ces eaux raréfiées mirent à descendre représentaient les quarante ans de peines et de pâtiments qu'Adam ressentit dans son âme et dans son esprit après sa prévarication.

On ne peut concevoir quelles étaient les peines que ressentait Adam, lorsqu'après avoir été entièrement libre et sans bornes, par sa nature d'être pur, spirituel, pensant, il se trouvait dans une prison de matière et qu'il était assujetti au temps. Il employa, en effet, quarante ans à gémir sur son crime, en réfléchissant sur ce qu'il avait été dans son premier principe, sur ce qu'il était devenu et sur ce qu'il devait devenir par la suite. Par ses lamentations, il se disposa à obtenir miséricorde du Créateur, et il l'obtint, en effet, au bout de quarante ans de peines et de pâtiments nécessaires pour opérer son expiation. Il ne pouvait obtenir sa réconciliation qu'au bout de ces quarante ans, puisque c'était au bout de ce temps que devait naître, de lui et d'Éve, l'holocauste spirituel qui effacerait l'horreur de son crime et punirait l'abomination des démons séducteurs. Les pâtiments qu'Adam endura pendant ce temps nous sont clairement figurés par les pâtiments que les animaux ressentirent tant qu'ils furent sous la justice divine, et par les quarante jours que Noé passa avec ces animaux sur le mont *Ararat*, nommé mont d'Arménie, d'autant mieux que Noé passa tout ce temps à rendre grâce au Créateur de ce qu'il avait bien voulu le préserver, lui et le reste des animaux, du fléau qui venait de tomber sur la terre et sur tous ses habitants.

Vous pourriez me demander ce qu'a de commun la prévarication des animaux raisonnables avec la conduite des animaux irraisonnables, et pourquoi les uns et les autres sont confondus dans la même punition? Je vous répondrai à cela que, non seulement les hommes de ces temps là avaient abjuré le

Créateur et adopté entièrement les insinuations des démons, mais qu'ils avaient encore poussé l'abomination jusqu'à jouir des brutes comme des femmes, et à jouir également entre eux des passions contre nature. Ces crimes nous ont été retracés depuis par *Sodome* et *Gomorrhe,* qui ont laissé leur nom à ces horribles prévarications. Voyez à présent si vous devez être étonnés que le Créateur ait exercé sa justice sur les animaux raisonnables, ainsi que sur les animaux irraisonnables. Le Créateur a fait la même chose en punissant les deux villes que je viens de nommer que lorsqu'il frappa la terre du déluge; il faut savoir, de plus, que le feu que l'Éternel fit tomber sur les deux villes annonce celui qui doit mettre fin à la création universelle, ainsi que je l'expliquerai ailleurs.

Pour vous convaincre encore mieux que la réconciliation d'Adam n'a été faite qu'au bout de quarante ans, vous n'avez qu'à considérer la stérilité où la terre fut plongée pendant quarante ans après le séjour des eaux sur sa surface; ce qui la rendit comme un cadavre; et, dépourvue de sa plus grande végétation, elle ne reprit sa première vigueur et ses premières propriétés de reproduction qu'après qu'elle fut rebénie par le Créateur. Ce n'est de même qu'au bout de quarante ans de souffrances et de peines temporelles qu'Adam et Ève furent remis dans une puissance spirituelle divine temporelle. Le fléau des eaux ne se fit sentir si longtemps à la terre que pour être un exemple immémorial au reste des mortels de ce temps, afin qu'ils transmissent à leur postérité, de génération en génération, le souvenir du crime du premier homme et de celui de sa postérité première sous *Caïn,* et de celui de sa postérité seconde sous *Seth,* celle de *Noé* étant la troisième parmi laquelle ce bienheureux *Noé* fut trouvé juste devant le Créateur.

Voilà comment ce châtiment survint sur toute la terre et sépara la création universelle d'avec la cour spirituelle divine. Il répète encore le chaos dans lequel étaient renfermées les trois essences fondamentales de tous les corps qui devaient servir à la formation de cet univers. Ces essences étant dans une indifférence qui les rendait susceptibles de recevoir l'impression des agents extérieurs, pour opérer ensuite selon l'intention du Créateur. Ce terrible événement marquait deux choses très-importantes, la première : la punition générale de toute créature corporelle et celle de tout être spirituel mineur; la seconde : que toute création quelconque provenait directement de l'Éternel, et qu'il était impossible à tout autre être de créer un pareil univers avec toutes les merveilles qui y sont renfermées.

Lorsque Noé fut sorti de l'arche, il parla ainsi au reste des créatures qui étaient avec lui : « Écoute, terre, et vous, hommes, entendez-moi et comprenez-moi de l'entendement de votre être spirituel, et non de celui de votre matière. Je vous dis à tous que le Créateur est le souverain maître de tout ce qui existe dans le cercle universel ; que tout est provenu de lui, et que tout est soumis à sa justice. Sa bonté divine nous a tous pris pour témoins de la manifestation de sa gloire invincible, exercée contre toute la terre et tout le reste de ses habitants. Louons du fond de notre âme ce suprême père de miséricorde envers la créature qui ne met sa confiance qu'en lui. Que les débris de ce triste fléau, exposés à vos yeux, vous apprennent à ne point pécher contre l'esprit créateur de toutes choses, et à ne point abjurer sa toute-puissance éternelle. ainsi que vos prédécesseurs l'ont fait. Ils ont regardé le corps général terrestre comme éternel, n'ayant point eu de principe et ne devant point avoir de fin. Ils l'ont regardé encore comme ayant donné seul le principe à toute chose, et ont admis que tout leur être en était provenu, ne connaissant rien eux-mêmes de supérieur à la forme corporelle, et ne se croyant pas des êtres spirituels divins.

Voilà ce qui a attiré sur eux un fléau aussi terrible. Le Créateur a permis que leurs cadavres restassent épars et confondus avec les cadavres des bêtes brutes, pour montrer combien il était irrité contre eux, et pour être un exemple immémorial aux postérités suivantes, de génération en génération, tant pour les animaux irraisonnables que pour les animaux raisonnables, et enfin pour que la mémoire de la justice divine ne s'efface jamais de dessus la terre. Considère, terre, considérez, hommes, ce rigoureux châtiment dont les habitants des cieux ont tremblé, frémissez d'horreur de ce redoutable supplice, et surtout de voir que le Créateur n'ait fait aucune différence des hommes aux bêtes. Oui, il était juste que le Créateur leur fît sentir toute l'étendue de sa puissance, puisqu'ils l'avaient renié pour leur père ; il était juste qu'ils fussent confondus avec les brutes, puisqu'ils ne se reconnaissaient d'autre origine que celle des brutes. Quelle dureté dans l'esprit, de vouloir faire provenir un être purement spirituel de principes spiritueux qui ne peuvent produire que des formes matérielles, qui resteraient encore dans le néant si un être spirituel divin ne les en avait tirées! Quelle contraction le démon n'a-t-il pas opérée sur la terre pour réduire les habitants à une pareille ignorance! Veillez sur vous, et fuyez les exemples qui répugneraient à votre être mineur spirituel. Défendez-vous des appas que vos semblables vous tendront, et qui, sous prétexte de vous perpétuer dans la crainte du Créateur, vous précipiteront dans le sentier général de la matière ; ce qui attirerait sur vous et sur votre postérité la malédiction de l'Éternel, et vous et vos descendants seriez dispersés chez toutes les nations à venir qui habiteront les trois régions terrestres. Voilà, terre et hommes, ce que le Créateur vous dit par ma bouche. Ma parole est simple et pure. La Vérité qui est énoncée par mon Verbe est sans fard et sans artifice, dont elle n'a pas besoin pour se faire comprendre de ceux qui la désirent de bonne foi. Elle se livre elle-même à l'homme de désir; elle lui parle un langage qu'il ne peut ignorer, parce qu'elle n'emprunte rien de la matière; elle est une, elle est sans bornes, elle ne changera jamais; elle est toute spirituelle, étant émanée directement du Créateur. Elle ne peut se communiquer aux animaux irraisonnables, mais seulement aux mineurs spirituels, émanés comme elle du principe éternel. Aussi, la bête brute sera désormais impunie de son égarement, parce qu'elle n'est pas susceptible de récompense. Le premier exemple devant être immémorial parmi tous les habitants des cieux et de la terre. C'est là ce que j'ai à vous dire de par l'Éternel. Quelqu'un plus grand que moi, qui doit naître parmi vos postérités, vous instruira plus particulièrement de la justice et de la récompense qu'il réserve à la créature à la fin des temps, selon la confiance qu'elle aura eue dans son Créateur. »

Après cette exhortation, Noé partagea la terre entre ses trois fils, ainsi que j'en parlerai dans la suite de l'explication du type de Noé, de son arche et du déluge.

Les mineurs raisonnables qui étaient renfermés dans l'arche et le temps qu'ils y restèrent en privation de la lumière élémentaire, nous figurent la retraite des mineurs réconciliés et des justes, sous les ombres de la grande lumière où ils reposeront effectivement un espace de temps dans l'attente, n'ayant plus en eux à opérer aucune action temporelle. Quoique ces êtres justes soient consolés dans leurs afflictions et assurés de leur réintégration, cela n'empêche pas que leurs tourments soient considérables de ne pouvoir jouir parfaitement de la vue de l'esprit consolateur qui leur parle. Ils sentent, cependant, que tout ce qu'ils éprouvent est juste, relativement à la prévarication du premier homme, et au serment que le Créateur a fait que, ni le premier homme ni aucun de sa postérité ne soient réintégrés dans le cercle divin avant le grand combat qui doit se livrer, par le vrai *Adam* ou *Réaux*, entre la terre et les cieux, pour le plus grand avantage des mineurs. Le lieu où les justes reposent, en attendant, se nomme philosophiquement *cercle rationnel* ou *cercle saturnaire*. C'est lui seul qui sert d'escabeau aux cercles surcélestes, et c'est lui que l'Écriture fixe comme lieu de repos des Saints-Pères réconciliés envers le Créateur. C'est là ce qui nous enseigne qu'il ne suffit pas, pour la réintégration des êtres réconciliés, du temps qu'ils actionnent et opèrent dans le cercle sensible terrestre. Il faut, de toute nécessité, qu'ils actionnent spirituellement dans tous les espaces du cercle universel, jusqu'à ce qu'ils aient fini le cours que le Créateur a fixé aux mineurs en les émanant de lui et en les émancipant de son immensité divine.

Voilà le second type que font les animaux raisonnables qui étaient renfermés dans l'arche, et qui furent sauvés du fléau de la justice divine selon leurs bonnes œuvres spirituelles temporelles.

Noé, qui veut dire *repos* ou *soulagement*, opéra au sortir de l'arche un culte divin, de dix en dix jours, ce qui compte les quarante jours pendant lesquels Noé resta sur le mont *Ararat*. Ce culte était la vraie figure de celui qu'opérerait l'homme divin pour la réconciliation du premier mineur afin que la création universelle ne changeât point de forme, ainsi qu'Adam avait changé de corps. Ce fut par ce culte de l'homme divin ou *Christ* que le Créateur rebénit la création universelle, en rebénissant Adam qu'il avait maudit comme chef principal de tout être créé et comme homme divin de la terre, et c'est là véritablement ce que Noé a répété. Il intercédait, par son invocation, auprès de la miséricorde divine du Créateur, pour qu'il réconciliât la terre avec le reste des habitants qui avaient trouvé grâce devant lui.

Noé obtint la grâce qu'il demandait, et la terre fut réconciliée avec les hommes, en étant remise au bout de quarante ans à son premier principe de vie végétative. « Oui, Éternel, dit Noé au Créateur, les hommes infortunés que tu as confiés à ma conduite, sous ta protection, sont clairement instruits que tu peux changer dans un instant, s'il te plaît, la face de la création universelle, comme tu viens de changer celle de la terre en la réduisant au néant. Oui, Créateur tout-puissant, ta justice est parfaite et renommée telle par toute créature spirituelle, tant céleste que terrestre. L'esprit le plus juste devant toi ne peut supporter la lumière sans trembler, et comment les faibles mortels de cette vallée de larmes se rendraient-ils dignes de leur réintégration divine sans le secours de ta grâce! O Créateur vivifiant! vivifie le corps général sur lequel ta créature doit opérer ton culte divin, et que nous regardons comme le réceptacle général ou l'autel universel sur lequel doit être offert l'holocauste pacifique de réconciliation. »

Le corbeau sortit de l'arche avant que la terre fut découverte pour nous rappeler la prévarication de *Caïn* et prophétiser clairement celle de *Cham*. Il prit sa direction vers le midi pour nous montrer le lieu où Caïn s'était retiré et où se retirerait *Cham* et toute sa postérité. Il ne revint point joindre l'arche pour montrer la séparation que le Créateur fit de la postérité de *Caïn* d'avec les enfants de *Seth*, et pour nous montrer encore l'abandon que les hommes à venir feraient du culte divin pour ne s'adonner qu'à la matière.

La colombe qui sortit, voltigea pour la première fois autour de l'arche et vint se reposer dessus, est la vraie figure de l'esprit angélique divin qui dirigeait et conservait l'arche et tout ce qu'elle renfermait et qui faisait part à Noé de la volonté du Créateur, touchant la manifestation de sa justice. Cette colombe figure encore l'esprit compagnon des mineurs qui les entoure de son cercle spirituel, pour les défendre du choc démoniaque que les esprits pervers opèrent à chaque instant contre eux. La forme et la proportion de l'arche donnent, par leur produit, un nombre qui indique que ce bâtiment était la maison de confusion ainsi que vous pouvez le voir

$$
\begin{array}{l}
\text{L'arche avait de longueur . . . 300} \\
\text{— \qquad\quad largeur . . . 50} \\
\text{— \qquad\quad hauteur . . . 30} \\
\hline
\text{380} = 11
\end{array} \Big\} \text{coudées}
$$

Ce nombre onze est opposé à toute espèce de forme corporelle complète, analogue au corps terrestre et à tout ce qui en provient.

La réconciliation universelle fut prophétisée à Noé, avant que la terre fut découverte, par le signe spirituel que l'on nomme vulgairement *arc-en-ciel*. En effet, les sept principaux esprits universels lui apparurent par un grand signe de feu de différentes couleurs, et formé en demi-cercle, dont une extrémité donnait sur le sommet du mont *Ararat* et l'autre extrémité donnait sur l'arche. Noé contempla ce signe avec une grande attention, ne pouvant lire les intentions et la volonté du Créateur sans un examen très-particulier de ce qui pouvait être contenu dans ce signe prophétique. Ce fut alors que la colombe se détacha entièrement de l'arche, et qu'elle s'enfuit jusque sur le mont Ararat. Elle en rapporta une branche d'olivier qu'elle laissa tomber en présence de Noé, qui comprit par là que sa délivrance était proche. Cette branche d'olivier, prise par la colombe de préférence à tout autre bois, enseignait aux hommes le fruit dont ils se serviraient pour l'onction et la marque des puissants signalés, préposés par le Créateur pour la manifestation de son culte, ainsi qu'on l'a pratiqué chez Israël et parmi tous les sages. Le partage que Noé fit de toute la terre à ses trois enfants répète celui qu'Adam en avait fait également à sa postérité. Il relégua *Cham* dans la partie du midi, lieu où *Caïn* l'avait déjà été. Il donna à *Sem* la partie de l'orient qui avait été donnée à *Abel*, et *Japhet* eut la partie septentrionale qui avait été celle de *Seth*. Quant à Noé, il resta avec sa femme au centre de la terre. Cette division de la terre, faite à différentes fois, en trois parties ou régions, nous annonce bien que la forme de la terre est triangulaire; mais je le ferai mieux comprendre lorsque j'expliquerai les principes de la matière apparente.

Voilà ce que dit encore Noé avant de congédier les habitants de l'arche, pour aller ensuite occuper chacun le lieu qui leur était destiné : « Qu'il te souvienne, terre, et vous, animaux raisonnables et irraisonnables, que le terrible fléau dont vous êtes les témoins a servi de punition aux criminels envers le Créateur; et, en même temps, qu'il vous souvienne de la miséricorde et de la bonté divines qui vous ont préservés de ce terrible châtiment. Les eaux qui se sont élevées jusqu'aux portes du firmament et qui ont dérobé toute la nature à vos yeux, vous représentent le néant où était la nature universelle avant que le Créateur eût conçu, dans son imagination, d'opérer la création, tant spirituelle que temporelle. Il nous fait voir clairement que tout être temporel provient immédiatement de l'ordre de sa pensée et de sa volonté, et que tout être spirituel divin vient directement de son émanation éternelle. La création n'appartient qu'à la matière apparente, qui, n'étant provenue de rien, si ce n'est de l'imagination divine, doit rentrer dans le néant; mais l'émanation appartient aux êtres spirituels qui sont réels et impérissables. Tous les esprits, soit majeurs, soit mineurs, existeront éternellement dans une personnalité de distinction, dans le cercle de la Divinité. L'Éternel est appelé Créateur, non seulement pour avoir créé, mais aussi parce qu'il ne cesse et ne cessera jamais de créer des vertus et des puissances d'actions spirituelles en faveur des élus qui émanent de lui. Ces êtres spirituels sont certainement innés dans la divinité, comme le séminal de la reproduction des formes est inné dans le corps général et particulier de l'univers. Vous ne pouvez refuser à la divinité ce privilège d'émanation spirituelle, puisque vous avez sous vos yeux une preuve physique que cette loi subsiste dans la reproduction des formes. Ne perdez jamais de vue ce que le Créateur a fait pour vous. Vous êtes les vrais témoignages de la manifestation de sa gloire et de sa justice. N'admettez jamais que lui comme moteur créateur de tout ce qui s'aperçoit à vos yeux corporels et spirituels, et soyez convaincus que rien n'existe, n'a existé et n'existerait sans sa volonté. N'oubliez jamais que tout est provenu de lui, et non de ces maudits esprits tentateurs qui, par leurs insinuations démoniaques, ont précipité vos semblables dans les affreux abîmes de la matière, ayant eu l'orgueil de se faire considérer par les hommes comme les vrais dieux, vivifiants, vivants et de vie éternelle. Demeurez en paix sous la protection du Créateur dans la portion de terre qui vous est échue à chacun en partage; soyez les gardiens de cet héritage, ainsi que le sera votre postérité, de génération en génération, jusqu'à la fin des siècles. Malheur à celui de vous qui effacera de sa mémoire les préceptes, lois et commandements que le Créateur donne pour la seconde fois à la créature universelle et à ceux qui sont innés dans tout être spirituel de son émanation ! Parmi ces êtres spirituels, les majeurs sont ceux dont l'Éternel se sert pour instruire les hommes de sa volonté, et ils font leur séjour près du trône de la domination divine. Les inférieurs sont ceux qui actionnent, dans toute l'étendue de la création universelle, soit sur le corps terrestre, soit sur l'aquatique et le fougueux ou l'axe central. Souvenez-vous que le Créateur, en régénérant la terre, vous a également régénérés. Il a répété, devant vous, le type de la création universelle, afin que vous instruisiez vos postérités que tous les habitants de la terre ont été confondus dans les abîmes de leur Dieu de matière avec le reste des brutes. Fasse le Créateur tout-puissant que vous et votre postérité ne fournissiez jamais un pareil exemple ! Car il ne serait plus question de mineurs préservés pour la régénération de la terre et de ses habitants : tout serait réduit en cendres et en poussière ; tout rentrerait dans le néant, et les mineurs spirituels seraient précipités pour une éternité dans la privation divine. Allez et jouissez en paix de la bénédiction que je répands sur vous, au nom et par la toute puissance de l'Éternel ! »

Après cette insinuation, Noé émancipa tout son peuple de ses soins spirituels, afin que chacun allât jouir librement de ses vertus, de ses facultés et de sa puissance dans sa destination terrestre. Il resta, avec sa femme, au centre de la terre, ainsi que je l'ai dit, et il eut là une nombreuse postérité. Je vous expliquerai, dans son lieu, le type de la résidence de Noé au centre de la terre. Je vous ai assez instruit comment Noé fit le type du Créateur, celui de sa justice par la construction de l'arche, et celui de la régénération par la force de son invocation, qui réconcilia toute la terre avec le Créateur, ainsi que les mineurs préservés du châtiment universel. Je vais vous parler maintenant de la postérité que Noé eut dans le lieu de sa résidence. Elle fut au nombre de dix enfants, savoir sept mâles et trois femelles. C'est sous cette postérité que le culte du Créateur a été régénéré et qu'on a offert des holocaustes purs à l'Éternel, sans autre intérêt que celui de sa gloire et la sanctification des mineurs. Chacun de ces sept fils de Noé reçut du Créateur un don particulier. L'un avait le don d'opérer spirituellement, au gré du Créateur, pour l'avantage et l'instruction de ses frères; l'autre le don de prophétiser; un autre le don de l'interprétation, et ainsi du reste. L'Écriture parle assez amplement des différents dons que le Créateur a mis dans certains hommes émanés de lui pour la manifestation de sa gloire. C'est par ces différents dons que les enfants de Noé ont régénéré les différents cultes dont ils avaient besoin pour leur mission spirituelle et temporelle. C'est cette même seconde postérité qui a rétabli les différents cérémonials, les différentes prières et invocations nécessaires au culte qu'elle avait à opérer; c'est elle encore qui a rétabli les temps, les heures, les jours, les semaines, les mois, les années selon leur premier cours ordinaire, quoiqu'on ne calcule plus aujourd'hui ces mêmes choses comme on les a calculées dans ces premiers temps.

Il n'est point surprenant que Noé ait eu cette seconde postérité qu'il nomma : *hommes dieux de la terre*, puisqu'il avait fait lui-même le type du Créateur. Il n'est pas étonnant non plus que cette postérité n'ait opéré que des œuvres purement spirituelles et non matérielles-temporelles, puisqu'elle n'avait eu aucune part au partage de la terre. Je sais que l'Écriture ne parle point de cette seconde postérité; mais nous ne pouvons ignorer que Noé ne nous ait retracé le type d'Adam dans sa prévarication première, et dans celle de sa postérité seconde et première, *Caïn* et *Seth*. Nous ne pouvons point douter non plus que Noé ne nous ait répété le type de ce même Adam dans sa réconciliation et dans la reproduction d'une postérité spirituelle, ainsi que je vous le ferai voir. Adam, étant devenu impur devant le Créateur par son incorporisation matérielle, ne pouvait avoir qu'une postérité de matière, condamnée, de génération en génération, à opérer un culte mixte du spirituel et du matériel. Noé répéta la même chose dans sa première postérité de trois fils mâles qu'il eut avant son élection et la manifestation de la justice divine. Quoique ces trois enfants n'eussent pas commis d'abominations parmi les postérités prévaricantes où ils avaient vécu, ils furent néanmoins souillés par les crimes qui s'étaient commis en leur présence. Ils se purifièrent par le jeûne, la prière et les douleurs qu'ils ressentirent dans leur âme et dans leur corps, à la vue du châtiment universel dont la terre était frappée. Cette expiation était pour nous enseigner que, quelque juste que soit le mineur devant le Créateur, il faut toujours qu'il soit purifié par le feu spirituel de la souillure qu'il a contratée par son séjour dans une forme de matière, quand bien même il aurait rejeté toutes les attaques que le mauvais intellect aurait voulu lui porter, ce que l'on verra plus en détail, quand je parlerai de la matière et des formes corporelles.

Mais, lorsque Adam eut obtenu sa réconciliation, il eut une postérité spirituelle et qui porta le nom de *postérité de Dieu*. De même, Noé, après son élection spirituelle, eut une seconde postérité destinée, comme nous l'avons dit, à n'opérer que des œuvres purement spirituelles.

Ces sept enfants de la seconde postérité de Noé comprirent parfaitement que le culte qu'ils avaient à opérer était le même que celui que le Créateur devait espérer de son premier homme. Ils devinrent, par leurs travaux et par les dons qu'ils avaient reçus, les sept colonnes spirituelles divines qui devaient soutenir l'univers et le préserver des fléaux de Dieu, en fléchissant, par la justice de leurs œuvres, la miséricorde divine envers les prévaricateurs des siècles à venir. Mais ces sages n'exercèrent pas longtemps leur mission. Les hommes qu'ils instruisirent se livrèrent à toutes sortes de passions et de cupidités criminelles, malgré les instructions et les exemples qu'ils avaient devant les yeux; ce qui obligea ces sages à les laisser tomber en proie au démon et sous le fléau de la justice divine. Cette justice ne s'est pas seulement opérée sur les hommes prévaricateurs, mais même sur les villes et leurs maisons, qui furent anéanties par les fléaux que le Créateur fit lancer par ses anges exterminateurs. Tel a été le sort de la ville d'Enah construite par Caïn, des villes d'Égypte, de Sodome et de Gomorrhe, de Jéricho, de Jérusalem et de tant d'autres. La destruction de ces monuments prouvait que ces ouvrages des hommes n'étaient que des œuvres matérielles opérées d'après la pensée de l'intellect démoniaque; et tou'es ces villes ne furent détruites que parce que la parole des justes ne put jamais s'y faire entendre assez pour y opérer toute sa puissance spirituelle en faveur de tous ses habitants. Cela ne doit point vous surprendre. Aucun homme juste n'avait pris naissance dans ces villes ; au contraire, leurs habitants avaient toujours fait leurs efforts pour exterminer entièrement ceux ou celles qui professaient l'instruction spirituelle, ou parmi les nations de leur correspondance matérielle. Si nous voulons jeter les yeux autour de nous, nous apercevrons la même chose dans le siècle présent. Il ne faut que réfléchir sur les villes actuelles, leurs habitants et les œuvres journalières des hommes, tant intérieurement qu'extérieurement : nous verrons aisément régner dans l'univers la même cupidité qui y régnait dans les premiers siècles.

Il ne faut pas croire que les mêmes fléaux qui sont tombés sur les villes anciennes, tombent aujourd'hui sur nos villes, quoiqu'elles soient également criminelles et construites par la main des hommes. De même qu'il est au pouvoir du Créateur de donner continuellement de nouvelles récompenses aux fidèles mineurs, de même il est en son pouvoir d'exercer de nouveaux châtiments et des fléaux inconnus aux prévaricateurs, ce qui nous prouve qu'il est impossible de se soustraire à la justice divine. Il faut observer encore que ces villes anciennes ne furent ainsi frappées que parce que le nombre parfait septenaire des hommes justes n'existait plus sur la terre, le Créateur en ayant retiré la plus grande partie : et c'était bien là un avertissement que le Créateur allait abandonner les hommes de ce temps-là à leur malheureux sort. Ces fléaux, d'ailleurs, avaient été annoncés par le fléau général qui tomba sur la postérité de *Caïn* et sur la plus grande partie de celle de *Seth*, puisqu'il ne se trouva de justes dans cette postérité de Seth que le bienheureux homme *Noé* et ses enfants.

Nous avons vu que les enfants de la seconde postérité de Noé avaient reçu chacun un don spirituel divin pour qu'ils en fissent usage selon les instructions de la Divinité. Nous avons vu aussi qu'ils réglèrent les différents intervalles de temps convenables pour opérer leurs différents cultes. Mais pour faire cette division spirituelle du temps, des heures, des jours, des semaines, des mois, des années, ils suivirent une règle de calcul toute différente de celle qu'avaient suivie leurs frères aînés temporels pour leurs opérations mixtes du spirituel et du matériel terrestre. Vous devez comprendre que cela ne pouvait être autrement : n'est-il pas vrai que, pour la simple culture de la terre, il faut observer des intervalles de temps, des jours, des semaines, des mois de *lune* et qu'il faut les employer différentes façons ? N'est-il pas vrai que, si l'agriculteur néglige d'observer toutes ces choses, ce sera en vain qu'il aura semé, et qu'il ne retirera de ses travaux qu'une récolte très-médiocre en comparaison de celle qu'il eût retirée, s'il eût suivi exactement toutes les formalités nécessaires. Cette loi est indispensable et vient du Créateur même, qui la prescrivit à l'homme lorsqu'il le condamna à la culture de la terre, et nous la voyons de plus s'exécuter et s'accomplir physiquement sous nos yeux. Pourquoi ne voudriez-vous donc pas que le culte spirituel fut également assujetti à une loi, à un cérémonial exact et à une fidèle observation des temps et des saisons ?

Je vous apprendrai que le culte divin, étant d'une nature bien différente de la culture de la terre, il n'est pas surprenant que les enfants de la seconde postérité de Noé aient réglé toutes les choses relatives à leur culte spirituel d'une manière différente dont ces mêmes choses avaient été réglées par leurs prédécesseurs, qui, comme je l'ai dit, opéraient un culte mixte du spirituel et du matériel terrestre. Cette raison même ne vous prouve-t-elle pas que la seconde postérité de Noé devait être plus instruite et plus expérimentée dans le culte spirituel divin que la première postérité ? Celui qui voudrait exercer deux talents à la fois ne pourrait en exercer aucun avec perfection ; mais celui qui n'a qu'un seul talent et qui le fait avec précision est sûr de parvenir à le posséder plus parfaitement que toute autre personne. Voilà pourquoi les enfants de la seconde postérité de Noé excellèrent dans le culte spirituel et surpassèrent dans ce genre leurs frères aînés. Il ne faut donc plus trouver étonnant que ces hommes dieux aient établi des formalités et un cérémonial différent pour le culte qu'ils avaient à remplir. Ce n'est point à l'homme temporel et terrestre de condamner cet usage, puisqu'il ne peut avoir une parfaite connaissance de la mission de cette postérité spirituelle, et, s'il avait cette parfaite connaissance du culte divin, il se garderait bien de le condamner.

La seconde postérité de Noé dont nous parlons faisait le grand type des sept principaux esprits supérieurs divins; et, par leur grande vertu, leur puissance et leur sagesse, elle faisait encore le véritable type des sept principaux êtres spirituels majeurs qui opèrent pour la conservation et le soutien de cet univers. Si ces dignes sujets n'étaient destinés, par le Créateur, qu'à opérer spirituellement, il n'est pas surprenant que leur conduite dans toutes leurs opérations spirituelles soit un mystère pour les hommes temporels terrestres qui ne sont occupés qu'au culte de la terre. Ces sages, dans leur état de justice divine, relativement à leur mission spirituelle, ne pouvaient être bornés par un temps de ténèbres temporelles comme le sont les mortels ordinaires. Ces ténèbres appelées nuit, n'auraient point eu lieu pour l'homme, si le premier père n'avait pas prévariqué. Si Adam n'avait eu qu'une postérité de Dieu, comme c'était l'intention du Créateur, toutes les actions de cette postérité se seraient opérées indépendamment des ténèbres de la nature élémentaire, au lieu que la prévarication d'Adam a fait naître de lui une postérité matérielle et des hommes de ténèbres.

Mais la seconde postérité de Noé fut véritablement une postérité de Dieu, en ce qu'elle fut conçue sans l'excès des sens de la matière. Aussi, quoique ces êtres fussent renfermés dans une forme corporelle, ils jouissaient des mêmes vertus et des mêmes puissances dont Adam jouissait dans son état de gloire. Ces hommes, n'étant occupés que des opérations divines qui tendaient à la plus grande gloire du Créateur, il leur fut fixé les instants où ils devaient opérer leurs actions spirituelles selon le vouloir de la Divinité. Ils reçurent en même temps toutes les lois d'ordre immuable qu'ils auraient à observer, par la suite, dans leurs différentes opérations, et chacun selon leur don particulier, ainsi que je vais le détailler.

Le premier né de cette postérité fit, parmi ses six frères, le type de l'esprit interprète : il reçut du Créateur, pour cet effet, le don d'interpréter à ses frères les dons provenus de leurs opérations ; ce fut aussi celui qui commença le premier à opérer la puissance et la vertu qu'il tenait du Créateur. Il ne se sépara plus de son père Noé, que lorsque l'Éternel le lui eût retiré, après avoir fini son temps prescrit d'actions spirituelles divines-temporelles. Ce premier sage fixa l'intervalle des temps nécessaires pour l'opération qu'il avait à faire, et, selon l'ordre qu'il en avait reçu, il fixa cet intervalle au quart des jours ordinaires que nous voyons présentement circuler parmi nous. Il le fixa ainsi, quoiqu'il fut un être pensant chez lequel il n'y avait point de ténèbres, afin de donner à ses frères une règle fixe pour eux et pour leurs disciples à venir des intervalles qu'ils devaient mettre dans les différentes opérations du culte divin. Le second ne fit son opération spirituelle qu'immédiatement qu'après le premier eut fini la sienne. Quoique cette seconde opération fut en similitude de la première, cependant l'opérant ne put y apporter les mêmes intentions, ni y employer les mêmes paroles, parce que le don qu'il avait reçu était différent de celui qui avait été accordé au premier. Ce don était celui de prophétie pour la manifestation de la justice divine. Ce second opérant fixa la moitié du temps en joignant au premier intervalle un pareil intervalle de six heures pour le cours de son opération. Je ne dois point vous laisser ignorer que le troisième de ces sages avait reçu le don d'astronomie universelle, générale et particulière, et que le quatrième avait reçu le don de la connaissance du *Verbe* puissant que le Créateur employa pour toute sa création temporelle. Aussi ce dernier opérait-il en faveur des corps humains pour leur conservation pendant le cours de leur durée, et c'est de là qu'est sorti l'art de guérir radicalement les maladies, ainsi que je le ferai voir dans la suite lorsque je parlerai des différents évènements qui surviennent aux formes corporelles. Je dois encore vous dire ici que les quatre premiers sages faisaient le type des prophètes passés et à venir.

Il faut savoir qu'un intervalle ne peut fixer un temps suivi et perpétuel, que lorsque le commencement du second intervalle en a fixé l'étendue, et c'est lorsque les deux intervalles sont ainsi réunis qu'ils se conduisent comme la moitié d'un temps, parce qu'un temps est composé de quatre intervalles. Ce sont ainsi les quatre premiers nés de la deuxième postérité de Noé qui ont fixé les quatre intervalles d'un temps, en exerçant leur opération spirituelle chacun pendant six heures. Les deux premiers opérants forment la moitié du temps journalier et temporel, et les deux seconds forment l'autre moitié. Les uns appartenaient au jour, les autres à la nuit; ce qui forme en tout le temps juste et complet des bornes que le Créateur a données au cours journalier de sa création universelle. Quoique les quatre premiers sages aient fixé un temps pour leurs opérations spirituelles, quoique ce soit même de là que le jour présent de vingt-quatre heures ait été remis dans son premier état de nature journalière et nocturne, il faut bien se garder de croire, ainsi que je l'ai déjà dit, que ces sages fussent soumis aux temps qu'ils avaient fixés, et que leur esprit fût assujetti aux bornes et aux intervalles qu'ils venaient d'établir.

Il est impossible d'admettre un temps pour l'esprit. Ainsi les intervalles que les sages ont marqués pour leurs opérations spirituelles ne peuvent se compter relativement à leur nature d'êtres pensants, et le jour temporel ne pouvait être une borne à leur esprit, comme il en est une pour la nature corporelle. Au contraire, en traçant ainsi leurs intervalles spirituels, ils faisaient entendre que c'était l'esprit lui-même qui avait tracé les intervalles temporels. Les nations, chez lesquelles ces sages se répandirent, ne surent pas distinguer cette division spirituelle du temps d'avec la division ordinaire qui se fait journellement selon la nature créée ; c'est ce qui les a jetées dans de grossières erreurs de calcul et leur a fait prendre un de ces intervalles spirituels pour un des jours temporels à nous connus.

Mais, avant d'entrer dans ce détail, j'ai à vous instruire des différents dons que reçurent les trois derniers nés de la seconde postérité de Noé. Le cinquième de cette postérité reçut le don de plantation, de cultivation terrestre. Le sixième, celui de la connaissance du caractère littéral et hiéroglyphique céleste, terrestre spirituel, supérieur, majeur inférieur et mineur divin. Celui-ci connaissait encore parfaitement tous les caractères hiéroglyphiques de tout être spirituel démoniaque. Le septième reçut le don de construire des édifices spirituels pour la gloire du culte du Créateur, ainsi que l'avaient reçu

Adam, Seth, Enoch et Noé, qui élevèrent des autels au Seigneur.

Moïse nous a fait connaître qu'il avait le même don pour la construction de l'arche mystérieuse, de l'autel et du tabernacle, de même que pour les minéraux, les bois et tous les autres matériaux qui furent tournés et travaillés par l'effet des opérations spirituelles de Moïse et de Betsaléel. Moïse traçait le plan des édifices et Betsaléel les exécutait. Les trois derniers sages, enfants de Noé dont nous venons de parler, tinrent dans leur opération spirituelle la même conduite qu'avaient tenue les quatre premiers ; mais comme leurs dons étaient différents, leurs intentions et leurs paroles ne pouvaient être les mêmes. Les quatre premiers qui ont fixé le jour par quatre intervalles d'opérations, ne prirent point de femmes, étant entièrement consacrés au culte du Créateur. Ils faisaient un type réel de ceux que le Créateur devait élire pour la manifestation de sa gloire et de sa justice. Ils figuraient encore les justes du passé et de l'avenir, tels qu'Enoch, que l'Écriture révère tant, Melchissédec, Élie et le Christ, dont deux ont été enlevés du centre de la terre par le feu spirituel, et les deux autres l'ont été dans leurs propres corps de gloire spirituelle divine, ainsi que le Christ le prouve bien clairement par sa résurrection d'homme divin.

Nous avons vu précédemment que Noé avait émancipé de ses soins les trois enfants qui composaient sa première postérité, savoir : *Sem, Cham, Japhet.* Ces trois hommes ne s'occupèrent qu'à établir et à cultiver la portion de terre qui leur était échue, afin de pourvoir à leurs besoins et à ceux de leur famille présente et à venir. Ils restèrent, en conséquence, un assez long espace de temps sans méditer sur les instructions spirituelles que leur avait données Noé ; ils ne s'attachèrent point à faire la division de l'intervalle des heures, des jours, des semaines, des mois, des années. Enfin, tout leur culte divin se bornait à savoir qu'il existait un être tout-puissant au-dessus de toute chose créée, et qu'ils appelaient *Abavin 8*, qui veut dire, en langue *Noéchite*, *Esprit doublement fort*, par lequel le Créateur a opéré toute chose ; c'est ce que nous appelons philosophiquement l'action divine du Créateur. Ce mot, quoique *Noéchite* ou *chinois*, est le même que celui que les Juifs proféraient jadis, et qu'ils connaissaient très-parfaitement sorti de leur langue. Les Hébreux connaissaient aussi ce mot autrefois, et le connaissent encore aujourd'hui, parce qu'il y a toujours eu quelqu'un parmi eux qui a possédé une partie de la connaissance de cette première langue. Adam et sa postérité ont aussi prononcé ce mot, ayant parlé les premiers la langue judaïque, qui est celle que la nation spirituelle divine avait de tout temps réservé pour sa créature mineure.

Je fais ici une distinction du mot Juif et de la langue judaïque d'avec le mot hébreu et la langue hébraïque. Le mot *Juif* signifie *juste ;* et la *langue judaïque* signifie *le langage de la sainteté* de l'Esprit divin qui dirige l'opération de ces hommes justes. Le mot *Hébreu* signifie *la postérité d'un homme sage*, que l'Écriture appelle *Héber ;* et la *langue hébraïque* signifie *le langage de la postérité d'Héber*. Mais cette langue est très-différente de la langue judaïque, parce qu'il n'y a, parmi cette postérité d'Héber, aucun de ces vrais hommes justes ou juifs, et que, depuis ces temps passés, il n'en a été suscité aucun par l'Éternel pour instruire parfaitement cette postérité de la vraie langue qu'elle a perdue, quoiqu'elle croie l'avoir et la suivre très-exactement.

La langue judaïque est toute simple et sans la ponctuation de convention humaine, qui a été introduite dans la langue des Hébreux. Les véritables Juifs reconnaissaient que l'origine alphabétique de leur langue vient de la partie céleste et non de la convention des hommes. Ils trouvent tous les caractères de cette langue clairement écrits dans l'arrangement des étoiles, et c'est de là qu'ils sont tirés. Les Hébreux se servent bien des mêmes caractères que les Juifs, mais les différentes ponctuations, les accents et les chevrons qu'ils ajoutent à ces caractères les font prononcer d'une manière opposée à ce qu'ils sont dans leur pure nature de simplicité. Je me sers ici du mot *Israélite*, quoique le nom d'*Israël* ne fut pas encore connu dans le temps dont je parle. *Israël* signifie *fort contre Dieu*, et *Israélites* signifie *forts en Dieu*. C'est pourquoi je donne ce nom aux sages Noéchites de la postérité de Noé. Tout ceci nous apprend donc que le mot *hébreu* veut dire confusion, ainsi que nous l'enseigne très-parfaitement le nom d'Israël, donné à ce peuple par ordre du Créateur, et qui signifie *fort contre l'Éternel*. Rien, dans le monde, n'est plus agréable et plus fort envers le Créateur que la prière et l'invocation des Juifs, et rien de plus indifférent et de plus rapineux que *le cœur* de l'Hébreu. Cela ne doit point vous surprendre, puisque le peuple ne possède plus les lois divines et qu'il se contente du cérémonial d'une loi qui lui a été enlevée ignominieusement. Poursuivons le détail des événements de la postérité de Noé.

Noé passa le premier siècle avec sa seconde postérité, et l'instruisit pendant 130 ans par ses soins temporels et spirituels. Il éleva les sept enfants mâles de cette postérité, conformément à la loi du Créateur. Il vendit les quatre premiers nés des vrais pensants à la Divinité seule. Ces quatre sages ne se donnèrent qu'au culte divin, sans avoir aucune participation au culte terrestre. Les trois autres eurent deux cultes à opérer : l'un temporel terrestre, et l'autre spirituel simple ; c'est-à-dire qu'ils ne participèrent point à l'opération du grand culte divin qui était réservé à leurs quatre frères aînés. En effet, le premier né de cette postérité faisait le type des grands prêtres et grands sacrificateurs à venir : ce fut le premier des hommes de ce temps-là qui rappela le premier sacrifice d'Adam fait par Caïn, son premier né, sur son frère Abel. Le premier né de Noé était, en sa qualité d'interprète spirituel, le premier chef de toute espèce d'opération divine ; il mit le premier la main à l'encensoir et fit l'offrande de l'holocauste au Créateur. C'était encore lui qui faisait seul, à voix basse, la grande invocation pour la descente de l'esprit en consommation de l'holocauste d'expiation et de réconciliation. Il était seul à l'autel du sacrifice, et ses trois frères se trouvaient immédiatement après lui, en ligne droite, comme principaux assistants à la grande opération du culte divin. Ce qui a été répété par Moïse, assisté dans ses opérations par *Aaron*, *Ur* et *Betsaléel*. Aaron a répété la même chose en prenant ses enfants pour assister à son travail. Le même ordre a été suivi dans le service du temple de Salomon, et l'Église du Christ nous le représente encore aujourd'hui dans le sacrifice qu'il offre sur l'autel de purification, par la main, l'intention et la parole du célébrant, assisté du premier, du second et du troisième diacres. Vous devez voir par là que toutes les choses de cette nature sont véritablement parvenues par la succession des temps jusqu'à nous ; et que ces sortes d'opérations spirituelles divines ne viennent pas de l'imagination des hommes, mais très-certainement du Créateur éternel.

Il faut vous instruire maintenant quelles furent les charges que les trois derniers fils de cette seconde postérité de Noé reçurent de la part de leur père. Ils furent ordonnés pour aller visiter les trois régions terrestres distinguées par *Ouest, Sud, Nord*, et habitées depuis 141 ans par la première postérité de Noé, nommée *Sem, Cham, Japhet*. Aussitôt qu'ils eurent reçu les instructions nécessaires pour leur mission et qu'ils se furent assurés de la volonté du Créateur par leurs opérations spirituelles divines, ils partirent avec leurs sœurs, qu'ils avaient prises comme femmes, et dont ils eurent postérité. Ils n'avaient pas besoin de porter avec eux aucunes provisions, et ils trouvèrent sur la terre de quoi fournir à leur nourriture et à tous leurs besoins corporels.

L'aîné des trois fils fut, avec sa femme et sa postérité, habiter la partie du midi ; le second la partie de l'ouest, avec sa femme et sa postérité ; le troisième fut, également avec sa femme et sa postérité, habiter la partie du nord ou d'aquilon, conformément à la première langue. Ils allèrent chacun dans ces différentes parties du monde pour perpétuer chez leurs frères, de même que chez leur postérité, le cérémonial du culte divin, afin que ces peuples ne perdissent pas entièrement de vue le culte que le Créateur exigeait d'eux, relativement aux grâces et aux miséricordes infinies qu'ils avaient reçues de l'Éternel. Ils opérèrent de si grands prodiges spirituels parmi ces peuples, qu'ils n'eurent pas de peine à se soumettre aux instructions, aux conseils et aux leçons spirituelles divines que ces trois hommes sages répandirent chacun dans sa région, selon leur mission et l'ordre qu'ils avaient reçus. Cependant, il fallait commencer par prêcher à ces nations une doctrine purement temporelle, afin de se mettre à leur portée, et de les élever ensuite du culte temporel au culte spirituel. C'est ce qu'ils firent effectivement, ainsi que je vous le ferai connaître.

Ces premiers peuples n'avaient pas réglé parmi eux les heures, les jours, les mois, les années et les saisons; ils vivaient à peu près comme les brutes, si ce n'est qu'ils reconnaissaient un être supérieur à eux, ainsi que je l'ai déjà dit. Toute leur science temporelle et spirituelle se bornait à faire différence du jour élémentaire d'avec les ténèbres, que nous appelons nuit, et à comprendre que les ténèbres leur annonçaient le repos et que le jour devait servir à leur action ordinaire temporelle pour leurs opérations terrestres.

Les trois hommes sages, qui étaient venus pour les instruire, commencèrent par établir chez eux une mesure de temps, qu'ils réglèrent sur la division spirituelle que leurs quatre premiers frères avaient faite pour leurs quatre premières opérations du grand culte divin, c'est-à-dire qu'ils établirent chez ces nations les mêmes règles qu'ils avaient vu observer et qu'ils avaient observées eux-mêmes chez leur père. Cette loi était indispensable pour établir le culte divin parmi ces nations. Ces trois maîtres spirituels commencèrent ensuite à s'attacher quelques-uns des habitants de ces régions : ils les élevaient chacun aux sciences qu'ils professaient ; ils leur faisaient comprendre que, quoique la nuit des ténèbres fut faite pour le repos du corps de l'homme, elle n'était point faite pour le mineur spirituel divin, attendu que cet être ne pouvait rester sans action relativement à sa nature spirituelle, et, qu'en conséquence, le Créateur n'avait pu émaner de son sein tous les mineurs, leurs semblables, assoupis, et pour s'anéantir comme leurs formes corporelles, qui n'étaient que des êtres passifs et apparents, destinés à être confondus dans l'imagination divine qui les faisait paraître tels qu'ils étaient. Lorsque ces sages eurent ainsi disposé leurs disciples par de semblables instruments, ils se proposèrent de les admettre au travail du culte spirituel. Pour cet effet, ils leur firent observer les méditations, les prières et le cérémonial convenables pour se préparer aux différentes opérations qu'ils devaient faire, et ils choisirent, parmi ces disciples, les quatre sujets les plus capables et les plus instruits, et qui avaient le plus grand désir de parvenir à la connaissance parfaite des sciences divines que leurs maîtres professaient. Ces trois sages, maîtres spirituels, placèrent chacun leurs quatre sujets dans leur cercle mystérieux d'opérations et les tinrent pendant l'espace de temps nécessaire, pour accomplir, sans trop de précipitation, le travail spirituel qui leur était indiqué. Le premier disciple fut placé dans le cercle mystérieux, au soleil levé, et y resta l'espace de six heures de notre jour ordinaire. Le deuxième prit alors la place du premier, et y resta le même temps. Le troisième et le quatrième disciples suivirent le même ordre des deux premiers, de sorte que les quatre opérations de ces disciples commencèrent au soleil levé et finirent à l'autre soleil levé. C'est de cette première opération que commence le premier calcul des enfants de Noé, que l'on appelle Noéchites ou Chinois, parce que la nation des Chinois et des Japonais sortit directement de la postérité des enfants de Noé, savoir, de la première postérité, Sem, Cham, Japhet, qui habitèrent chacun un angle de cette région de la Chine, d'où tous les peuples de la terre sont provenus, savoir aussi, des trois derniers des sept mâles qui, avec les trois femelles, formèrent la seconde postérité de Noé. J'ai déjà dit que l'Écriture ne parlait point de cette seconde postérité : le silence de l'Écriture à ce sujet ne doit point nous étonner; elle a laissé en arrière des sujets très-intéressants pour l'homme de désir; peut-être en cela a-t-elle eu quelques raisons très-légitimes, peut-être aussi les traducteurs n'ont-ils pas trouvé ces détails très-nécessaires à l'instruction de l'homme incapable de satisfaire sa curiosité. Mais je reparlerai de ceci dans la suite, ainsi que des noms des sept enfants mâles de cette postérité.

L'opération faite par les quatre disciples dont j'ai déjà parlé, fut le principe de leur calcul journalier; selon leur convention mystérieuse, spirituelle temporelle, chacune de leurs opérations, s'accomplissant dans un intervalle de six heures, formait effectivement un jour, relativement au culte spirituel divin que ces sages professaient pour la gloire de Dieu.

Ces premiers peuples, ainsi qu'on vient de le voir, n'avaient pas réglé parmi eux les jours de travail de l'esprit que le sage assujettit par la force de son opération, ne se calculant pas comme les jours du travail matériel. Quatre intervalles d'opérations spirituels fixent un temps complet à l'esprit, en faveur de celui qui l'opère et qui l'invoque; de sorte que les quatre opérations de ces premiers disciples divisaient les jours ordinaires, à nous connus, en quatre parties égales; comme nous pouvons le diviser nous-mêmes par quatre fois six heures de notre convention humaine, et, par ce moyen, ces sages faisaient quatre jours d'un de nos jours ordinaires. Les Chinois ont introduit, dans leur calcul journalier temporel, ce calcul spirituel des opérations du culte divin que les hommes auraient à exercer par la suite, d'après l'exemple mystérieux que ces sages en donnaient chacun à leur nation ; mais ces mêmes sages fixèrent encore, par cette division, le temps qui devait servir à marquer leurs années.

Ce qui nous fait connaître que la division du temps du cérémonial de la prière et du culte divin qu'ont exercé *Abraham, Ismaël, Isaac* et *Jacob,* dans leur postérité vraie Israélite, ne le voyons-nous pas d'ailleurs s'observer encore aujourd'hui par les quatre intervalles des prières qui sont usitées dans nos églises? C'est ce qui nous apprend que l'origine du cérémonial des différents cultes, qui sont opérés et qui s'opèrent journellement sur la terre, vient des quatre premiers nés de la seconde postérité de Noé, qui ont transmis et fait transmettre ce qu'ils avaient reçu à ce sujet du Créateur, à la postérité de leurs premiers frères, *Sem, Cham, Japhet.*

Après vous avoir instruits de la règle et de la fondation des jours spirituels que les *Noéchites* ou *chinois* ont suivis et qu'ils ont compris dans leur histoire civile comme des jours temporels ordinaires de la nature universelle, je vous enseignerai quelle fut la fondation de leurs mois, ne pouvant vous instruire de leurs semaines, parce qu'ils n'en avaient point fixé par le calcul spirituel qui leur fut enseigné. Les trois sages maîtres spirituels, venus de la part de Noé leur père, jugèrent à propos de joindre trois autres disciples aux quatre qui avaient fait la même opération et marqué la division des jours temporels en quatre parties. Les trois derniers furent entièrement exercés et perfectionnés dans les différents cultes divins auxquels les sages les destinaient. Au moyen de cela les sages eurent chacun sept disciples sur lesquels ils pouvaient compter pour l'exactitude, le zèle et la fermeté à remplir tout ce qui était convenable et nécessaire aux différentes opérations spirituelles du culte divin. Ils fixèrent aussi le nombre septenaire parmi leurs disciples à l'exemple de la postérité seconde et septenaire de leur père Noé, dans le nombre de laquelle ils étaient eux-mêmes compris; ils fixèrent encore ainsi ce nombre septenaire parce que l'Éternel avait opéré six pensées divines pour la création universelle et que, le septième jour, il donna sept dons spirituels et qu'il attacha sept principaux esprits à toute sa création pour la soutenir dans toutes ses opérations temporelles, selon la durée septenaire qu'il lui a fixée.

Les sept premiers sages de la postérité de Noé prirent cet exemple pour diriger leur conduite, afin de perpétuer aux hommes à venir la connaissance et la correspondance de ces sept principaux esprits que le Créateur avait attaché dans son univers pour instruire la créature inférieure et mineure de sa volonté, et l'élever, par ce moyen et par celui de l'intelligence spirituelle, à la parfaite connaissance des œuvres divines. L'Écriture sainte nous l'enseigne encore par les sept anges, sept archanges, sept séraphins, sept chérubins, les sept lieux spirituels, les sept trônes, les sept dominations, les sept puissances, les sept juges d'Israël, les sept principaux chefs qui étaient sous Moïse ou Aaron, les quatre fils d'Aaron et Betsaléel, les septante années de captivité d'Israel, les septante années de captivité d'Israël, les sept semaines de Daniel, les sept jours de la semaine temporelle, les sept dons que le Christ a fait à ses disciples, desquels sont sortis les sept principaux premiers pères de l'Église chrétienne, qui ont exercé les sept ordres spirituels parmi leurs disciples, le chandelier à sept branches qui fut mis dans le temple de Salomon et qui est encore représenté dans l'église de Saint-Pierre de Rome. Le nombre septenaire se calcule philosophiquement par sept mille ans quant au temporel et à la durée ; mais lorsque l'Écriture dit que le septième jour Dieu se dédia son propre ouvrage en bénissant la création universelle, il faut concevoir par cette bénédiction la jonction des sept principaux esprits divins que le Créateur réunit en toute créature comprise ou contenue dans toute sa création universelle. Cette jonction des sept principaux esprits nous est indiquée par l'opération des sept planètes qui opèrent pour la modification, la température et le soutien de l'action de l'univers. Enfin l'univers, ayant été conçu dans son entière perfection par le nombre septenaire, il sera également réintégré par ce même nombre dans l'imagination de celui qui l'a conçu.

Poursuivons l'explication de la manière dont les Noéchites règlèrent leurs mois, lorsque les sages eurent complété le nombre septenaire de leurs disciples. Ils tracèrent à chacun de ces mêmes disciples les quatre jours consécutifs d'opérations spirituelles divines, de sorte que chacun d'eux était entièrement consacré, d'un soleil levé à l'autre, au culte du Créateur pour entretenir l'esprit divin avec eux. Par ce moyen, le culte divin s'opérait du centre du repos de ces sept mineurs spirituels véritables *Israélites*. Je me sers ici du mot *Israélites*, quoique le nom d'Israël ne fut pas encore connu dans le temps dont je parle. *Israël* signifie *fort contre Dieu*, mais *Israélites* signifie *forts en Dieu*; c'est pourqoi je donne ce nom aux sages Noéchites de la postérité de Noé. Chacun des sept disciples, par l'ordre qui venait d'être établi, avait six jours ordinaires temporels entiers et consécutifs le repos corporel, de sorte qu'ils ne pouvaient nier que le culte divin ne fut moins pénible, moins fatiguant et beaucoup plus agréable que le culte terrestre.

Quand ces sept disciples eurent opéré conformément à ce qui leur avait été ordonné par leurs professeurs spirituels, ils nombrèrent leurs opérations et, les ayant trouvées au nombre de 28 intervalles, ils réfléchirent que la Lune opérait sur la terre par le même nombre de 28. Alors l'égalité qu'ils aperçurent entre le nombre des opérations lunaires et celui de leurs opérations, leur fit adopter le nombre de leurs 28 opérations en 28 jours spirituels pour un mois spirituel, qu'ils ont également introduit dans leur histoire civile, comme des mois temporels ordinaires. Voilà comme les Chinois ont fait quatre mois pour un de ceux que nous employons aujourd'hui pour former notre année.

Les sages Noéchites ayant réfléchi sérieusement sur les différents cours d'opérations que l'astre lunaire faisait sur la terre et sur eux, et y ayant trouvé un parfait rapport avec leurs opérations spirituelles, jugèrent à propos de prendre le nombre de 28 opérations de la Lune ou les 28 jours ordinaires temporels de la Lune pour fixer leurs années spirituelles qu'ils ont également introduites dans leur histoire civile, comme ils avaient fait des mois. C'est ainsi que les Noéchites ou Chinois ont compris dans leur calcul annuel treize années pour une de nos années ordinaires, et ils ont suivi ce calcul pendant les quatre premières de leur fondation d'actions spirituelles.

Je ne vous cacherai point que le calcul lunaire est le premier qui fut donné à l'homme par le Créateur, et que le calcul solaire n'est presque adopté que par les Chrétiens. C'est par les sages dont nous venons de parler que le calcul lunaire a été connu, et c'est celui qui élève l'homme à la plus haute connaissance de la nature universelle et de ses révolutions. Sans avoir égard à l'erreur de calcul des Chinois, il est essentiel à l'homme de désir, soit spirituel, soit terrestre temporel, d'être instruit des quatre différentes façons de calculer les différents jours que la lune opère dans tout l'univers élémentaire par son renouveau, son premier quartier plein et son dernier quartier, ce que j'expliquerai lorsque je traiterai du cours des différents corps planétaires.

Je vais vous instruire de la façon dont les Chinois fixèrent leur second calcul de temps. La postérité des trois premiers fils de Noé et celle des trois professeurs spirituels, étant devenue extrêmement nombreuse, et le nombre des disciples considérablement augmenté, il fut suscité parmi les enfants charnels de ces trois professeurs, un de chaque lignée qui reçut, par ordre du Créateur, la succession de son père temporel et spirituel temporel. Ces trois chefs reçurent de leur père toute instruction spirituelle divine sur les différents cultes auxquels ils étaient destinés par l'esprit de vérité, et, après avoir reçu la dernière ordination et la bénédiction spirituelle, ils se mirent avec zèle à la tête des disciples qui se trouvaient alors confiés à leurs soins. Ils firent clairement reconnaître les vertus et les puissances qui leur étaient accordées de par l'Éternel, et, comme le devoir et le droit de ces chefs était de faire une élection spirituelle, ils choisirent, à l'exemple de leurs prédécesseurs, les sept sujets les plus zélés et les plus instruits qu'ils trouvèrent parmi leurs disciples et les employèrent aux opérations du culte divin.

Après avoir fait cette élection, ils jugèrent à propos de changer le temps de leurs opérations et n'opérèrent qu'une fois la semaine, de sorte qu'ils augmentaient leurs années de sept jours et, la mettant de sept semaines pendant lesquelles chacun des disciples choisis opérait une fois, ils ont compris également ce calcul dans leur histoire temporelle et l'ont suivi pendant un siècle et demi de notre temps ordinaire. Après cette époque il survint d'autres successeurs professeurs spirituels qui furent suscités par Dieu comme les précédents; mais leur postérité s'augmentait alors de plus en plus dans les trois parties de la terre. Les trois nouveaux chefs furent obligés de faire une élection plus considérable que les premiers. Ils en portèrent le nombre à vingt-et-un sujets; ce qui faisait en tout le nombre de soixante-trois. Les sept principaux opérants furent toujours réservés pour le grand culte de part et d'autre, et les quatorze sujets qui restaient étaient destinés à l'instruction spirituelle du peuple.

Ces derniers successeurs dont nous parlons changèrent encore le temps de leurs opérations et en fixèrent le temps de deux semaines, de sorte qu'il n'y avait plus chez ces nations que deux opérations dans un mois lunaire. Ces opérations se faisaient au commencement et à la fin du croissant de la lune, c'est-à-dire au renouvellement et un peu avant la pleine lune ; et, comme chacun des principaux opérants n'opérait qu'une fois, le temps de leurs sept opérations comprenait à peu près trois mois de notre combinaison ordinaire. Ce fut là une nouvelle règle pour fixer leur année spirituelle, et qu'ils ont suivie encore pendant un siècle et demi de temps à nous connu. Le premier de ces trois successeurs, qui occupait la partie de l'ouest, venant à décéder, celui qui le remplaça ne fit plus opérer le grand culte qu'une fois dans les quatre saisons, savoir, à l'équinoxe de Mars de chaque année, et le reste du temps fut également consacré à l'instruction. Mais le second de ces successeurs, ou celui qui occupait la partie du Midi, ainsi que ceux qui vinrent après lui, ne voulut jamais changer de calcul ; il persévéra à solliciter la nation de Cham, qu'il instruisit, de ne jamais déranger l'ordre qu'il avait établi pour fixer les jours, les mois, les années parmi elle par autorité divine, menaçant ces peuples de la malédiction du Créateur s'ils suivaient l'exemple des deux autres nations, savoir, celle de Sem et celle de Japhet. Ces trois nations ont suivi chacune la convention de leur dernier calcul spirituel : Cham en prenant les quatre saisons pour quatre années ; Japhet en prenant depuis l'équinoxe de Mars jusqu'à l'équinoxe du mois de mars suivant ; Sem en suivant les deux équinoxes pour deux années. Ces trois nations ont également introduit ce calcul dans leur histoire civile, et elles y ont persévéré avec opiniâtreté après les iniques opérations que Nemrod fit dans Babylone, jusqu'à ce qu'elles aient été séparées honteusement du culte divin et dispersées chez tous les peuples, ce dont je parlerai dans la suite. C'est de ces nations que sont venues, chez tous les peuples du monde, les connaissances de l'astronomie et des facultés de puissance des astres planétaires sur la création générale et particulière.

Par tout ce que je viens de dire sur les divisions que les Noéchites ont faites de leurs jours, de leurs mois et de leurs années, on voit pour quelle raison ils se disent plus anciens qu'Adam de 15 ou de 20,000 ans, et plus anciens que nous de 25,000 ans. Nous ne devons pas être surpris de ce que les nations ne regardent pas le déluge comme universel, et même de ce qu'elles prétendent ne l'avoir jamais vu. Les trois hommes, dont sont sorties les trois postérités qui ont formé les trois nations, étaient les seuls parmi tous ces peuples qui eussent été témoins du déluge. Ils ne pouvaient penser à ce fléau sans frémir : ils prirent tous les moyens possibles d'effacer cet événement de leur mémoire ; ils ne parlèrent jamais à la postérité de ce qui pouvait avoir rapport aux choses horribles et épouvantables qu'ils avaient vues, et cela pour ne pas effrayer les hommes qui étaient provenus d'eux, et ne pas retracer à leurs yeux le détail des maux que les prévaricateurs avaient fait tomber sur la terre.

Cette conduite était d'autant plus coupable, que leur père Noé leur avait recommandé d'instruire la postérité de la manifestation de la justice divine, et qu'eux-mêmes lui avaient promis par serment de suivre avec exactitude les instructions qu'ils avaient reçues de leur père par ordre du Créateur. Mais la faiblesse de ces trois hommes se fait dans leur descendants Noéchites ou Chinois, qui vivent dans des craintes terribles des êtres hideux, qui rendent un culte à des animaux à qui ils donnent les soins les plus superstitieux, dans l'idée de détourner les maux qu'ils croient pouvoir leur être faits par ces monstres, et qui les regardent comme des Dieux ou comme des démons. C'est ce que nous enseignent toutes ces relations et c'est ce que je ne puis ignorer, l'ayant vu et le sachant par moi-même. Je n'entrerai point dans le détail de la confusion qui en est survenue parmi ces postérités, n'ayant rien de commun avec les choses merveilleuses de la nature spirituelle divine et de la nature universelle créée dont je veux vous instruire.

Réfléchissez bien sur tout ce que je vous ai dit touchant les différentes règles de division de temps pour les opérations du culte divin établi chez les trois premières nations. N'est-il pas vrai que les sages d'Égypte excellaient en astronomie, et que ce qu'ils opéraient était plus considérable que ce qui s'opérait chez les Chinois ? Le culte divin qu'Adam a opéré n'était-il pas supérieur à celui qu'opéraient les sages d'Égypte ? Moïse n'a-t-il pas encore surpassé Abraham et les sages d'Égypte par ses opérations ? Le culte qui s'est exercé dans le temple de Salomon n'est-il pas au-dessus de tous les précédents ? Enfin, le Christ n'a-t-il pas opéré un culte infiniment plus grand que tous les autres dont j'ai parlé ? C'est ce dernier qui nous prouve clairement que tous les cultes passés n'étaient que des figures de ce qu'il a fait. Je n'entrerai point dans d'autres détails à ce sujet, vous en ayant dit assez pour vous convaincre que le cérémonial, ainsi que les temps convenables aux opérations du culte divin, ont été dès le commencement réglés et fixés parmi les hommes ; que toutes ces choses ont été transmises par l'esprit divin, et qu'elles ne proviennent point de conventions humaines. En effet, le Christ a laissé, pour son institution spirituelle divine, à ses disciples la prière et l'invocation journalière de six heures qui complètent le jour ordinaire de 24 heures. Ces mêmes disciples, qui composent l'Église chrétienne, font encore aujourd'hui leur prière et leur invocation quatre fois par jour ; voilà qui rappelle le premier ordre spirituel du culte divin établi chez les premières nations Noéchites par les sages enfants de Noé.

Secondement, le Christ a fixé à ses disciples le temps où ils exerceraient les quatre grands cultes divins, et l'Église chrétienne observe fidèlement cette institution par ses quatre grandes fêtes annuelles, dont deux doivent se faire aux deux solstices et les deux autres aux deux équinoxes. C'est là ce qui rappelle le second ordre spirituel du culte divin établi chez ces premières nations dont nous avons assez longtemps parlé.

J'entreprendrai maintenant de vous parler du type que fait *Abraham* dans cet univers. Vous savez que le nom d'*Abram* fut changé en celui d'*Abraham*. Le premier nom signifie un père charnel terrestre, élevé au-dessus des pères ordinaires de postérités matérielles terrestres ; aussi il n'y a jamais eu parmi les pères particuliers temporels un homme plus élevé en postérité charnelle qu'Abram. C'est pourquoi l'Écriture l'appelle Abram père élevé, et non Abraham, père élevé en multitude de postérité en Dieu, telle qu'elle aurait dû être opérée par Adam dans son état de gloire, mais qui, par sa prévarication, est devenu père élevé en postérité matérielle terrestre. Il est vrai qu'Abraham a succédé en ceci au défaut d'Adam, puisque d'Abraham est véritablement sortie une postérité de Dieu. C'est, en effet, dans la société d'Abraham que le Créateur a fait son élection générale et particulière : la première, pour manifester sa justice, et l'autre, pour manifester sa gloire.

L'Écriture donne encore à Abraham le nom de père élevé en multitude de confusion. Ces trois différentes explications proviennent des trois premières postérités d'Abraham, qui sont *Ismaël*, *Isaac* et *Jacob*. Ismaël, que je vous ai représenté précédemment comme un type de miséricorde divine, fait également ici le type de l'opération physique d'Adam pour la reproduction de sa postérité charnelle, opération qu'Abraham répète de concert avec sa concubine. Leur fils Ismaël, provenu de la cupidité de leurs sens matériels, fut exclu de la maison paternelle parce qu'il avait été conçu sans la participation de la volonté divine, mais seulement par la concupiscence des sens de la matière.

Le pain et l'eau qu'Ismaël et Agar, sa mère, reçurent d'Abraham et avec lesquels ils allèrent là où leur sort devait les conduire, représentaient la dernière nourriture spirituelle et temporelle qu'ils recevaient de ce patriarche ; ce type répétait encore la dernière nourriture spirituelle que Caïn reçut, depuis qu'il eût conçu de commettre le meurtre de son frère Abel.

Ayant fait le type de la sœur de Caïn, sa complice,

et la plus coupable, le défaut de nourriture matérielle où fut Agar avec son fils et qui les engagea d'implorer le Créateur représente la douleur et la consternation où furent Caïn et sa sœur lorsque le meurtre de leur frère Abel fut connu et qu'ils se virent par là exclus de toute participation des sciences et des nourritures spirituelles divines.

L'ange qui parut à Agar et à Ismaël, qui rassasia leur faim et leur soif et qui leur indiqua l'endroit où l'Éternel avait fixé leur demeure, nous rappelle la grâce que l'Éternel accorda à Caïn et à sa sœur, en les faisant marquer sur le front par son ange du sceau invincible de la Divinité, ce qui annonçait à l'un et à l'autre qu'ils avaient obtenu miséricorde du Créateur et qu'ils jouiraient encore une fois de la nourriture spirituelle divine qui leur avait été retirée par rapport à leur crime. Le lieu de la résidence d'Agar et d'Ismaël était le même que celui où Caïn et sa sœur avaient été relégués.

Voilà ce qui nous fait concevoir qu'Abraham et Ismaël sont des types d'Adam et de Caïn dans leurs opérations matérielles. Abraham fut élevé en postérité de matière par son fils Ismaël. Adam le fut aussi comme nous l'avons dit souvent dans tout ce qui a précédé. Abraham, par son fils Ismaël, se trouve être père de douze tribus ainsi que l'Ange l'avait annoncé à Agar. Il y a eu aussi douze tribus en Adam en le comptant avec ses trois enfants et les huit Patriarches qui se trouvent depuis Seth jusqu'à Noé. Les douze tribus d'Ismaël furent le type de l'avènement de celles d'Israël et de celles du Christ : elles se concentrèrent en elles-mêmes et n'eurent aucune correspondance avec celles d'Israël, parce qu'Ismaël, père de ces douze tribus, répète le type de la prévarication et de la réconciliation en répétant le type de Caïn.

Ces mêmes tribus Ismaélites se conservèrent sous la protection divine, tant qu'elles observèrent le culte que le Créateur leur avait fait tracer par son ange ; mais, par la suite, ayant fait alliance avec la postérité de Cham et de Chanaan, elles furent oubliées du Créateur, et, par leur prévarication, elles se rendirent semblables à la postérité d'Enoch, lorsqu'elle se fut liée avec la postérité de Caïn, que le Créateur avait exclue de la société des enfants de Dieu.

Voyez par cet enchaînement que toutes les époques et les élections premières se répètent parmi les hommes, et nous font connaître qu'elles se répèteront jusqu'à la fin des siècles. La suite de ce traité le fera mieux comprendre encore, lorsque je montrerai clairement qu'à la fin tout reviendra comme au commencement. Passons à la seconde postérité d'Abraham.

Abraham, après avoir été réconcilié en partie avec le Créateur, eut, par autorité divine, un fils de sa femme Sara, quoique son âge avancé l'eût mise hors d'état de concevoir. Cet enfant conçu sans la passion des sens matériels fut appelé *Isaac*, ce qui répète bien parfaitement la naissance de la seconde postérité d'Adam dans son fils Abel. Isaac suivit exactement les instructions spirituelles divines que lui donna son père Abraham sur les différents cultes qu'il était destiné à remplir, ce qui répète encore le type d'Abel sous la conduite spirituelle d'Adam.

Isaac était parvenu à l'âge de trente ans, et, étant parfaitement instruit des sciences spirituelles divines, il témoigna à son père le désir qu'il avait d'opérer le grand culte divin pour la gloire du Créateur. Il lui dit, selon l'instruction intérieure qu'il en avait reçue de l'intellect spirituel divin, qu'il était temps qu'il fît usage de toutes les sciences divines dont il était instruit et qu'il offrît un sacrifice à l'Éternel. Abraham lui répondit : « Qu'il soit fait, mon fils, ainsi que tu le désires, et que le sacrifice que tu te proposes d'offrir au Créateur serve d'expiation aux hommes de la terre, pour qu'ils soient remis en grâce, qu'ils rentrent dans leurs vertus premières, et qu'ils opèrent efficacement le culte divin pour lequel ils ont été créés. »

Abraham ayant consenti aux désirs de son fils Isaac, partit avec lui vers le soleil levé pour se rendre sur le mont de *Morijà*. Ce mot se divise en deux parties : la première, *mor*, signifie *destruction des formes corporelles apparentes*, et *ija* signifie *vision du Créateur*. Ils menèrent loin de la montagne les deux serviteurs pour nous figurer l'éloignement et l'abandon que ces deux nations, celle d'Ismaël et celle d'Israël, feraient à l'avenir du culte divin, d'où elles tombèrent dans la privation spirituelle divine, ainsi que nous l'avons vu arriver depuis. Abraham et Isaac gardèrent l'âne avec eux pour nous montrer l'ignorance où seraient un jour ces deux mêmes nations, et qu'à leur préjudice, la lumière serait transportée au milieu des ténèbres et des peuples gentils. C'est ce que le Christ nous a effectivement représenté en entrant dans Jérusalem monté sur un âne.

Lorsque Abraham et Isaac furent sur le sommet de la montagne et qu'ils eurent tout préparé pour le sacrifice, Abraham fit son invocation au Créateur pour l'engager d'être présent en nature divine à l'holocauste qu'il lui faisait de ce qu'il avait de plus cher au monde. Il lui offrit du plus profond de son âme et avec une entière résignation son fils, le juste. Isaac, duquel devait cependant sortir une postérité divine dans laquelle serait fondée l'élection spirituelle divine. Après son invocation Abraham jette les yeux sur son fils Isaac; le fils, sachant que c'était lui que son père avait choisi pour être la victime, s'offre généreusement et se met aussitôt dans la posture convenable pour être immolé. Abraham prit le couteau et était prêt à porter le coup; mais l'esprit du Seigneur, qui était véritablement présent à cette opération et qui lisait la pureté de l'intention de ces deux hommes, fit une si forte attraction sur Abraham, qu'il le terrassa et le mit hors d'état de terminer son sacrifice. Ce même esprit lui parla ensuite et lui dit que le Créateur était satisfait de sa bonne intention et de celle de son fils, et qu'il allait rendre à l'Éternel un bon témoignage de leur opération.

Abraham releva son fils de dessus le bûcher et lui dit : « Souviens-toi, mon cher enfant, que le plus grand sacrifice que l'on puisse faire au Créateur, c'est la parole et l'intention. L'Éternel connaît parfaitement la bonne et la mauvaise conduite ainsi que les opérations du mineur spirituel. La pensée bonne du mineur fait connaître la gloire de l'Éternel, et la pensée mauvaise fait manifester sa justice sur les impies. » Isaac se tourna alors vers son père et lui dit : « Le Seigneur, convaincu de ta ferme résolution et de celle de ton fils, t'a élevé au plus grand degré de sa gloire et t'a élu père au-dessus au dessus de tout sens d'être matériel. Louons le Seigneur de ce qu'il a remis en grâce le père des multitudes de la terre, et de ce qu'il a aussi exaucé sa postérité. » Ils aperçurent ensuite un bélier qui sortit d'un buisson ; ils le prirent et l'offrirent en sacrifice pour accomplir leur opération. Ce fut alors qu'ils eurent une connaissance parfaite de la volonté du Créateur, touchant les différents cultes généraux et particuliers, qu'eux et leur postérité avaient à opérer sur la terre, de même que les différentes sortes d'animaux qui devaient servir d'holocauste dans les différentes opérations du culte divin. Ce qui nous fait voir que le véritable culte du Créateur a toujours subsisté parmi les hommes.

Quoique le sacrifice d'Abraham soit la figure de celui qui a été fait sur la personne d'Abel, il y a cependant une grande différence, en ce qu'Abel a été véritablement immolé pour accomplir l'entière réconciliation de son père Adam, au lieu qu'Isaac ne fut immolé qu'en pensée et dans l'intention de son père Abraham. Cette pensée et cette intention furent suffisantes pour qu'Abraham fut parfaitement réconcilié avec le Créateur. Ceci ne doit point vous surprendre, attendu que le crime d'Adam, bien plus grand que celui d'Abraham, demandait une expiation considérable.

Je dois aussi vous expliquer le type de la montagne où furent Abraham et Isaac, celui du bois qu'ils employèrent pour leur sacrifice spirituel, et celui que fait Abraham en sortant sont fils du bûcher. La montagne signifie l'asile spiritueux où les mineurs décédés de ce bas monde iront accomplir, en privation divine, le reste de leurs opérations spirituelles simples, selon le décret du Créateur, ce que l'on appelle vulgairement le purgatoire. Cette montagne représente encore le cercle sensible dont j'ai déjà parlé, et c'est ce qu'Abraham nous a figuré en montant avec son fils sur cette montagne la plus élevée du dessus des sens matériels. Le bois, sur lequel Isaac était couché, fait connaître le genre de bois dont on se servirait à l'avenir pour embraser l'holocauste et pour offrir le parfum nécessaire aux opérations des différents cultes qui sont : 1° le culte d'expiation, 2° le culte de grâce particulière générale, 3° le culte contre les démons, 4° le culte de prévarication et de conservation, 5° le culte contre la guerre, 6° le culte pour s'opposer aux ennemis de la loi divine, 7° le culte pour faire faire la descente de l'esprit divin, 8° le culte de foi et de la persévérance dans la vertu spirituelle divine, 9° le culte pour fixer l'esprit conciliateur divin avec soi, 10° le culte annuel ou de dédicace de toutes ses opérations au Créateur. Tous ces cultes ont été compris dans les deux qui ont été opérés par Moïse chez Israël et par Salomon dans le temple, où les différents bois et les différents parfums consacrés aux sacrifices ont été mis en usage. Le temps où chacun de ces cultes s'opérait était à chaque renouvellement de lune, et, depuis que les hommes existent, ce culte s'est opéré parmi eux.

Abraham, qui retire son fils de dessus le bûcher, représente l'esprit que le Créateur envoie aux mineurs pendant qu'ils paient tribut à la justice divine par leurs différents cours d'opérations dans les trois cercles, que j'ai déjà distingués sous les noms de sen-

*sible, visuel* et *rationnel*, dans lesquels cercles le changement d'actions spirituelles des mineurs est figuré par le changement qui se fit de la matière corporelle de l'individu Isaac contre une victime animale passive, cette dernière ne devant être que l'ombre et la figure de celle qui serait offerte dans la suite en nature effective, ainsi que l'oblation d'Isaac par son père l'avait prédite. Voilà l'explication du premier type que font Abraham et Isaac en ce bas monde.

Le second type est celui de l'alliance divine avec les hommes. Abraham, ayant fait le type de la réconciliation première d'Adam par les grâces qu'il reçut du Créateur, lorsqu'il fut sorti de la maison paternelle où s'opérait un culte démoniaque, le Créateur le fit instruire de ses volontés, lui donna la connaissance parfaite de loi divine et l'instruisit de sa conversion spirituelle comme il en avait instruit le premier homme. Abraham, sortant d'être en proie aux démons, témoigna au Créateur la joie de sa réconciliation divine, et, pour marque de sa foi et de sa persévérance dans cette réconciliation, il demanda au Créateur de faire alliance avec lui. Ce fut alors qu'il lui fut dit par l'esprit divin : « Abraham ! circoncis ta chair, et le sang que tu répandras sur la terre devant le Seigneur sera une preuve certaine de l'alliance que le Créateur fait avec toi. » C'est ce qu'on appelle vulgairement : *baptême du sang*.

Cette alliance du Créateur avec Abraham explique clairement celle que le Créateur est toujours disposé à faire avec sa créature mineure, lorsque cette créature le désire et qu'elle s'en rend digne. La circoncision s'est observée parmi la postérité d'Abraham et le Christ lui-même, en sa qualité d'homme-dieu et d'homme divin, nous a certifié, par la circoncision qu'il a soufferte, l'alliance du Créateur avec Adam, Noé, Abraham et toute sa création. Voilà comment le second type d'Abraham nous prouve la grâce de bonté et la miséricorde du Créateur envers la créature.

Isaac, comme vous l'avez vu, fait le type du Christ; car Abraham, en récompense de sa grande foi, fut doué par le Créateur de toutes les vertus puissantes dont avait joui Adam dans son état de gloire. Il fut nommé par l'esprit : homme-dieu parfait de la terre, parce qu'il naîtrait de lui une vraie postérité de Dieu sous une forme corporelle apparente terrestre. Abraham était aussi le type du Créateur; en conséquence, il naquit de lui un juste pur et saint, qui fut appelé comme je l'ai dit *Isaac*. Ce nom signifie *ris* ou *réjouissance*. Abraham fit de nouveau le type du Créateur en voulant immoler son propre fils, et ce fils, comme nous l'avons dit, était le vrai type de celui que le Créateur enverrait sur la terre pour opérer le véritable sacrifice. Voilà le second type que font Abraham et Isaac dans cet univers.

Le troisième se trouve dans la postérité d'Isaac. Vous savez qu'il eut deux enfants jumeaux dont l'un fut appelé *Jacob* et l'autre *Esaü*. Jacob était l'aîné de conception, Esaü était le second. Ces deux hommes, provenus d'un père aussi juste, étaient destinés à faire un type essentiel et très-instructif pour tous les hommes de la terre. Je n'entrerai point dans le détail d'usurpation que Jacob a faite sur son frère Esaü : l'Écriture en fait assez mention, puisqu'elle a donné à Jacob à ce sujet, le nom de supplanteur, et le fait est d'autant plus facile à concevoir que nous le voyons journellement s'opérer à nos yeux parmi les hommes qui ne cherchent qu'à se supplanter les uns les autres. Je vous dirai donc qu'Abraham a fait le type du père divin et Isaac celui de fils de la Divinité. De même ces deux enfants d'Isaac font les types de la première et de la seconde émanation spirituelles faites par le Créateur et celles des esprits qui ont prévariqué. Jacob, quoique le second né, fut le premier conçu par Isaac. La seconde émanation qui fut faite après la prévarication des premiers esprits et celle du mineur spirituel que nous nommons *Réaux, Roux* ou *Adam* ; Esaü, quoique premier né, fut le second fils conçu par Isaac. Les premiers esprits, ayant prévariqué contre le Créateur, le mineur ou le premier homme les supplanta spirituellement et devint par là leur aîné. Jacob, comme vous venez de le voir clairement, fait, par son rang de conception, le type des esprits prévaricateurs, et Esaü, par son rang de conception, fait le type du mineur.

Mais la vraie prévarication de Jacob est d'avoir surpris la bonne foi de son père, d'avoir employé toutes ses facultés et tous les moyens possibles spirituels et temporels pour lire la pensée de son frère Esaü, d'avoir voulu s'opposer à l'action bonne de cette pensée avantageuse à son frère, de l'avoir supplanté par ce moyen dans tous ses droits spirituels, et de l'avoir réduit, lui et toute sa postérité, dans la sujétion et la privation divine. Nous voyons d'ailleurs dans Jacob la double prévarication des démons, savoir, celle qu'ils ont exercée contre le Créateur, et celle contre la créature et sa postérité. En effet, Jacob n'a-t-il pas prévariqué en premier lieu contre son père et secondement contre son frère cadet Esaü, ainsi que le démon a prévariqué contre son père divin et contre le mineur son père spirituel? Les hommes ne nous retracent-ils pas tous les jours la même chose par la fausse conduite qu'ils tiennent soit envers le Créateur, soit envers leurs frères. Au reste, vous ne devez pas être surpris que Jacob se soit comporté comme il l'a fait envers Esaü. Esaü préféra le culte terrestre à celui du Créateur; il s'occupait entièrement à la chasse et à la destruction des animaux sauvages, au lieu de s'attacher à combattre l'intellect démoniaque qui s'était emparé de son frère Jacob. Aussi, l'abandon qu'il a fait du culte spirituel divin pour ne se livrer qu'à des soins purement matériels, a attiré sur lui les punitions qu'il méritait et l'a fait dépouiller de tous ses droits spirituels. Esaü cependant revint de son égarement ; il conçut, par la miséricorde divine, l'étendue de ses prévarications, et, se voyant déchu de tous ses droits spirituels, divins et temporels, il tomba dans la plus profonde consternation. Il ne put s'empêcher de se plaindre à son père de l'usurpation que lui avait faite son père Jacob ; il lui fit concevoir quelle douleur ce devait être pour lui d'être venu le premier au monde et de se trouver le dernier quant aux biens spirituels. C'était déjà montrer une figure réelle de ce qui arriverait par la suite à Israël qui, d'aîné spirituel dans le monde et de premier héritier de la loi divine, serait supplanté par ceux qui ne devraient venir qu'après lui, et nous confirmer par là cette prédiction de l'Écriture que les premiers seront les derniers.

Esaü, après avoir inutilement fait toutes ses représentations à son père et voyant qu'il ne pouvait le toucher, lui dit d'un verbe emporté : « Vous n'avez directement réservé pour moi aucune bénédiction ? » Sous le nom de bénédiction, Esaü voulait tâcher d'obtenir de son père quelque pouvoir ou quelque don spirituel, se voyant hors d'état d'opérer aucun culte divin pour la gloire du Créateur.

Ceci nous fait voir que Dieu donne à ses élus, sans aucune distinction temporelle, la connaissance de ses dons spirituels pour l'avantage des hommes de la terre, de même qu'il ordonne à ces mêmes élus de ne transmettre leurs dons et leurs vertus spirituelles qu'à ceux qui sont dignes d'un pareil héritage. Esaü, voyant qu'il ne pouvait rien gagner sur l'esprit de son père, lui parla une seconde fois et lui dit : « Puisqu'il ne te reste aucun don spirituel dont tu puisses disposer en ma faveur, je te conjure au moins, par tout ce que je suis, de me bénir au nom de l'Éternel. » Isaac répondit : « J'ai établi ton frère seigneur des hommes de cette terre; j'ai assujetti tous ses frères à sa domination; je l'ai affermi dans la possession des opérations spirituelles, temporelles et dans celles spirituelles divines. Il ne reste plus rien en mon pouvoir pour toi. » Esaü poussa un grand cri; il répandit beaucoup de larmes et se contenta de gémir amèrement. Il ne répondit plus rien à son père qu'il voyait sur le point d'être appelé par le Créateur de cette vie dans l'autre. Mais Isaac touché de la triste situation de son fils, le fit approcher de lui et lui dit : « Esaü, écoute attentivement ce que j'ai à te dire. Les bénédictions que tu me demandes sont dans la graisse de la terre à cause de ta prévarication. » Il le bénit ensuite en lui disant : « La bénédiction que je répands sur toi vient de l'Éternel, comme la rosée qui se répand sur les plantes pour les substancier vient d'en haut. » Esaü se retira beaucoup plus satisfait de son père qu'il ne l'était auparavant.

Voilà les choses que j'avais à vous dire touchant le type d'Esaü ; voyez si la conduite de son père envers lui n'est pas un véritable type de l'immutabilité du Créateur dans ses décrets de justice envers les coupables tant du siècle présent que des siècles passés. Voyez de plus si la miséricorde qu'Isaac exerce sur la fin de ses jours sur son fils Esaü ne représente pas parfaitement la miséricode du père divin envers sa créature, lorsqu'elle a directement recours à lui. Ceci nous représente encore la grande réconciliation à venir ; mais je parlerai de ce point dans la suite de mon traité, ayant à vous instruire en ce moment du type de Jacob. Jacob eut une postérité nombreuse, et, la voyant prospérer considérablement dans les choses temporelles, il lui inspira aisément l'ambition des choses de la terre. Mais, pour se livrer à cet attachement criminel, ils oublièrent tous le culte divin, en sorte qu'il n'en resta plus la moindre trace dans la mémoire de Jacob ni dans celle de sa postérité. Jacob alors se laissa persuader par l'esprit démoniaque que ce qu'il tenait des biens de la terre ne provenait que du grand prince des démons, et, qu'en conséquence, selon le culte qu'ils rendraient, lui et sa postérité, à ce grand prince, ils seraient récompensés. Jacob, qui était devenu fort avide des biens matériels, adopta facilement cette insinuation.

Il avait perdu de vue son origine spirituelle divine dont le Créateur lui avait retiré la mémoire : il abjura son émanation première et le Créateur lui-même, en ne considérant lui et sa postérité que comme des élus passifs. Dans ce sentiment, il se livra tout entier aux sciences matérielles démoniaques, et, les ayant bientôt connues, il se proposa de les réduire en pratique et de les opérer. En conséquence, il résolut d'aller dans le pays de Haran et, la nuit l'ayant surpris en chemin sur la montagne de *Morija* ou de *Mahanaïm* (ce mot signifie *les deux camps*, celui des démons et celui du Créateur,) il se prépara à opérer sur cette montagne la pensée qu'il avait conçue contre le Créateur. C'était à peu près vers la sixième heure du jour et lorsque le soleil allait se coucher qu'il fit son invocation. Aussitôt que son invocation fut faite, le Seigneur lui fit apparaître un ange sous l'apparence d'un homme. Vous savez que l'homme corporel ne pouvait soutenir la vue de l'esprit pur sans mourir ou que sa forme corporelle fut consumée sur le champ. La présence de cet esprit fit une si forte impression ou électrisation sur les essences corporelles et sur celles animales spirituelles de Jacob, qu'il en fut terrassé.

Alors Jacob se réclama au Créateur et abjura devant lui pour une bonne foi tout ce qu'il avait adopté de la partie démoniaque. L'ange lui parla ensuite et lui reprocha sa conduite horrible, tant passée que présente, envers le Créateur, envers son père, son frère, sa postérité et envers lui-même. Jacob épouvanté et comme irrité des effrayantes menaces que lui faisait l'ange, s'élança sur lui et le combattit pendant toute la nuit jusqu'à l'aurore. Mais lorsque le combat fut fini, l'ange lui demanda quel était son nom. Jacob fit toujours la même réponse. Enfin l'ange ayant demandé à Jacob son nom pour la dernière fois, il lui fit répondit qu'il s'appelait Jacob. Après que l'ange eut reçu son nom il lui dit : « Jacob supplanteur contre le Créateur en abjurant l'esprit du Seigneur. » A la fin de ces paroles, l'esprit fit une si forte attraction sur la personne de Jacob qu'il lui dessècha le tendon d'Achille. Tu t'appelles Jacob. Eh bien, à l'avenir tu t'appelleras *Israël* ou *fort contre l'esprit du Créateur*. Et ils se séparèrent l'un de l'autre, Jacob étant tout confus de se trouver ainsi marqué par l'esprit qu'il avait abjuré.

Cette marque de Jacob est dans sa postérité, pour un temps immémorial, une preuve de la prévarication d'Israël. C'est depuis ce temps là qu'il a été défendu de la part de l'Éternel, soit dans le temple de Moïse, soit dans celui de Salomon, qu'aucune personne marquée de la lettre B de naissance ne fut admise au culte divin sous quel prétexte que ce fut. Cette loi qui a été donnée sous les peines les plus sévères a été confirmée par le Christ, afin que tous ceux qui seraient ou qui sont aujourd'hui chargés de faire opérer le culte divin dans son temple spirituel observassent cette ordonnance avec la plus grande exactitude.

Jacob pénétré de douleur rappelait en son esprit toute l'horreur de sa conduite. Il se souvint que lorsqu'il avait projeté d'usurper les droits de son frère Esaü, il avait donné un baiser à son père Isaac, afin de mieux surprendre sa bonne foi. Enfin il repassa toutes ses prévarications contre le Créateur et contre les lois de la nature, et ce souvenir le rendit si inconsolable qu'il ne crut jamais pouvoir trouver grâce devant le Créateur ni être compris au nombre des mortels qui auraient part à la miséricorde divine. C'étaient surtout les paroles de l'ange qui l'avaient le plus affecté, ainsi que le résultat inattendu qu'il avait reçu de son opération démoniaque. Cependant, malgré son abattement et la tristesse de ses réflexions, Jacob forma un vrai désir de se mettre en grâce avec le Créateur, et ne cessa de lui demander sa réconciliation parfaite. Une vision naturelle qui s'offrit à lui sous une forme humaine lui certifia que ses vœux étaient exaucés. Celui qui lui apparaissait était le même esprit que celui qui l'avait marqué au tendon de la jambe droite. Il enseigna à Jacob les moyens d'obtenir du Créateur ce qu'il désirait. Pour cet effet l'esprit le bénit véritablement et l'ordonna de nouveau. Par ce moyen, Jacob fut remis en puissance spirituelle divine pour opérer quarante ans après son ordination les différents cultes divins, ce qu'il fit effectivement au bout de ce temps de quarante années sur le sommet de la même montagne de Morija où il avait été la première fois. Il se rendit sur cette montagne vers la sixième heure, à son ordinaire, et ayant tout préparé pour son opération il refit sa prière depuis la sixième heure jusque vers la moitié de la nuit. Alors il fit les invocations nécessaires pour arrêter définitivement les effets de la justice dont le Créateur l'avait fait menacer par son ange. Il réussit selon son désir, et quatre anges vinrent l'instruire de ce qu'il avait encore à opérer pour obtenir du Créateur son entière réconciliation, qu'il obtint en effet ainsi que je vais vous le dire. Le huitième jour après cette dernière opération Jacob se mit en chemin pour retourner sur le sommet de la montagne, et y étant arrivé vers la fin du neuvième jour, au soleil couché, il se prépara à son ordinaire pour accomplir sa dernière réconciliation. A la moitié de la nuit du neuvième jour et tombant sur le dixième, Jacob reçut la certitude de sa réconciliation parfaite, mais le fruit de son opération le travailla si fortement qu'il ne put plus se tenir debout. Il se coucha alors sur le côté gauche, et, ayant appuyé sa tête sur une pierre ordinaire, il considérait dans cette posture tout ce qui lui provenait de son travail spirituel divin. Il vit sept esprits qui montaient et descendait sur lui. Dans le nombre de ces esprits il reconnut celui qui l'avaient blessé et dont les menaces l'avaient si fort épouvanté. Il reconnut aussi les quatre anges qui étaient venus l'instruire de ce qui lui restait à faire pour entrer entièrement en grâce devant le Créateur. Il aperçut encore la gloire du Créateur à l'endroit d'où sortaient et où entraient les anges. C'est alors que Jacob fut convaincu de sa réconciliation divine. Aussi dit Jacob : « C'est ici le lieu de vision parfaite, car j'ai vu l'Éternel face à face. C'est ici le centre de l'univers et de la terre qui est en face du Créateur, et c'est ici encore que je marquerai la place de la maison que l'on bâtira au Créateur. » Il marqua en effet par trois pierres placées triangulairement le lieu fixé où l'on construirait le temple du Seigneur, sur la montagne de *Morija* ; ce qui a été exécuté par Salomon, *Chiram* ou Hyram, roi de Tyr.

L'emplacement que Jacob marqua par trois pierres triangulaires figurait la forme corporelle de la terre. Il resta au centre du triangle pour montrer que le Créateur avait placé l'homme-Dieu au centre de l'univers, pour commander et gouverner tous les êtres émanés et créés. Il faisait voir encore que c'était là le véritable lieu où le Créateur se communiquait effectivement et manifestait sa gloire à son premier mineur tant qu'il resta dans la justice. C'est pourquoi l'esprit suscita à Jacob de désigner ce lieu pour être celui où devait être bâti le temple, comme étant le type du lieu où avait été construit le corps de gloire d'Adam, qui fut appelé le temple spirituel de la Divinité. Dans ce temple spirituel était véritablement renfermé un esprit divin. La même chose s'est représentée en nature dans la construction du temple de Salomon, où l'esprit divin descendit en forme de nuée. Jacob, étant pleinement convaincu de sa réconciliation, s'assujetit à opérer exactement le culte divin à l'avenir. Il fixa le temps où lui et sa postérité l'opèreraient. Pour cet effet il fit, dans un même jour ordinaire, quatre opérations divines, par quatre intervalles, de six en six heures. Il fit ensuite, pendant six jours consécutifs, une opération de veille spirituelle divine; ce qui fait en tout dix opérations en sept jours de temps. Le total de ces opérations comprend le nombre denaire consacré à la Divinité, et le nombre septenaire consacré à l'esprit. Dans les quatre premières opérations, Jacob se réclama uniquement au Créateur, en l'invoquant par son premier nom ineffable, après quoi, il dit : A moi le *Dieu d'Abraham!* Il invoqua le Créateur par son second nom ineffable et lui dit : A moi le *Dieu d'Isaac!* Il l'invoqua enfin par son troisième nom ineffable et dit : A moi le *Dieu de Jacob!* qui est le même que celui d'Abraham et d'Isaac, qui opère divinement en nous trois, comme nous opérons tous les trois en lui dans notre unité de puissance spirituelle divine. Dans cette invocation, Jacob reconnaît véritablement Abraham comme type du Créateur par la multitude de puissances spirituelles qui lui furent données. Il reconnaît Isaac comme le type du Fils divin ou de l'action divine dans la grande postérité de Dieu qui provint de lui, dans laquelle l'élection et la manifestation de la gloire divine s'est opérée. Et par lui-même Jacob reconnaît le vrai type de l'Esprit, par les grandes merveilles que le Créateur avait faites pour lui, en lui montrant à découvert la gloire divine.

Ce dernier type répète encore celui de la miséricorde que le Créateur exercera jusqu'à la fin des siècles sur sa créature, ainsi que Jacob nous l'a fait voir par sa dernière opération, où il invoqua le Créateur pour être répandu sur sa postérité pervertie à son exemple, et la délivrer par là de la servitude des démons, ce que l'esprit saint a effectivement opéré par la parole de Moïse. C'est de là qu'il nous a été enseigné que Dieu était en trois personnes, et cela parce que le Créateur a opéré trois actions divines et distinctes l'une de l'autre en faveur des trois mineurs dont nous venons de parler, conformément aux types qu'ils doivent former dans l'univers. Ces trois personnes ne sont en Dieu que relativement à leurs actions divines, et l'on ne peut les concevoir autrement sans dégrader la divinité, qui est indivisible et qui ne peut être susceptible, en aucune façon, d'avoir en elles différentes personnalités distinctes les unes des autres. S'il était possible d'admettre dans le Créateur des personnes distinctes, il faudrait alors en admettre quatre au lieu de trois, relativement à la quatriple essence divine qui doit vous être connue, savoir : l'esprit divin 10, l'esprit majeur 7, l'esprit inférieur 8 et l'esprit mineur 4. C'est là que nous concevons l'impossibilité qu'il y a que le Créateur soit divisé en trois natures personnelles. Que ceux qui veulent diviser le Créateur en son essence observent au moins de le diviser dans le contenu de son immensité.

Pour vous observer définitivement tous les types que font Abraham, Isaac et Jacob, je vous dirai que ces trois mineurs étaient la vraie figure d'Adam, d'Abel et de Seth envers le Créateur. Les trois premiers comme les trois derniers avaient vu la gloire du Créateur. Noé, Sem et Japhet avaient eu le même avantage. Quant à Esaü, qui reste sans héritage particulier, il fait le type de Caïn chez Adam, celui de Cham chez Noé, et le sien propre chez Abraham, Isaac et Jacob. Non seulement Abraham, Isaac et Jacob ont été les types de l'action divine opérée par l'esprit divin chez les mineurs passés et présents, mais encore chez les mineurs à venir. Adam, Noé par leur postérité avaient annoncé tous ces types. Le Christ, Moïse, Élie les ont confirmés par leurs opérations sur le mont Thabor, où ils ont vu tous ensemble la gloire du Créateur. Le baiser que Jacob donna à Isaac lorsqu'il eut conçu de supplanter son frère, annonçait la trahison que l'Homme-Dieu devait éprouver de la part d'un de ses frères et disciples nommé *Judas Iscariote* : l'un est supplanteur de matière, l'autre de spirituel. Prenez garde que la cupidité de la matière ne vous porte à répéter un type inique. Voilà ce que j'avais de plus intéressant à vous dire sur les personnes d'Abraham, d'Isaac et de Jacob, sans que j'entre dans le détail de la conduite temporelle qu'il ont tenue dans ce monde : l'Écriture en dit assez à ce sujet.

Je vais vous parler maintenant des grands types que Moïse fait dans l'univers. Vous y verrez le vrai rapport qu'il y a avec tous les types passés, vous y verrez le double type du Créateur et celui de tous les esprits dont le Créateur se sert pour la manifestation de la justice ; vous y apprendrez si on peut douter de la vérité des faits spirituels qui se sont opérés depuis le commencement du monde, qui s'opéreront jusqu'à la fin des siècles, et de ceux qui se sont opérés depuis la prévarication des premiers esprits jusqu'à celle du premier mineur. Vous jugerez enfin si je dis la vérité ou si j'use de subterfuges et de sophismes afin de surprendre la bonne foi de l'homme de désir. Ce n'est ni mon état, ni mon goût. J'ai eu en horreur, dès mon enfance, le mensonge et l'orgueil; je les ai abjurés pour ne faire profession que de la vérité des choses spirituelles divines et spirituelles temporelles. Ainsi vous ne devez pas craindre de moi que je vous parle le langage de l'erreur.

Je commencerai par vous donner l'interprétation du mot *Égypte* où vous savez que Moïse prit naissance. Ce mot signifie *lieu de privation divine ou terre de malédiction*. C'est là que les ennemis de la volonté divine avaient été précipités avec leurs adhérents. Les nations qui résident dans ce pays et qui en cultivent la terre selon leur propre volonté, représentent les premiers esprits prévaricateurs qui n'ont opéré et n'opèrent encore à présent que selon leur volonté, indépendamment de celle du Créateur. Les premiers esprits furent relégués dans la partie du midi, et c'est dans cette partie que l'Égypte est située. La postérité d'Abraham, d'Isaac et de Jacob, ayant prévariqué, tomba sous la puissance des habitants de l'Égypte et y demeura pendant 430 ans. C'est la vraie figure des mineurs spirituels qui succombent sous la puissance des démons. Venons actuellement à Moïse.

*Tupz*, que l'Écriture appelle *Amram*, de la tribu de Levi, et *Maha*, sa femme, que l'Écriture appelle *Jocabed*, de la propre maison de Levi, furent élus, quoiqu'en esclavage dans la terre d'Égypte, pour faire naître d'eux une postérité de Dieu qui régénérerait la postérité d'Adam. *Tupz* signifie *comble de bonté divine* et porte le nombre senaire. *Maha* signifie *fécondité spirituelle divine* et porte le nombre quatre. Tous les deux eurent dans un âge avancé leur postérité, qui consistait en deux enfants mâles et un seul femelle, savoir : le père eut en premier lieu *Mérian* à l'âge de 66 ans 3. Aussi cet enfant fut appelé *Mérian*, qui signifie terre vierge. Cette fille fut savante en connaissances spirituelles divines, et elle fit sacrifice de sa virginité pour opérer le vrai culte permis et ordonné à son sexe. Tupz eut ensuite Aron, à l'âge de 79 ans 7, et Moïse à l'âge de 82 ans 10. Maha enfanta Mérian à l'âge de 48 ans 3, Aron à l'âge de 61 ans 7, et Moïse à l'âge de 64 ans 10. Tupz et Maha moururent quelque temps avant la sortie de Moïse hors la terre d'Égypte, sans que je m'occupe de vous fixer la date de leur mort, qui est absolument inutile aux faits dont je vais vous instruire. Moïse vint au monde le 14 de la lune de *Nisan* ou de *Mars*. Il fut mis dans une espèce de berceau ou d'arche dans laquelle il flotta quelque temps sur les vagues du *Nil* : Ce mot signifie *principe d'action et d'opérations spirituelles temporelles*. L'avènement de Moïse dans la terre d'Égypte où toute espèce de nations vivaient dans la confusion et dans les ténèbres représentait l'avènement de l'Esprit divin dans le Chaos, où il prescrivit toutes les choses qui y étaient contenues, les lois, les actions et ordres spirituels qui leur étaient convenables. Il vous est dit que les ténèbres ne comprirent point la lumière divine ; de même le chaos d'Égypte et ses habitants de ténèbres ne comprirent point la naissance et l'avènement de Moïse au milieu d'eux. Ces peuples n'avaient aucune connaissance du vrai culte. Toutes leurs actions et tous leurs soins se bornaient à satisfaire la cupidité de leurs sens matériels, en ne s'attachant qu'à cet instinct animal qui est inné dans tout être passif. Quoique les animaux raisonnables soient assujettis aux mêmes lois que les animaux irraisonnables par l'instinct naturel et inné en eux dans toute forme corporelle; cependant on ne peut nier que ce soit un supplice de plus pour eux quand ils viennent à s'en écarter. On en voit des preuves claires parmi les hommes qui sont attachés à la vie temporelle. Si quelque événement naturel occasionne sur leur forme quelque contraction qui en dérange les lois d'ordre, ils crient au phénomène, ils sont tout épouvantés, et, par ignorance, ils se livrent aux soins et à l'instinct d'un de leurs semblables qui, le plus souvent, est aussi ignorant qu'eux et qui serait plus en peine que l'affligé si pareil accident lui arrivait. Cette conduite n'est point surprenante dans ceux qui, en pareil cas, n'ont point recours à leur premier principe spirituel divin, le seul médecin qui guérisse radicalement. Je parlerai de ceci plus amplement lorsque je traiterai des différents événements arrivés chez Israel.

Moïse, en flottant sur les eaux, fait véritablement le type de l'esprit du Créateur qui flotte sur le fluide radical pour le débrouillement du chaos. Vous savez qu'il n'est autre chose que les lois d'ordre et d'actions qui furent données à toutes choses contenues dans la masse chaotique. Noé, qui avait été témoin de la manifestation de la justice et de la gloire divines, avait déjà fait le type de la gloire du Créateur universel; je vous ferai donc observer que tous les types qu'a faits ce patriarche ont été répétés par les observations spirituelles de Moïse. Ils ont flotté tous les deux sur les eaux. Noé a réconcilié le reste des mortels avec le Créateur; Moïse réconcilia la postérité d'Abraham, d'Isaac et de Jacob avec la Divinité. Noé régénère le culte divin dans la postérité de Jacob. Noé conduit pendant quarante ans les hommes qu'il a réconciliés avec le Créateur; Moïse conduit le peuple juif pendant le même temps. Noé offre un sacrifice au Créateur en action de grâce; Moïse a offert également des sacrifices avec le peuple réconcilié. Je ne finirais point si je voulais vous détailler tous les types que Moïse a répétés, tant ceux de Noé que ceux des patriarches passés et à venir. Je me contenterai à vous exhorter de faire de sérieuses réflexions sur la grandeur du type de Moïse. Vous apprendrez à connaître que cet Élu représente parfaitement, par ses opérations, la triple essence divine dans sa création universelle, générale et particulière, ainsi que vous pouvez le voir. 1º La naissance de Moïse représente l'action même du Créateur. 2º La réconciliation que Moïse a faite représente l'opération de l'homme divin ou du fils du Créateur. 3º La conduite du peuple confiée aux soins de Moïse représente l'Esprit divin qui conduit, gouverne et dirige tout être temporel et spirituel inférieur à lui.

L'Écriture nous a appris comment une fille du roi d'Égypte sauva le jeune Moïse de dessus les eaux du Nil, et le fit élever secrètement pour le dérober aux poursuites de Pharaon et de ses courtisans, qui avaient résolu de faire périr tous les enfants mâles du peuple hébreu. Cette princesse conçut une forte amitié pour le jeune Moïse qui était d'une grande beauté. Elle était frappée de l'air réfléchi qui s'annonçait en lui dans un si bas âge, et qui promettait toutes les connaissances et tout le raisonnement que le jeune Moïse montra effectivement dès l'âge de deux ans. La mère de l'enfant fut la nourrice que la princesse choisit; et, pour s'assurer qu'on observait exactement tous les ordres qu'elle avait donnés d'en avoir le plus grand soin, elle exigea que la nourrice lui présentât l'enfant tous les jours. Ceci annonçait déjà l'alliance que les idolâtres feraient à l'avenir avec les lois divines, ce qui a été effectué par les restes des Égyptiens qui, après la destruction de Pharaon et de son armée, se réunirent à la loi de Moïse. La nourrice exécutait ponctuellement les ordres qu'elle avait reçus, et l'enfant croissait de plus en plus en beauté. Un jour entr'autres, la princesse fut si charmée de le voir, que, l'ayant pris sur ses bras, elle résolut de se hasarder de le porter à Pharaon son père. Pour cet effet, elle passa dans une salle d'audience où étaient plusieurs tables. Sur l'une de ces tables était un grand carreau où la couronne et le sceptre du roi étaient placés. Parmi les pierres précieuses qui ornaient la couronne du roi, il y avait une escarboucle qui jetait un feu considérable. La princesse approcha le jeune Moïse et le plaça debout sur la table où étaient ces bijoux, afin de voir l'effet qu'ils feraient sur lui, sachant tout ce qu'ils faisaient sur les hommes faits. A l'aspect du brillant de tous ces ornements, le jeune Moïse poussa un grand cri de joie et se mit à sautiller comme la plupart des enfants de son âge. La princesse poussa la curiosité jusqu'à la fin en adhérant au désir que l'enfant témoignait de prendre tous ces bijoux : Elle examina l'appartement pour voir si elle n'était pas observée et, n'apercevant personne, elle penche Moïse sur la couronne et le sceptre. Cet enfant les prend avec avidité, mais ne pouvant les enlever, la princesse lui aide et lui met la couronne sur la tête. Dans cet intervalle, l'enfant laissa tomber le sceptre aux pieds de la princesse et voulut ensuite ôter la couronne de dessus sa tête. Il la laissa tomber sur la table et mit le pied dessus. Pendant que la princesse s'amusait avec le jeune Moïse, un chambellan du roi avait tout observé dans un endroit caché. Le chambellan alla promptement rendre compte au roi de ce qui s'était passé et fit un récit odieux contre Moïse, afin que le roi le fît mettre à mort selon l'arrêt qu'il avait prononcé contre les nouveaux-nés en Israël. La princesse, après avoir remis à leur place le sceptre et la couronne, reprit le jeune Moïse sur ses bras et alla dans l'appartement de son père pour le lui présenter. Mais Pharaon, qui avait été prévenu par son chambellan, fit, contre son ordinaire, un accueil très-froid et très-rebutant à sa fille. La princesse interdite demanda au roi une audience particulière pour savoir de lui le sujet de son refroidissement. Le roi lui accorda sa demande et, lorsqu'il fut seul avec elle, il ne lui laissa pas le temps de parler, mais il prononça sur le champ l'arrêt de mort contre Moïse. La princesse encore plus surprise mit tout en usage pour que son père lui fît connaître le motif d'un ordre aussi rigoureux, en lui représentant que jamais cet enfant ne serait à craindre pour lui. Elle attendrit tellement le roi par ses discours et par ses larmes qu'il ne put s'empêcher de lui avouer ce que le chambellan lui avait rapporté. N'est-ce que cela? dit la princesse. Il est bien vrai que l'enfant a pris votre sceptre et votre couronne, mais il ne peut y avoir aucun mauvais dessein de sa part, et, s'il les a laissé tomber, ce n'est sûrement ni par mépris ni par méchanceté. Cependant, puisque votre arrêt est prononcé, il ne me reste qu'une grâce à vous demander ; c'est de suspendre l'exécution jusqu'à ce qu'on ait fait devant vous une expérience sur cet enfant avec du feu. Le roi y ayant consenti, la princesse fit apporter devant lui, en présence de la nourice de Moïse, un grand réchaud de feu. On posa ce réchaud sur une table avec le sceptre et la couronne du roi ; ensuite la princesse posa l'enfant sur cette table comme elle l'avait fait fait la première fois. Sitôt que le jeune Moïse eut aperçu le feu, il se précipita dessus sans regarder le sceptre ni la couronne, il prit de sa main droite un charbon allumé qu'il porta dans sa bouche où il s'éteignit après lui avoir brûlé une partie de la langue. Après cette expérience, la princesse, que le Créateur avait suscitée pour être la protectrice temporelle de Moïse, plaida contre le rapport téméraire du chambellan et dit au roi : « Si le rapport qu'on t'a fait contre cet enfant était vrai et qu'il eut agi par l'impulsion du Dieu d'Israël que tu tiens chez toi en captivité, cette inspiration se serait encore manifestée dans ce moment ; mais tu vois qu'il n'a fait aucune attention à ton sceptre ni à ta couronne, et qu'il leur a préféré le feu malgré tout le mal qu'il pouvait en ressentir, et qu'il s'est fait effectivement. Tu vois donc quelle est l'impulsion de ― chambellan qui a voulu te séduire pour t'engager à faire périr cet enfant. Il est de ta gloire et de ta justice que cet homme ne demeure pas impuni. »

Aussitôt le roi bannit son chambellan à perpétuité hors de la terre d'Égypte, et le força d'aller errer chez d'autres nations. La princesse rendit grâces au roi et ordonna toutes sortes de soins en faveur de Moïse. C'est de cet événement que provient la cause du bégayement de Moïse, et c'est de là qu'il établit, par la suite, la circoncision des lèvres. Je ne prétends pas entrer ici dans le détail des types que font tous les événements que je viens de rapporter. Il vous suffit de réfléchir sur tous les malheurs arrivés à Pharaon et à son peuple depuis cette époque. Lisez, de plus, l'Écriture avec soin, vous verrez clairement dans tous ces faits le type de l'avènement du Christ dans ce monde. Vous verrez que la princesse représentait la mère du Christ, ou cette belle fille vierge dont il est dit : *je suis noire, je suis belle*. Quant au chambellan, il n'avait pas eu tort de dire au roi que le jeune Moïse avait agi sous l'inspiration du Dieu des Hébreux : cet homme était au nombre des mages impurs de l'Égypte. Il professait la science diabolique qui lui faisait concevoir l'esprit divin qui opérait dans Moïse et dans la princesse, et c'était là un type frappant de la contre-action que l'intellect démoniaque opère contre l'intellect spirituel divin.

Moïse, ayant perdu à l'âge de sept ans la princesse sa protectrice, demeura jusqu'à l'âge de vingt ans sous la protection du roi, sous la conduite de son père et de sa mère, avec Aaron son frère aîné. Je ne vous ai point donné l'explication du nom de Moïse, il vous suffit de ce que l'Écriture enseigne à cet égard, que le nom de Moïse lui fut donné par la fille de Pharaon parce qu'elle l'avait sauvé des eaux. Moïse, appuyé de la protection du roi, vivait en toute liberté parmi ses frères Hébreux et parmi le peuple d'Égypte ; mais, se promenant un jour dans un endroit écarté, il aperçut un de ses frères Hébreux qu'un Égyptien maltraitait ; il était même sur le point de le tuer. Moïse, qui avait six pieds de haut et qui avait une force proportionnée à sa taille, tomba sur l'Égyptien et le tua d'un seul coup. Alors il fut obligé de fuir hors de la terre d'Égypte. Cette fuite ne forma aucun type spirituel, mais le meurtre de l'Égyptien annonçait la force et la puissance que le Créateur donnerait à Moïse pour la délivrance de son peuple. Il annonçait clairement cette délivrance et la molestation des Égyptiens. Voilà tout ce qu'il y a d'intéressant sur l'origine et sur les premiers temps de la vie de Moïse. Vous pouvez voir, néanmoins, que ses premières opérations répètent parfaitement celles de tous les élus précédents. Au bout des quarante ans que Moïse resta hors d'Égypte, et toujours sous la protection du Créateur, il offrit en sacrifice au Créateur son corps et son âme pour la délivrance de ses frères Hébreux. Il invoqua le Créateur pour savoir de lui si le sacrifice qu'il venait de faire lui avait été agréable. Le Créateur lui envoya un ange qui lui apprit à quoi il était destiné, relativement à sa résignation, à sa fermeté et à son amour pour ses frères. Cet ange dit à Moïse : « Conduis ton troupeau au fond du désert de *Madian*, et là le Créateur te fera connaître sa volonté. » Moïse fit une seconde opération entre le désert de *Madian* et le mont *Horeb*, dans laquelle il offrit une seconde fois son corps et son âme au Créateur sous ces paroles : « O Éternel! créateur de toutes puissances! exauce le sacrifice que je te fais en toute sainteté et dans la pureté de la puissance divine qu'il t'a plu de me donner dans ta miséricorde et pour ta plus grande gloire! Je me soumets tout entier à ta grandeur infinie! dispose de moi selon ta volonté; reçois le sacrifice que je te fais de mon âme, de mon cœur et de mon corps, et de tout ce qui m'appartient spirituellement et temporellement; reçois-le pour l'expiation du péché du père des hommes et celui de toute sa postérité. Ainsi que tout vient de toi, tout retournera à toi. »

Moïse, ayant offert cette seconde fois le sacrifice de lui-même en trois divisions distinctes, ce qu'il n'avait point fait la première fois, sentit en lui-même que son opération avait été agréable au Créateur. Il avait offert premièrement son âme, parce que rien de plus parfait ne peut être offert au Créateur que l'esprit mineur qui a sa ressemblance avec l'esprit divin. Il offrit en second lieu son cœur ou la puissance spirituelle que l'âme reçoit au moment de son émanation. Cette puissance est figurée par les quatre caractères inscrits dans le cœur de l'homme. Les anatomistes les connaissent, mais, ne pouvant les interpréter, ils les laissent sans explication : j'en parlerai lorsque je traiterai de la matière. Enfin Moïse offrit son corps pour exprimer les trois essences spiritueuses d'où proviennent toutes les formes contenues dans l'univers. Après cette seconde opération, l'esprit divin l'appela par le nom de Moïse, le même qu'il avait reçu de la fille de Pharaon, ce qui le confirma dans la croyance de la faveur que le Créateur lui accordait préférablement à ses frères. L'Esprit l'instruisit de la manière dont il entrerait dans le centre de la splendeur du feu divin qui entourait le mont Horeb : cette montagne est appelée mystérieusement buisson ardent. Moïse, y étant entré dénué de tous métaux et de toute matière impure, fit sa prosternation face en terre, le corps étendu de tout son long, figurant le repos de la matière abattue par la présence de l'esprit du Créateur, et le repos naturel qui est donné à toutes les formes après leurs opérations temporelles. Cette attitude figure encore la réintégration nécessaire de toutes les formes corporelles particulières dans la forme générale, ainsi que la séparation en suspension qui arrive à l'âme lorsqu'elle contemple l'esprit, parce que le corps de matière ne peut avoir aucune part à ce qui s'opère entre le mineur et l'esprit divin. C'est ce que nous ont confirmé les sages et forts élus du Créateur dans leurs extases de contemplation divine, et le Christ lui-même nous l'a fait voir clairement.

Cette insinuation du corps, lorsque l'âme est en contemplation, ne vous sera pas difficile à concevoir. Considérez un homme dans le sommeil. Ne peut-on pas alors disposer de sa forme et même la détruire sans que l'homme qui est endormi puisse la défendre? On ne dira pas que c'est parce que cet homme a les yeux fermés, puisqu'il y a plusieurs personnes qui dorment les yeux ouverts et qui ne sont pas plus en sûreté pour cela. C'est donc uniquement parce que l'âme a suspendu la fonction qu'elle fait ordinairement de ses fonctions spirituelles avec les fonctions corporelles de la forme, et le corps reste à la conduite de l'agent corporel qui ne peut avoir connaissance de ce qui doit lui arriver de funeste ou d'avantageux si l'âme ne la lui communique. La même chose arrive dans la contemplation, lorsqu'elle est assez forte pour affecter vivement l'âme : le corps tombe dans une espèce d'inaction, il n'est susceptible d'aucune impression par la raison que l'âme se porte tout entière vers l'objet de sa contemplation spirituelle. Il ne faut pas croire pour cela que l'âme se soit détachée du corps. Elle n'en est séparée qu'en action spirituelle et non en nature. Nous avons des preuves de cette insensibilité corporelle, lorsque l'âme est en contemplation, dans les supplices qu'on a exercés sur le corps de Jésus-Christ et sur celui de plusieurs martyrs. Le corps du Christ ne souffrait aucune douleur dans les tourments qu'on exerçait sur lui. Si ce corps faisait quelques mouvements, ce n'était qu'une suite de l'action innée du véhicule que l'on opprimait contre sa loi de nature. Ceux qui, à l'exemple du Christ, se sont exposés à des supplices affreux, jouissaient de la même grâce que lui relativement à leur mission, qui ne tendait qu'à la gloire du Créateur. Le Christ était en contemplation avec l'esprit du Père, et les heureux mortels qui l'ont imité étaient en contemplation avec l'esprit du Fils divin. C'est là ce qui nous fait concevoir la suspension de l'action de l'âme, et la privation ou l'ignorance où le corps reste alors de ce qui s'opère autour de lui. Revenons à Moïse.

Pendant qu'il était dans sa prosternation, il reçut du Créateur les quatre puissances divines nécessaires pour aller opérer contre les quatre régions démoniaques, dont les chefs manifestaient toute leur malice dans la terre d'Égypte contre Israël. C'était par ce sage député que le Créateur devait manifester sa gloire et sa justice. Il lui donna, en conséquence, les mêmes pouvoirs dont Adam avait été revêtu dans son état de gloire; ce qui nous fait voir que tout homme de désir peut très-parfaitement obtenir du Créateur cette quatriple puissance, quoique revêtu d'un corps matériel. Si Moïse fit quelque résistance à la volonté du Créateur, ce ne fut point du tout par désobéissance et par opiniâtreté, c'était uniquement parce qu'il se croyait incapable de remplir la mission que lui donnait le Créateur, ou le défaut d'articuler qui lui était resté depuis l'expérience que la princesse sa protectrice avait voulu faire sur lui dans son enfance. Cette crainte et cette défiance nous prouvent que la loi parfaite ne peut être en nous si elle ne nous est donnée d'en-haut. Le Créateur lui fit répondre qu'il eut à prendre avec lui son frère Aaron pour interpréter ses paroles, et que d'ailleurs il serait assisté par *Ur* pour exécuter ses opérations spirituelles. Le nom d'*Aaron* signifie *homme élevé en grâce divine* ou *prophète divin*, et le nom d'*Ur* signifie *feu du Seigneur* ou *l'esprit de la Divinité*. Moïse dit alors : Que la volonté de Dieu s'accomplisse selon qu'il l'a ordonné pour la délivrance de son peuple et la molestation des Égyptiens! »

Il se rendit aussitôt dans la terre d'Égypte avec ses deux assistants, et, se présentant devant Pharaon, il lui ordonna de par l'Éternel de rendre la liberté aux Hébreux. Pharaon refusa. Moïse lui répéta cet ordre une seconde fois et, après une troisième, il reçut toujours la même réponse.

Voyant cette opiniâtreté, Moïse se retira au centre de l'Égypte pour y faire usage de toute la puissance dont le Créateur l'avait revêtu. Il frappa l'Égypte et ses habitants de sept plaies horribles qui mirent le comble de la désolation dans ces lieux de ténèbres. L'on peut s'en tenir à tout ce que l'Écriture rapporte à ce point. Moïse donna ensuite un avertissement général aux enfants d'Israël de se tenir prêts pour l'heure de minuit, du 14 au 15 du mois de la lune *Nisan* ou de Mars. C'était le moment où les Hébreux devaient être délivrés de la servitude et faire route vers la terre que le Créateur avait promise à leurs pères. Le peuple exécuta les ordres qu'il avait reçu, et Moïse, de son côté, se prépara pour faire au même moment sa grande opération. Il fit prendre, pour cet effet, un agneau blanc d'un an, sans tache extérieure ou intérieure. L'agneau, symbole de la victime qui devait être immolée par la suite pour le salut du genre humain, représentait aussi la pureté du corps et de l'âme des enfants d'Israël. Cet agneau, étant égorgé par Aaron pour servir d'holocauste d'expiation, Moïse en prit le sang, avec lequel il marqua en forme de receptacle les quatre angles du lieu où il devait faire sa grande opération pour frapper les quatre parties d'Égypte, et ensuite il fit répandre le reste du sang sur la terre. Moïse avait ordonné également à tous les enfants d'Israël de choisir un agneau semblable au sien. Les chefs de famille devaient égorger cet agneau et marquer, avec son sang, en forme de receptacle, la porte de leurs maisons. C'était là la marque de l'alliance du Créateur avec Israël, et de l'entière extermination des Égyptiens.

Ce receptacle donnait aux Israélites une double instruction : la première, que ce sang animal, pris comme symbole de puissance, représentait leur âme spirituelle; la seconde, que ce même sang était le tronc et le siège d'où cette âme préside et actionne tout le général de la forme particulière qu'elle habite. Cette figure représentait encore les quatre régions célestes d'où Moïse faisait sortir, par les quatre puissances divines, les quatre anges exterminateurs qui devaient molester les Égyptiens, et en même temps veiller à la défense du peuple d'Israël lors de la sortie d'Égypte. Moïse avait ordonné aux Israélites d'égorger et de dépouiller l'agneau qu'ils avaient choisi. Ils devaient ensuite le faire cuire, en manger toute la chair depuis la tête jusqu'à la moitié du corps, et faire consumer le reste par le feu. Par la cuisson de l'agneau, Moïse figurait aux Israélites la purification de leur forme corporelle, pour se disposer à la communication de l'intellect spirituel divin; et, en ordonnant de brûler ce qui resterait de l'agneau, il voulait leur représenter la réintégration des essences spiritueuses dans l'axe central d'où elles sont provenues. Car, de même que le feu élémentaire a la propriété de réduire en cendres tout ce qu'il embrasse, de même l'axe central a la faculté de dévorer et de dissiper entièrement tout ce qui se réintègre dans lui, sans qu'il en demeure aucune apparence ni aucune substance convenable et propre à être habitée par un esprit. Moïse ordonna de plus aux Israélites, que les familles qui n'auraient point d'agneaux chez elles se réunissent à celles qui en auraient. Il annonçait par là l'alliance que le reste des idolâtres de l'Égypte feraient à l'avenir avec la loi divine; ce qui est effectivement arrivé.

Pour vous instruire amplement de tous les évènements qui ont précédé la délivrance du peuple hébreu de la servitude, je vais vous rapporter les opérations spirituelles que Moïse fut obligé d'opposer à celles des mages d'Égypte et des sages d'Ismaël qu'il rencontra parmi les Égyptiens. Ces mages et ces sages professaient secrètement en Égypte, de génération en génération la science divine, mais Moïse, les ayant découverts, leur parla ainsi : « Je vous dis, mages d'Égypte et sages d'Ismaël, que je suis ici de par l'Éternel, pour opposer ma puissance à la vôtre pour la gloire de mon Dieu, de qui tout dépend, et pour la délivrance de son peuple élu. Pourquoi marchez-vous contre la volonté du Créateur, en endurcissant l'âme de Pharaon et l'induisant à rejeter la demande que je lui fais en faveur d'Israël ? » Les sages et les mages lui répondirent : « Si le Dieu que tu sers est aussi puissant que tu le dis, pourquoi n'opère-t-il pas lui-même et par sa propre volonté, sans le secours d'un être comme toi? Va, ton Dieu ne fut jamais tel que tu le dis et ta puissance n'est qu'imposture. »

Moïse, frappé de cette insulte, jette par terre sa baguette ou la verge mystérieuse qu'il tenait dans la main droite et elle fut aussitôt convertie en serpent. L'un des sages jette aussi sa baguette qui fut comme celle de Moïse changée en serpent. Ces deux serpents restent en aspect l'un de l'autre pendant tout le temps que Moïse interpréta aux mages d'Égypte le type de cette métamorphose : « Mages d'Égypte et vous, sages d'Ismaël, leur dit-il, je connais cette puissance et les faits qui peuvent en provenir ; elle est à l'égard de la mienne ce que la mienne est à l'égard de celle du Dieu vivant d'Israël. Ces serpents que tu vois ramper sur la terre t'expliquent l'abattement et le terrassement de la puissance orgueilleuse des démons et des hommes qu'ils ont rendus semblables à eux. Le serpent provenu de ma verge et qui cherche à dévorer celui qui est provenu de la tienne t'annonce que l'homme ne rampera pas toujours sur la terre, mais qu'un jour il sera revêtu de sa puissance première, et qu'alors il marchera debout contre ceux qui l'ont fait déchoir. Je te dis de plus que ce changement en formes hideuses, que ces verges ont éprouvé, est l'explication réelle du changement des formes glorieuses des esprits supérieurs démoniaques et des mineurs spirituels divins en forme de vile matière terrestre qui les tient en privation. *Seigneur*, ajouta-t-il, en s'adressant au Créateur, *lève-toi et marche devant moi, afin que ta gloire soit manifestée devant ton puissant Élu !* »

Après cette invocation, Moïse prend par la queue le serpent, qui était à côté de lui et, le tenant dans sa main, ce serpent se remet en verge. Le mage d'Égypte fit sur le champ la même chose. Moïse lui parla ensuite et lui dit : « Ces serpents que tu as vu dissiper devant toi et rentrer dans leur première forme de verge te font voir que toutes espèces de formes qui agissent dans cet univers n'existent point réellement en nature, ni d'elles-mêmes, mais seulement par l'être qui les anime, et tout ce qui paraît exister se dissipera aussi promptement que tu as vu se dissiper ces deux serpents qui agissaient en apparence devant toi. Apprends de plus que l'anéantissement des formes de ces deux serpents t'annonce clairement la destruction de la terre que tu habites et celle de ses habitants. Crains d'être confondu parmi ceux sur qui l'Éternel doit manifester sa justice. » Le mage s'inclina devant Moïse et, n'osant plus opérer devant lui, il se retira vers Pharaon à qui cependant il ne rendit aucun compte des sciences que Moïse possédait.

Il n'est pas nécessaire d'entrer dans le détail de

toutes les opérations particulières que fit Moïse pour contribuer à la délivrance de ses frères; l'Écriture en parle assez clairement, mais je ne dois point vous laisser ignorer ce que nous enseignent les quatre sages d'Ismaël et les trois mages d'Égypte dont je vous ai parlé. Les quatre sages nous apprennent que le vrai culte du Créateur, ainsi que son cérémonial, est toujours resté parmi les hommes de la terre et qu'il y restera jusqu'à la fin des siècles. Mais la faiblesse et l'iniquité des hommes leur a fait souvent abandonner ces connaissances divines pour ne se livrer qu'à celles de la matière, et c'est ce que ces trois mages d'Égypte nous représentent. Ces trois mages ne se donnaient qu'aux opérations démoniaques, et vivaient en pleine liberté au sein de la matière. Aussi furent-ils compris dans le nombre des infortunés qui succombèrent sous la justice divine que l'Éternel exerça sur l'Égypte.

Ces trois mages combattaient continuellement la puissance spirituelle de Moïse, et ils ne cessèrent de s'opposer à ses travaux spirituels jusqu'à la neuvième opération qu'il fit pour la gloire du Créateur. Cette répétition d'opération de la part des mages ne laissa point d'inquiéter Moïse et même d'ébranler la grande foi qu'il avait au Créateur. Il s'écria alors, les larmes aux yeux, en disant : « O Éternel, Dieu d'Israël ! en quoi suis-je coupable dans la mission dont tu m'as chargé? Pourquoi,

Seigneur, n'ai-je point été prévenu que je n'étais point le seul qui fut à tes ordres dans la terre d'Égypte? Prends pitié de ton serviteur, car il va opérer sans ton secours. » Moïse, après cette prière, sent renaître dans son âme la foi la plus vive. Il se trouvait au dixième jour qui devait mettre fin à toutes ses opérations divines. Il convoqua les quatre sages et les trois mages devant Pharaon, afin qu'ils fussent témoins de sa dixième et dernière opération. Lorsqu'ils furent tous assemblés, Moïse leur parla ainsi : « Le Dieu d'Israël est celui qui entend tout et qui voit tout ; il a vu les sages d'Ismaël ; il a entendu les trois mages iniques d'Égypte, et l'un de ces trois derniers va servir d'exemple à tous les autres. » Moïse fit alors son opération avec Aron et Ur ; mais l'un des trois mages plus hardi et plus téméraire que les autres s'avança dans le cercle. Aussitôt Moïse le repousse en lui appuyant sur la poitrine deux doigts de la main droite. Ce mage sort du cercle en reculant, mais sans ôter les yeux de dessus Moïse, afin de mieux comprendre ce qu'il prononçait contre lui et de mieux voir ce qui allait s'opérer par l'invocation que faisait Moïse en ces termes : « Le Créateur a mis toute puissance dans son serviteur Moïse. Il paye tribut à son serviteur par la grande foi qu'il a eue en lui. Pourquoi le Dieu que ce mage révère ne payerait-il point également tribut au zèle de son serviteur? Pourquoi le laisse-t-il devenir un exemple immémorial de la justice divine à la face d'Israël et de toute l'Égypte ? » Aussitôt à la fin de ces paroles il se fit sur le corps du mage un changement qui étonna tous les spectateurs. C'est la dernière opération spirituelle divine dans la terre d'Égypte. Par tout ce que je viens de dire vous pouvez vous confirmer dans la certitude que la puissance des démons ne prévaudra jamais contre celle de l'Esprit divin. Vous y voyez encore comment tout s'opère dans l'univers par action et par contraction ; sans cela, rien n'aurait ni mouvement ni vie, et sans la vie, il n'y aurait point de formes corporelles. De même, sans la réaction démoniaque, rien n'aurait vie spirituelle hors de la circonférence divine.

Pharaon, épouvanté de tous les fléaux que Moïse avait attirés dans l'Égypte, fut forcé d'adoucir le joug des enfants d'Israël et de les mettre sous la conduite de Moïse pour aller offrir un sacrifice à leur Dieu. Il leur permit même d'emprunter aux Égyptiens des vases d'or et d'argent, différents ustensiles de métaux précieux et tous les parfums nécessaires pour les opérations qui concernaient le grand culte que Moïse opérerait au milieu de son peuple. Il leur avait prescrit un temps pour aller offrir leurs sacrifices; mais voyant qu'après ce temps écoulé les Hébreux ne revenaient point, Pharaon se détermina à les faire poursuivre, non pas tant pour les ramener dans leur première captivité, que pour retirer d'eux toutes les richesses qu'ils avaient emportées des Égyptiens.

La plupart des hommes étant peu instruits sur les types spirituels qui s'opèrent dans l'univers, ont traité les enfants d'Israël de voleurs et de perfides au sujet de ces emprunts ; mais sur quels fondements ces hommes ignorants ont-ils pu établir leurs jugements ? Savent-ils ce que c'étaient que ces richesses empruntées par les Israélites aux Égyptiens ? Savent-ils l'emploi qu'ils en ont fait ? Savent-ils enfin si ce prétendu mal manifeste s'est opéré par la seule volonté du peuple d'Israël, ou si ce peuple n'a pas agi en cela comme dans le reste de ses opérations spirituelles, par l'ordre de celui qui venait les délivrer de la servitude. Pour vous convaincre de l'ignorance de ces prétendus savants, je vous apprendrai que toutes ces richesses en question n'étaient autre chose que les idoles matérielles des Égyptiens. L'enlèvement qui s'en fit par la main d'Israël était une véritable punition que la justice divine exerçait sur eux, en les privant des objets les plus précieux de l'idolâtrie, et c'est le sort inévitable de tous ceux qui se livrent entièrement à la matière. Le prince de cette matière favorise un moment ses prosélytes, afin de les éloigner, soit en pensée, soit en action, de leur seul principe spirituel divin, mais lorsqu'il les a mis au comble de leurs satisfactions, il les laisse au milieu des pièges qu'il leur a tendus et les précipite ainsi dans l'abîme.

On ne peut pas dire qu'Israël se soit enrichi de ces biens enlevés aux Égyptiens. On en évalue la somme à environ un million de notre monnaie. Cela suffirait-il pour enrichir environ douze cent mille hommes, les entretenir durant quarante ans qu'ils sont restés dans le désert, et soutenir les guerres considérables qu'ils ont eû à faire ? Loin de pouvoir le présumer, nous voyons qu'Israël a vécu d'une manière céleste dans le désert ; que la guerre qu'il soutenait contre les ennemis de Dieu était une guerre spirituelle et qui se faisait sans argent ; que les Israélites ne faisaient aucun usage entre eux de monnaie d'or et d'argent, ni d'aucun métal pour se procurer tous les besoins de la vie. Nous voyons de plus qu'ils n'ont fait dans le désert, ni en arrivant dans la terre promise, aucune espèce de négoce ni de commerce de biens matériels avec les richesses qu'ils avaient emportées d'Égypte. Ceci nous montre l'injustice de ceux qui ont osé soupçonner la fidélité d'Israël et le taxer de voleur. De pareils reproches ne peuvent être dictés que par l'ignorance et l'orgueil, et ceux qui ont été assez peu réservés pour les mettre au jour ont trouvé quelque facilité à séduire et à convaincre en apparence les autres hommes par leurs discours. Ceux qui ont été assez faibles pour se laisser séduire par eux, pour peu qu'ils veuillent faire usage de leur raison et qu'ils aient acquis de vraies lumières, sont les premiers à condamner. Mais pour justifier pleinement Moïse et son peuple de ces soupçons honteux il suffit de vous instruire à quel usage toutes les dépouilles des Égyptiens furent employées. Apprenez donc que tous ces vases, tous ces métaux et ces ustensiles d'or et d'argent n'ont servi à d'autres usages chez Israël qu'à la décoration du temple ou de l'arche d'alliance que Moïse éleva à la gloire du Créateur, pour y opérer les différents cultes divins. Poursuivons le récit :

Moïse, sachant qu'il aurait de longues marches à faire pour éviter les poursuites de Pharaon, ordonna aux Israélites de faire une assez grande provision de pain sans levain pour leur subsistance jusqu'à leur entrée dans les déserts de Canaan. Ce ne fut qu'après cette entrée que Moïse leur expliqua ce que signifiait ce pain sans levain qui les avait beaucoup étonnés : « Apprends, Israël, que ce pain sans levain que tu as mangé avec l'agneau dans la terre d'Égypte, pendant les huit derniers jours que tu y es resté, t'annonce la vie spirituelle, la nourriture que le Créateur a résolu de te donner pendant tout le temps que tu feras la guerre en Canaan. Il t'annonçait encore la réconciliation avec le Créateur et la délivrance de la servitude figurée par le changement de nourriture par le moyen duquel tu abandonnais les aliments profanes aux Égyptiens que le Créateur devait exterminer. » Israël comprit tout ce que Moïse avait voulu dire, lorsqu'après le passage de la mer Rouge, la manne commença à tomber dans le camp. J'en parlerai en son lieu.

Les différentes marches que Pharaon fit en poursuivant les Israélites nous figurent les ruses et les détours qu'emploie l'esprit démoniaque pour attacher son intellect d'abomination et détruire par là la puissance de l'homme. Ce n'était que la répétition des pièges que les démons avaient tendus jadis aux Israélites, et par lesquels ils avaient assujettis les Égyptiens. Mais, comme l'esprit divin protecteur et défenseur des hommes, usa des mêmes moyens pour molester l'esprit démoniaque, il se servit d'Israël même pour opérer la destruction de l'Égypte.

Israël était le type de l'intellect spirituel divin, et les différentes marches qu'il fit avant et après le passage de la mer Rouge, n'étaient autre chose que les moyens spirituels que l'esprit du Créateur employait pour l'entière punition de ses ennemis et pour la délivrance de son peuple élu. Cette protection divine fut clairement manifestée à Israël dans le désert de *Phiahisoth* entre *Magdal* et la mer Rouge. Le premier nom signifie *régénération d'action* et le second *aspect d'abomination*, et la mer Rouge *abîme d'amertume*.

Moïse, étant dans ce désert avec tout Israël, aperçut la tête de l'armée égyptienne qui marchait contre lui. Il fit sa dernière invocation pour mettre entièrement

Israël sous la conduite du Créateur, ne croyant pas que sa puissance fut suffisante pour prévenir Israël des malheurs et de la perte qui le menaçaient. Sa prière fut exaucée ; le peuple d'Israël, qui avait été saisi de crainte et de frayeur à la vue de ses ennemis, fut rempli alors d'une entière confiance dans le Créateur et dans son serviteur Moïse. Cette foi fut confirmée par une colonne de nuées qui vint former un retranchement entre l'armée d'Israël et celle des Égyptiens, qui, par ce moyen, ne pouvaient se voir l'une l'autre, quoiqu'elles fussent campées dans le même désert. A la vue de cette colonne, Israël s'écria : *Vive le Dieu des enfants d'Israël qui nous a sauvés de la rage de nos ennemis.* Israël resta encore quelques jours dans le désert sous le retranchement de la colonne de nuées ; mais le moment étant venu de faire le passage de la mer Rouge, le Créateur fit remonter la colonne afin qu'Israël put voir à découvert la manifestation de la justice divine contre ses ennemis. A l'aspect de l'armée Égyptienne, Israël se déconcerta de nouveau et prit une terreur inconcevable : il se rassura néanmoins et, se fortifiant dans sa foi, il se remit à la volonté du Créateur et à celle de Moïse.

Moïse avait fait le dénombrement de tous ceux qui étaient destinés à faire la guerre. Il mit à part, selon l'ordre des tribus, les femmes, les enfants et les vieillards, et, se disposant de les faire passer les premiers la Mer Rouge, il se mit à leur tête. Il plaça ensuite son frère Aaron à la tête des élus destinés à la guerre, Ur au milieu et Josué à la queue. Dans cet ordre il se mit en marche à la vue de l'armée égyptienne, afin qu'elle l'engage à poursuivre les Israélites jusqu'à l'endroit désigné par le Créateur pour l'extermination de Pharaon et de son peuple. Ce fut dans la nuit du 14 au 15ᵉ jour de Nisan ou de Mars que Moïse arriva avec toute son armée sur le rivage de la Mer Rouge. Quand il fut rendu, il se présenta sur le bord de cette mer à la tête de ceux qui devaient passer les premiers, savoir les femmes, les enfants et les vieillards. Il étend sa main sur les eaux, puis il plonge sa verge. Aussitôt les eaux se séparent à droite et à gauche pour laisser passage libre aux Israélites. Une colonne de feu marchait en avant du peuple, dans le sentier que Moïse avait tracé. Cette colonne marchait ordinairement ainsi à la face de Moïse et de son peuple pour leur servir de lumière, et pour tenir par ce moyen leurs ennemis dans une plus grande obscurité. Moïse fut avec sa division jusqu'au milieu de la Mer Rouge, et, quand il fut arrivé au centre, il attendit que les autres divisions l'eussent joint. Alors il continua sa marche et conduisit les enfants d'Israël de l'autre côté de la mer pour les faire rentrer dans les sentiers de la terre d'où ils étaient sortis.

Pharaon, qui avait aperçu que les Israélites marchaient du côté de la Mer Rouge, redoubla sa marche pour les prendre, et, comme il les avait perdus de vue dans l'obscurité, il ordonna à son armée d'allumer des torches pour suivre les ennemis et chercher la trace de leurs pieds; mais cette ressource fut plus funeste qu'avantageuse aux Egyptiens, car l'armée de Pharaon, étant occupée à suivre les traces des pieds de l'ennemi, ne s'aperçut point qu'elle avait quitté le rivage de la mer et qu'elle marchait au milieu des eaux qui étaient suspendues de chaque côté. Il est vrai que le chemin tracé était assez considérable pour qu'on ne s'aperçut point du danger et surtout dans une nuit aussi ténébreuse. Enfin Pharaon et toute son armée, étant arrivés au centre du passage de la mer dont Israël était déjà sorti, les eaux se rassemblèrent et engloutirent tous les Egyptiens. Ce centre était le lieu que Moïse avait assigné aux esprits exterminateurs pour l'entière défaite de ses ennemis. Les Israélites étaient déjà campés de l'autre côté de la mer, à la vérité sans ordre et sans distinction. Quand ils eurent reposé environ deux heures, Moïse les réveilla pour les faire méditer sur la bonté infinie du Créateur dont ils viennent d'éprouver de si grandes preuves. Il leur fit rendre grâce à l'Éternel et, lorsque l'action de grâce finissait, la pointe du jour quinzième de la lune commençait à paraître. C'est dans ce moment qu'ils virent tomber la manne pour la première fois. Moïse les prévint que le Créateur, qui leur envoyait cette nourriture, confirmait par cette faveur leur grâce et leur réconciliation. Il les avertit que chacun d'eux pouvait prendre une portion de cette manne pour sa nourriture journalière, mais qu'il ne leur serait pas permis d'en réserver pour le lendemain; que, s'ils contrevenaient à cette loi, la manne qu'ils avaient voulu garder se corromprait et serait perdue pour eux. Il leur dit en outre que toutes les portions qu'ils viendraient à prendre de plus qu'il ne leur était permis seraient à déduire sur celles qui reviendraient aux autres Israélites, de sorte que personne ne pouvait en prendre plus que sa portion sans que les prévaricateurs se fissent tort non seulement à eux-mêmes mais encore à leurs frères ; que, cependant, pour que toute la punition tombât particulièrement sur les coupables, ceux-là seraient frappés de lèpre et resteraient dans le jeûne et dans la pénitence pendant sept jours. Il fut statué de plus que, pendant les jours de leur expiation, la portion de manne qui leur serait revenue serait distribuée à ceux de leurs frères de la même tribu qu'ils en avaient privés par leur avidité, afin que cette tribu apprît à connaître qu'il y avait parmi elle des prévaricateurs que l'Éternel avait punis selon leur crime. Voilà les premières instructions que reçut Israël après son passage de la Mer Rouge, instructions qui nous enseignent que le soin de notre bien être, soit temporel, soit spirituel, appartient plutôt à la puissance du Créateur qu'à la nôtre et à celle de toute notre industrie démoniaque.

Après cette instruction, Moïse défendit aux Israélites de se laver dans l'eau de la Mer Rouge, ni de s'en servir pour aucun usage, parce qu'elle était souillée du sang de l'abomination, et que c'était dans ses abîmes qu'était précipitée, pour une éternité, l'iniquité de l'Égypte et de ses habitants. Ensuite il parla au peuple en disant : « Israël, ce que je t'ai dit touchant la manifestation de la gloire et de la justice divine, est au-dessus de tout ce que tu peux penser. Que le souvenir de cette gloire du Créateur ne s'efface jamais de ta mémoire de génération en génération jusqu'à la fin des siècles, et que les fléaux dont le Créateur s'est servi pour manifester sa justice soient toujours présents à la mémoire des habitants des cieux et de la terre. Tourne tes yeux, Israël, puisque le jour t'éclaire sur le rivage de la mer que tu as passée à pied sec et reconnais le prodige que le Créateur a opéré pour ta délivrance et ta réconciliation. » Israël regarda du côté de la mer et, l'ayant vue couverte de tous les hommes qui composaient l'armée d'Égypte, parmi lesquels le corps de Pharaon était confondu, il se prosterna aux pieds de Moïse en s'écriant : « Moïse, que le Dieu de nos pères qui t'a choisi pour être le soutien des enfants d'Israël, t'exauce éternellement. Nous te supplions, au nom de Dieu qui nous a fait conduire ici, de lui porter nos âmes en sacrifice et en action de grâce de tous ses bienfaits, afin qu'il nous préserve à jamais des terribles fléaux de sa justice ».

Les cadavres des Égyptiens flottèrent toute la journée du 15 de la lune de Nisan. Tantôt ils étaient transportés du côté de la terre d'Egypte, tantôt ils repassaient du côté où était Israël. Ces cadavres firent cette route plusieurs fois afin que les restes infortunés des Égyptiens fussent témoins de la gloire du Créateur et de la justice qu'il exerçait contre l'Égypte en faveur d'Israël. Le corps de Pharaon fut le dernier enseveli sous les eaux et resta un jour entier après que les autres cadavres furent dispersés.

Moïse commença dès lors à établir le culte divin chez Israël. Il institua de nouveau les quatre veilles journalières ou les quatre prières de six heures en six heures, et rétablit aussi les quatre opérations annuelles dont la dernière représentait la grande opération de Moïse en action de grâce des bienfaits qu'il avait reçus par les demandes qu'il avait faites au Créateur, soit dans ses travaux annuels, soit dans ses travaux journaliers. Moïse régénéra tous les différents cultes dans l'espace de quarante-neuf jours, et, au cinquantième, il expliqua ainsi aux Israélites tous les prodiges qui avaient accompagné leur délivrance : « Je te dis en vérité, Israël, que le Créateur a fait force de loi pour ta réconciliation spirituelle. Il a opposé puissance contre puissance, ainsi que je te l'ai fait comprendre par mes opérations contre les mages d'Ismaël et les mages d'Égypte. Tout ceci est opéré autant pour ta satisfaction particulière que pour la gloire du Créateur et la manifestation de sa justice. Cet être suprême est à la fois ton Créateur, ton libérateur, ton conducteur et ton défenseur. Tu vois le type de ce Créateur dans ton serviteur Moïse, qui a vu face à face la gloire de l'Éternel, dans laquelle il est entré en esprit pour recevoir les ordres de cette grande Divinité au sujet de ta délivrance. Tu vois le type de ton libérateur dans Aaron qui représente l'action du Créateur. Tu vois le type de ton conducteur dans Ur, et tu vois le type de ton défenseur dans Josué. C'est ainsi que les quatre sujets qui ont coopéré à ta délivrance sont chacun un des types de la quatriple essence divine que le Créateur a employée pour ta réconciliation. Écoute maintenant ce que je vais te dire touchant les faits qui se sont opérés en ta faveur dans la terre d'Égypte : ils font allusion à trois grandes vertus et puissances que le Créateur devait manifester en faveur de sa loi, en faveur des enfants d'Israël et pour l'anéantissement de tous ses ennemis.

La première s'était fait connaître dès la première jeunesse de ton serviteur Moïse : il flotta sur les eaux, privé de l'usage de tous ses sens corporels et sous la seule conduite du Créateur. Ainsi flottait l'esprit divin avant qu'il séparât la lumière d'avec les ténèbres, et que chaque chose catholique eût pris sa place naturelle selon la loi. Ainsi flottait Noé avec le reste du peuple réconcilié. C'était Noé que le Créateur avait choisi pour être témoin de la manifestation de la justice divine et pour régénérer le culte divin sur la terre. Moïse a été également choisi pour te rappeler que le Seigneur est le seul Créateur de tout ce qui a vie et action dans cet univers. Lorsque Moïse flottait sur les eaux, tu étais encore loin de son élection spirituelle et tu ignorais le type que l'Éternel lui faisait opérer en ta faveur.

La seconde vertu s'est manifestée par toutes les opérations que j'ai faites avec les quatre sages d'Ismaël et les trois mages d'Égypte. Les quatre sages ont combattu ma puissance; ils ont fait les mêmes choses que moi dans mes quatre premières opérations et je n'ai pu connaître l'esprit qui les faisait opérer qu'après que j'ai eu satisfait à la volonté du Créateur; ce qui te prouve qu'il est impossible à l'homme de pénétrer par lui-même dans les différentes actions de la Divinité. Le changement hideux qui s'est opéré sur la forme corporelle du premier mage de Pharaon fait allusion au changement de puissance spirituelle que les mineurs éprouveront dans les trois cercles *sensible*, *visuel* et *rationnel*, où ils seront obligés d'agir pendant *un temps, deux temps et la moitié d'un temps*. Le premier temps est, au sensible, le plus près de la matière terrestre; le second temps est, au visuel, le plus près de la matière raréfiée, et la moitié du temps est le rationnel qui est le plus près du surcéleste. Voilà certainement ce que t'enseigne l'exemple opéré sur le premier mage.

La première division Israélite qui a passé la Mer Rouge représente la sortie des hommes des trois parties de la terre, lorsque le Créateur les délivrera des ténèbres qu'ils habitent, ce qui s'opèrera par la voie du Messias. Les trois différentes classes des personnes qui composaient cette première division signifiaient les trois angles de la terre : les vieillards, l'angle d'ouest; les femmes, l'angle du midi et les enfants l'angle du nord, ce qui te représente encore la vraie forme de la terre ainsi qu'Adam l'avait représentée au commencement par la division qu'il en avait faite en plaçant Caïn à l'angle du midi. Seth, qui est le plus jeune de sa postérité à l'angle du nord, et en restant lui-même à l'angle d'ouest à la place d'Abel. Les restes des Israélites, qui étaient destinés à la guerre et marchaient à la suite de la première division, également éclairés par la lumière de la colonne, laquelle disparut d'abord que toute l'armée d'Israël fut passée, figurent par leur élection celle que le Créateur a faite d'un nombre d'esprits majeurs pour être les guides et les défenseurs pendant que tu feras la guerre spirituelle contre les ennemis, et ces élus ne sont autre chose que l'ombre et les instruments des esprits majeurs que le Créateur a joints à Israël.

Observe avec soin l'élection que le Créateur a faite chez toi, et suis-en avec précision toutes les circonstances si tu veux être justifié devant lui.

La troisième vertu s'est annoncée par les différents circuits que je t'ai fait faire dans les déserts de la terre d'Égypte, et par les différentes opérations spirituelles divines que j'ai faites aux quatre parties de cette terre, pour diviser entièrement son être de vie, selon l'ordre que j'en avais reçu, et pour qu'elle reste éternellement en opération de contraction contre les lois ordinaires données au corps général terrestre. C'est par le moyen de cette action contraire à la vraie nature que cette terre n'aura plus qu'une végétation impure et à peine capable de nourrir les animaux les plus affreux dont elle va devenir le repaire. Cette punition s'est faite en ta présence, pour t'apprendre que c'est pour la troisième fois que l'Égypte fut criminelle devant le Créateur, par les abominations que les hommes ont commises dans son sein et qui ont attiré sur elle et sur ses habitants tous les fléaux de la justice divine. Le dernier fléau survenu devant toi à l'armée d'Égypte avait été prédit par l'emprunt que tu avais fait aux Égyptiens de leurs ustensiles d'or et d'argent, pour les empêcher par là de pouvoir opérer aucun culte à leur fausse divinité. Ces peuples pervers ne comprirent pas dans ce moment le type de cet emprunt. Au contraire, ils se croyaient flattés que leurs ustensiles pussent servir au culte du Dieu d'Israël. Mais c'était la justice divine elle-même qui les dépouillait de tous ces biens temporels dont ils ne devaient plus faire aucun usage puisqu'ils allaient être entièrement dispersés parmi les nations et honteusement détruits par le décret de l'Éternel. Oui, Israël, je te dis qu'en divisant ainsi l'être de vie de cette terre criminelle, je l'ai fait tomber entièrement sous la puissance des démons, et qu'elle ne contient plus en elle-même qu'une multitude d'intellects démoniaques.

Que cet exemple t'apprenne à ne pas abuser des biens temporels que l'Éternel te fera recueillir dans la terre qu'il a promise à tes pères et qu'il va faire passer dans tes mains. N'abuse pas surtout de la puissance spirituelle que le Créateur t'a accordée, et réfléchis sur les punitions effroyables qui sont tombées sur Adam et sur sa postérité, pour avoir profané cette même puissance dont leur âme était revêtue. N'oublie jamais que tout ce qui vient de s'opérer en ta présence, sur la terre d'Égypte, est une exacte répétition de tous les fléaux que le Créateur a lancés sur la terre pour l'expiation du crime du premier homme et celui de ses descendants.

Le fléau survenu à la terre par le crime d'Adam n'était pas le même que celui qui fut lancé contre sa postérité du vivant de Noé, parce que le crime d'Adam n'était pas le même que celui de ses descendants. Adam s'élève par son orgueil jusqu'à vouloir être créateur. Lui-même lie sa puissance divine avec celle du prince des démons, et il effectue une création de perdition. Après ce forfait, il dégénère de son état de gloire et devient l'opprobre de la terre, sujet de la justice divine, de l'inconstance des évènements temporels et de celle des corps planétaires jadis inférieurs à lui. Il demeure ainsi lui-même et toute sa postérité en privation divine dans un cercle de matière : telle est la punition d'Adam. Sa postérité prévarique et prostitue sa puissance, en s'associant aux démons pour vivre en liberté au milieu de ses passions matérielles. Cette postérité rejette absolument les lois divines qu'elle avait reçues pour se contenir dans la réconciliation faite avec ses pères ; elle outrage la Divinité par les fléaux les plus horribles. Aussi, cette postérité fut frappée des fléaux les plus cruels et les plus honteux ; elle fut engloutie sous les eaux ; elle fut confondue sans distinction avec le reste des animaux, et la terre devint le réceptacle abominable des cadavres de tous les mineurs iniques et prévaricateurs de cette postérité. Tu ne peux douter de tous ces faits d'après les instructions qui t'en ont été données par tes pères, à qui le Créateur en avait fait part. Venons au crime et à la punition des Égyptiens.

Pharaon, type du premier prince des démons, endurcit le cœur de son peuple contre Israël. Il s'oppose à tout ce que l'envoyé de Dieu voulait opérer en faveur de ses élus ; mais en s'armant ainsi contre Israël c'était s'armer contre Dieu même, c'était confirmer les blasphèmes, l'horrible impiété et tous les vices de la matière dans laquelle les Égyptiens étaient souillés depuis longtemps, c'était abjurer enfin toute la puissance divine et attaquer directement l'esprit du Dieu vivant. Aussi ces peuples criminels ont-ils été engloutis sous les eaux de la mer Rouge, après y avoir surnagé longtemps, pour être un exemple immémorial d'horreur à la vue des cieux et de la terre et à la vue d'Israël. C'est ainsi que furent punis ces peuples qui avaient prévariqué contre l'esprit du Créateur. Que tout ce que je viens de te dire, Israël, sur les trois genres de prévarication que les hommes de la terre ont commis contre le Créateur, de même que les différents actes de justice que le Dieu d'Israël a exercés contre tous ces coupables ne s'effacent jamais de ta mémoire ni de celle de ta postérité de génération en génération. Frémis sur tous ces exemples et crains toi-même de devenir le quatrième exemple de la funeste manifestation de la justice divine, car le fléau que la justice divine lancerait sur toi serait sans bornes et sans mesure ; tu serais aussi promptement dépouillé de la loi divine que le Créateur t'a confiée, que les Égyptiens l'ont été de leurs biens temporels.

Cette loi que le Créateur a établi chez toi, de préférence aux autres nations, est une preuve évidente de la confiance qu'il a dans Israël ; mais si Israël s'oublie devant le Créateur, celui qui lui a donné la loi la lui enlèvera sans qu'il s'en aperçoive, sans bruit, sans éclat et sans le secours des guerres temporelles en usage parmi les hommes. Il ne sera plus question alors de combats de puissance contre puissance, mais seulement de l'opération de la justice contre l'injustice, et pour lors Israël tombera dans la confusion ; sa mémoire sera si obscurcie qu'il ne conservera plus rien de ce qui appartient au culte divin. Le nom du Seigneur lui sera enlevé et passera pour une éternité aux étrangers. C'est parmi ces nations étrangères qu'Israël sera dispersé pour y vivre en servitude et en privation divine jusqu'à la fin des siècles. C'est alors qu'Israël sera l'opprobre des hommes et de tout l'univers. Voilà, Israël, ce que je dois t'apprendre de par l'Éternel. »

Tels sont les faits que le Créateur a opérés dans l'univers pour la manifestation de sa gloire et de sa justice par le moyen de *Moïse, Aaron, Ur et Josué*. C'est ainsi qu'il opérera éternellement pour et contre sa créature spirituelle supérieure, moyenne, inférieure et mineure. Je ne m'arrêterai point à vous détailler tous les faits particuliers qui se passeront chez les Israélites depuis leur sortie d'Égypte. L'Écriture parle assez amplement de leurs différentes marches et campements. Je viendrai tout de suite à ce qui s'est passé sur le *Mont Sinaï*, nom qui signifie *hauteur of élé-*

*tion de la gloire divine.* Moïse donne ses ordres temporels et spirituels à son frère Aaron à qui il a confié en son absence tous les enfants d'Israël. Ceux-ci promettent de suivre aveuglément tout ce qu'Aaron leur commandera. Moïse, après avoir ainsi tout réglé dans le camp, se met en marche accompagné de Josué pour se rendre à la montagne. Quand ils furent vers le milieu, ils virent l'un et l'autre la gloire de Dieu ouverte devant eux. Aussitôt Moïse dit à Josué : « Reste ici, car le Créateur m'appelle vers lui ». A l'instant la nue descendit jusqu'à la moitié de la montagne et sépara Moïse de Josué, qui ne le revit plus que quarante jours après, lorsque Moïse descendit portant sur le bras droit les deux tables que le Créateur avait gravées dans son esprit très-saint. Quand Moïse eut joint Josué, ils marchèrent ensemble vers le camp, Josué se tenant sur la droite de Moïse qui était le côté où étaient portées les tables de la loi. Mais ils ne furent pas à un tiers du chemin où Josué était demeuré seul, qu'un grand cri d'allégresse se fit entendre dans le camp. Ensuite une voix dit à Moïse : « Viens voir ton peuple qui vient de m'outrager ; il est ton peuple et non le mien ». Moïse et Josué doublèrent le pas, et, étant arrivés l'un et l'autre à l'entrée du camp qui était tout à fait au bas de la montagne, ils virent les enfants d'Israël danser avec Aaron autour d'un veau d'or.

Moïse en fut si transporté qu'il brisa les tables de

la loi qu'il apportait de la montagne, et s'adressant ensuite à Aaron : « Pourquoi, lui dit-il, ce peuple a-t-il dansé devant un faux dieu, et pourquoi ne l'as-tu pas contenu dans les bornes spirituelles que je lui avais prescrites lorsque je l'ai confié à tes soins ? Quoi ! tu as mis toi-même dans le creuset la matière dont ce faux dieu a été formé et tu as ainsi jeté ce peuple dans la même abomination pour laquelle les Égyptiens viennent d'être anéantis. » Aaron répondit : « J'ai craint, Seigneur, la fureur et la rage des enfants d'Israël. Ils ont levé la pierre contre moi en ton absence, et j'ai été forcé d'adhérer à leurs désirs pour les préserver d'un plus grand malheur ». Moïse, encore plus outré de la réponse de son frère Aaron, lui dit : « Descends tout à l'heure au camp d'Israël vers le couchant, et là tu verras le juste châtiment que le Créateur a réservé au crime des Israélites ». Moïse fait ensuite son opération et son invocation au Créateur pour obtenir de lui l'élection spirituelle du nombre des élus vengeurs des outrages faits à l'Éternel. Il lui fut ordonné de prendre quinze hommes de la tribu de Lévi. Il les partagea en trois bandes de cinq hommes chacune, et leur dit ensuite : « Que ceux qui aiment le Créateur prennent à la main le couteau plat qui appuie sur leur cuisse gauche ». Les quinze élus mirent sur le champ le couteau à la main droite. Moïse en fit la bénédiction, puis il dit aux élus : « Que la première bande, où sont Siméon et Lévi, marche du soleil levant vers le couchant, la seconde du soleil levant vers le midi, et la troisième du soleil levant vers l'aquilon. Les trois bandes iront ainsi et reviendront trois fois au travers du camp d'Israël. Elles passeront au fil de leurs armes tous ceux qu'elles rencontreront sans considération d'âge ni de parenté, et elles reviendront ensuite à moi étant accompagnées d'Aaron ». L'ordre de Moïse fut exécuté, et il périt par là une multitude d'Israélites ainsi que des nouveaux convertis à la loi de Moïse. Par ce moyen, le camp d'Israël fut purifié, et l'effusion du sang des coupables fit trouver grâce aux Israélites devant l'Éternel.

Il vous est facile d'apercevoir le rapport que ces derniers événements ont avec ceux qui se sont passés depuis Adam jusqu'à Noé, depuis Noé jusqu'à Abraham, depuis Abraham jusqu'à la sortie des enfants d'Israël de la terre d'Égypte, depuis cette sortie jusqu'au Christ, et avec ceux qui se sont passés depuis le Christ et qui dureront jusqu'à la fin des siècles. Moïse assembla les restes des enfants d'Israël qui avaient été préservés de la justice divine opérée par les quinze élus de la tribu de Lévi ; et, avant de remonter sur la montagne pour aller chercher de nouvelles tables de la loi, il donna au peuple les instructions sur tout ce qui venait de se passer.

« Écoute, Israël ! je t'ai toujours instruit de la miséricorde infinie que le Créateur a eue pour toi, relativement à l'amour qu'il a eu pour tes pères qui furent justes devant lui : le Seigneur a fait la même miséricorde à son serviteur Moïse et l'a rendu susceptible d'être mis au rang des pères d'Israël. Oui, je suis le père temporel des enfants spirituels des enfants d'Israël, et non celui de ses enfants charnels et matériels. Tu as été témoin de la manifestation de la gloire et de la justice divine en ta faveur, par la force de mes opérations. Tu as vu clairement se manifester l'action et la volonté du Créateur dans tout ce que j'ai fait pour toi. Tu as donc vu en moi la ressemblance de la pensée de l'Éternel, puisque je l'ai lue dans sa gloire et que je l'ai vue face à face. Cette montagne spirituelle que tu m'as vu monter t'annonçait la distance qu'il y a de l'Être-Créateur à la créature générale ou la terre. Il y a au-dessus de cette montagne quatre cercles imperceptibles aux mortels ordinaires, et qui séparent la cour spirituelle divine d'avec la création universelle. Cette montagne est le tableau réel de l'univers entier. Elle se divise en sept parties connues sous le nom des sept cieux célestes universels, et les quatre cercles dont je viens de te parler sont appelés surcélestes parce qu'ils bornent et dirigent l'action des sept principaux agents de la création universelle. C'est dans le surcéleste que s'opèrent la pensée et la volonté divines, c'est de là que proviennet l'ordre, la vertu et la puissance d'action de tous les esprits qui actionnent dans l'univers. Les sept cieux reçoivent du surcéleste toutes leurs vertus et tous leurs pouvoirs, et ensuite les communiquent au corps général terrestre. Tel est l'ordre qui règne entre ces trois mondes. Lorsque je suis monté sur la montagne spirituelle divine, j'ai laissé Josué derrière moi à une distance assez considérable, parce qu'il ne pouvait pas encore marcher avec moi face à face du Créateur. La nue qui me couvrait de son ombre et me cachait à Josué et à toi, Israël, est la même que celle qui te cachait aux Égyptiens dans le désert de Phiahizoth. Apprends que cette nue n'était autre chose que l'ombre de l'esprit du Créateur, qui contenait l'armée démoniaque d'Égypte et son roi Pharaon en privation de l'usage de leurs sens corporels et spirituels. Par ce moyen, ils n'opéraient que des œuvres de confusion, et tout ce qu'ils faisaient était en pure perte par les épaisses ténèbres dont ils étaient environnés. Quoique cette nue te parût opaque, elle n'était pas semblable aux nues matérielles et élémentaires soumises aux lois qui dirigent le cours ordinaire de la nature. Les nues matérielles sont composées d'un mixte grossier et subtil provenu du corps général terrestre. Elles se forment par l'action des agents des différents corps planétaires parmi lesquels les agents solaires sont les principaux qui agissent particulièrement sur ces mêmes nues. Ces sortes d'agents, par leur forte attraction, élèvent à une certaine distance de leurs cercles les humides grossiers et subtils, et, lorsque le tout est ainsi lié, cela forme un corps impénétrable à l'homme de matière, à qui cette nue dérobe la vue de ce qui se passe au-dessus d'elle, et le prive de la jouissance de l'action solaire.

L'utilité de ces nues dans l'univers est de modifier et de tempérer la force des influences planétaires, afin qu'elles se communiquent plus bénignement au corps général terrestre et à tous ses habitants. De plus, toute espèce de corps quelconque est formé par un nombre de globules complets et parfaits. En outre, il ne peut exister aucun corps sans qu'il ait en lui un véhicule de feu central sur lequel véhicule les habitants de cet axe actionnent continuellement comme étant provenus d'eux-mêmes. Or, c'est sur le véhicule des corps de nues que s'opère la plus forte action et réaction, et cela parce qu'il faut que tous les globules en soient parfaitement divisés, afin que ce corps de nue, ainsi dissous, puisse mieux se répandre dans toute l'étendue du cercle qu'il décrit sur la terre. C'est ainsi, Israël, que se forment les nues d'où provient la manne ou la pluie, sur le corps général terrestre; mais il n'en est pas ainsi de la nue qui t'a dérobé à la vue de tes ennemis. Cette fameuse nue, qui t'a servi de rempart dans le désert d'Égypte, était un corps apparent produit par l'action d'une multitude infinie d'esprits purs et simples qui étaient un aspect de l'esprit divin Créateur sorti par l'Éternel du cercle dénaire. Cet esprit divin marchait devant Israël en colonne de feu, et la colonne de nue suivait sa trace avec précision et exactitude selon les lois d'ordre, d'action et de réaction, de création et d'attraction que l'esprit divin opérait sur tous ces esprits conformément à la volonté du Créateur en faveur d'Israël et au préjudice des démons. Cette nue, étant formée par la puissance des esprits, sans le secours d'aucune matière, était un véritable corps de gloire. Les agents de l'axe central ne pouvaient opérer sur cette nue spirituelle comme ils opèrent sur les nues grossières et matérielles, et, quoique ces sortes de corps de gloire soient encore plus impénétrables aux yeux corporels des hommes ordinaires que ne le sont les nues élémentaires, cependant cette nue spirituelle ne priva jamais Israël de la jouissance de l'action solaire comme le font les nues matérielles. Et cependant, tout le temps que le Créateur a manifesté sa justice contre l'Égypte, jamais Israël ne fut en privation de la lumière temporelle. Les Égyptiens au contraire furent plongés dans d'épaisses ténèbres qui les conduisirent, et les firent précipiter dans les abîmes de la mer Rouge pour un temps immémorial.

C'est donc ce même corps de nue glorieuse qui m'a séparé de Josué et d'Israël, lorsque je suis entré sur le sommet de la montagne spirituelle de Sinaï. Je me suis prosterné au centre de cette montagne et, pendant ma prosternation, mon âme s'est suspendue de mon corps et est devenue véritable être pensant. Dans cet état, mon être spirituel a reçu les ordres que le Créateur lui a donnés face à face. Je t'apprendrai, Israël, que, par le sommet de la montagne spirituelle, tu dois entendre le type du cercle rationnel le plus élevé de tous les cercles célestes. Ce cercle rationel est appelé cercle de Saturne ou Saturnaire 1. Ce cercle supérieur planétaire sépare tous les autres cercles planétaires célestes d'avec les quatre cercles surcélestes. La distance qu'il y avait depuis le sommet de la montagne où j'étais jusqu'à l'endroit où Josué demeura de moi, représente le cercle planétaire solaire qui se nomme cercle visuel 2 ; et tous les autres cercles planétaires inférieurs sont compris dans l'immensité du cercle sensible 3. Ces cercles inférieurs sont : Mercure, Mars, Jupiter, Vénus et la Lune ; et tel est l'ordre de ces cercles planétaires : Saturne 1er ; le Soleil 2e ; Mercure 3e ; Mars 4e ; Jupiter 5e ; Vénus 6e et la Lune 7e. Cette fameuse montagne spirituelle t'enseigne donc la distance de la cour spirituelle divine à la partie céleste, et celle de la partie céleste à la partie terrestre. Tu vois que l'on peut diviser cette montagne de deux manières, premièrement en trois parties et secondement en sept autres parties. La première division est celle des trois différents cercles où les esprits mineurs accomplissent leurs opérations spirituelles pures et simples, selon l'ordre immuable qu'ils ont reçu du Créateur, pour parvenir à leur réconciliation et à leur réintégration dans le surcéleste. N'as-tu pas vu que je t'ai marqué ta demeure et que j'ai mis des bornes à ton camp? Ce cercle matériel terrestre que tu habites est le type réel du cercle sensible dans lequel tout mineur paye tribut à la justice de l'Éternel, et les différents emplacements que Josué et moi occupions sur la montagne t'expliquaient bien clairement ces différentes opérations auxquelles les mineurs sont assujettis pendant leur cours temporel dans les trois cercles, le *sensible*, le *visuel* et le *rationnel*.

Je t'ai dit que ce corps que tu habites était le type du cercle sensible, parce qu'en effet il lui est immédiatement adhérent. Ce cercle sensible est adhérent au cercle visuel; celui-ci l'est au cercle rationnel, et le rationnel l'est au surcéleste. Ce qui peut déjà donner une lueur de l'universalité du fameux nombre quaternaire, qui domine, préside et dirige toutes choses. La seconde division de la montagne en sept parties est celle des sept cercles planétaires qui renferment les sept principaux agents de la nature universelle. Je t'apprendrai encore, qu'en joignant la division ternaire à la division septenaire, tu trouveras le nombre dénaire du Créateur, duquel toute chose créée est provenue; tu reconnaîtras de plus que cette montagne spirituelle, portant le nombre denaire ou ① occupe le centre du receptacle général, et que puisque la terre a une forme triangulaire, cette montagne doit être à la terre ce que le point ou le centre est à un triangle. Tu sais que cette montagne s'appuie sur le corps général terrestre; cela ne te fait-il pas connaître que cette terre renferme en elle-même un être vivant émané du Créateur et semblable à celui qui est renfermé dans la forme apparente de tous les mineurs. Ce qui te confirme ce que je te dis, c'est la régularité et l'ordre infini de tout ce qui s'opère sur ce corps général terrestre.

Les vertus et les puissances de l'Éternel s'opèrent et s'opèreront jusqu'à la fin des siècles sur la montagne spirituelle dont je t'ai parlé, et, de là, elles se répandent sur le corps général terrestre pour se faire ressentir aux trois parties de cette terre et aux formes de tous ses habitants, soit dans le général, soit dans le particulier. Ici le mot général est attaché aux animaux irraisonnables, et le mot de particulier à ceux qui sont animés d'un être spirituel divin, tant céleste que surcéleste.

Après les choses sublimes dont je t'ai fait part et qui devraient être intelligibles à tout être spirituel mineur, je t'instruirai des lois immuables qui gouvernent tout cet univers. Il n'y a pas un être, soit créé, soit émané, qui puisse exister ni avoir action dans ce cercle universel sans être assujetti à ces mêmes lois.

Pour mieux me faire entendre de toi, je te prendrai pour exemple, et je te demanderai si, lorsque tu étais au sein de l'Égypte, tu n'étais dirigé par aucune loi, ou si, en ayant une, c'était celle de l'esprit divin ou la seule loi des animaux que tu suivais ? Je sais que tu ne pourras répondre clairement à ma question, parce que tu ignores dans quel état tu étais pendant ton séjour dans ce pays d'abomination. Apprends donc de moi que tu étais confondu dans l'étendue du cercle démoniaque avec le prince des démons et ses adhérents. Tu n'existas point par ta propre volonté. Tu n'avais point en toi une vie et une action particulière. Tu ne pouvais être conduit par les lois divines, puisque c'était pour les avoir abjurées que tu avais été précipité dans les abîmes de l'Égypte. Tu ne te conduisais point non plus par les lois pures et simples de la brute, puisque, pendant ce temps-là, les bêtes brutes vivaient et agissaient avec une entière liberté et avec toute l'étendue des facultés de leur instinct, elles ne peuvent et ne pourront jamais s'écarter de ces lois immuables naturelles qui les conduisent. Tu étais donc alors au-dessous de la brute même, et cependant tu avais des lois. Mais celles qui te dirigeaient étaient des lois toutes matérielles et entièrement démoniaques. Elles étaient directement opposées aux lois spirituelles divines de l'être mineur. Elles étaient même opposées aux lois naturelles et humaines. C'était des lois de privation et tout à fait pernicieuses à ceux qui les embrassent. Tu peux juger toi-même du danger de ces lois d'abomination par tout ce que le Créateur a opéré contre elles, contre leurs chefs et contre leurs adhérents. Je ne citerais rien à cet égard que tu n'aies vu de tes propres yeux ; mais apprends de moi que les princes des démons, malgré qu'ils soient chefs de leurs propres lois de convention abominable, sont cependant assujettis eux-mêmes à la loi immuable du Créateur, selon laquelle tout est émané de lui.

Sans cette loi divine, ils n'existeraient pas ; sans ce principe d'être spirituel, ils n'auraient ni pensée, ni volonté, ni action, et c'est parce qu'ils ne peuvent pas se soustraire à la loi éternelle de leur émanation, qu'ils ne peuvent éviter la justice essentiellement inhérente à cette même loi. C'est cette justice divine à laquelle tu étais exposé pendant la servitude en Égypte ; mais la miséricorde du Créateur t'a remis à ton premier principe, à ton premier degré de gloire et te rend cette sublime loi divine que tu avais rejetée et qui t'avait été retirée. Tu as vu tout ce que j'ai fait pour obtenir du Créateur qu'il te rétablit dans tes droits. Tu sais, Israël que je suis député de l'Éternel pour la manifestation de sa gloire et de sa justice. Tu peux donc me considérer comme le type de la volonté du Créateur. En menant avec moi sur la montagne Josué, qui doit me succéder, selon l'ordre qu'il en a reçu de l'Éternel, je t'ai figuré le type de l'esprit majeur divin, pour te faire comprendre que tout être mineur sera ainsi conduit devant le Créateur par son esprit particulier. En le ramenant avec moi, je figurais encore l'esprit majeur que le Créateur détache de son cercle spirituel divin pour être le guide, l'appui, le conducteur, le conseil et le compagnon du mineur qui émane et descend de l'immensité pour être incorporé au cercle de matière élémentaire; et Josué, en descendant avec moi de cette montagne, faisait parfaitement le type du mineur spirituel que l'Éternel émancipe de son immensité pour aller opérer, selon son libre arbitre, dans le cercle terrestre.

Mais ce que la miséricorde divine a fait de plus frappant en ta faveur, c'est de t'avoir envoyé par moi les deux tables de la loi que j'ai descendues de la montagne spirituelle. Ces tables sur lesquelles la loi était écrite, étaient la figure du corps de l'homme, dans lesquelles sont empreintes les caractères de la loi du Créateur. L'esprit de l'Éternel avait gravé lui-même les caractères de cette loi sur les tables que j'ai descendues; de même, le mineur spirituel trace sur le cœur de sa forme corporelle les caractères de la loi puissante qu'il a reçue du Créateur dès son émanation divine. Cependant, malgré tout l'avantage que tu devais retirer des lois empreintes sur ces tables sacrées, ta prévarication m'a forcé de les rompre en ta présence, et il n'en reste pas plus de vestiges devant toi qu'il n'en restera de la création universelle lorsqu'elle sera réintégrée dans son principe d'émanation.

O Israël ! ton âme sera-t-elle toujours raide envers le Créateur ? s'endurcira-t-elle toujours après les bienfaits dont Il l'a comblée ? A peine sors-tu de servitude et de l'esclavage des démons, que tu fais tous les efforts pour revivre sous leur loi ; tu cherches à te créer un Dieu qui te conduise et te gouverne selon sa volonté et ton caprice : tu t'es servi pour cet effet d'une matière impure et prohibée par l'Éternel ! tu as sollicité le Créateur d'opérer en faveur de ton inique forfait ; tu as tenté Aaron à qui avait été remis le soin de ta conduite spirituelle ; tout Israël a levé la pierre contre Aaron et l'a menacé de la mort, s'il ne mettait lui-même dans le creuset les métaux que tu avais destinés à ton inique opération. Mais quel était le succès que tu en espérais, et quel est celui que tu as obtenu ? Tu comptais produire par ce moyen une figure semblable à celle de l'homme, pour l'ériger ensuite en Dieu ! ne savais-tu pas qu'aucune forme de corps quelconque ne peut avoir lieu ni exister, qu'en provenant selon les lois de reproduction que l'Éternel a données à la nature ? C'est ce que t'a appris le fruit inattendu de ta prévarication. Tu comptais voir naître une forme à l'image du Créateur, en la voyant naître à ta ressemblance. Ton orgueil a été humilié lorsque tu n'as reçu qu'une forme inanimée de brute, et sans aucune substance d'action.

Voilà, Israël, tout ce que tu peux jamais attendre de l'intellect démoniaque et du prince des démons ; et cependant c'est avec eux que tu cherches sans cesse à te lier, pour vivre éternellement sous des lois abominables et contraires à celles du Créateur et de l'humanité spirituelle divine. Cette forme corporelle de veau, qui est résultée de ton opération, t'enseigne quel est l'animal que tu offriras à l'avenir en sacrifice au Créateur pour l'expiation de ton péché, car il est bien grand devant l'Éternel, et il faut que le sang de cet animal soit répandu sur Israël, et ensuite sur la terre, pour qu'Israël soit lavé de sa tache, et que la terre soit purifiée de la souillure qu'Israël a commise sur elle.

Il faut maintenant que je t'instruise des facultés et de la puissance du grand prince des démons, sous lesquels tu es resté en esclavage dans l'Égypte. La prévarication du chef démoniaque t'a fait tomber en une si grande privation qu'il ne peut plus recevoir aucun intellect divin, mais il lui reste et il lui restera toujours la faculté de la pensée ; et la volonté qui correspond à cette pensée forme son intellect démoniaque général. Par sa parole de commandement, qu'il faut regarder comme son action, il insinue ce mauvais esprit chez ses esprits adhérents, qui ensuite le communiquent aux mineurs que le prince des démons cherche sans cesse à séduire et à soumettre à ses lois.

Ces mauvais esprits adhérents, quoiqu'inférieurs, ont la même faculté que le prince des démons, parce qu'ils sont, comme lui, êtres pensants et dégagés de toute forme matérielle; ils ont, par conséquent, leur intellect particulier, qui émane immédiatement d'eux-mêmes, comme l'intellect général mauvais émane du grand prince des démons, leur chef. Tu vois donc par là que l'esprit mauvais n'a en son pouvoir que deux puissances : la sienne pure déterminée, et secondement celle des esprits inférieurs ses adhérents. Tu vois aussi que le prince démoniaque a en son autorité l'intellect spirituel général mauvais. De même les esprits adhérents disposent de leur mauvais intellect particulier. Apprends, Israël, que c'est cet instinct particulier qui environne tout être de corps créé et tout être mineur aussitôt qu'il est émancipé du cercle de la divinité; c'est lui qui tente, attaque et combat les mineurs spirituels, et le plus souvent les fait succomber selon son désir pervers; ainsi que tu peux en juger toi-même par ton dernier événement. Apprends de plus, qu'indépendamment des pièges que tendent aux mineurs les esprits inférieurs pervers, ces mêmes mineurs n'en sont pas moins exposés aux embûches que leur tend sans cesse le chef principal de toute la cour démoniaque, de sorte que tu ne peux être trop en garde contre les dangers infinis dont tu es environné.

Les esprits majeurs spirituels bons ont également les facultés de la pensée et de la volonté qui forment l'intellect spirituel bon ; ils ont également la faculté de transmettre cet intellect à des gens spirituels bons qui le communiquent aux mineurs ; mais, comme ces esprits majeurs divins ont une parfaite correspondance avec les esprits supérieurs, et ceux-ci avec la divinité, il n'y a nulle comparaison à faire des facultés de ces majeurs bons avec les puissances bornées du prince des démons. Pour t'instruire parfaitement de cette correspondance, qui règne entre tous les êtres spirituels bons, je reviendrai aux quatre cercles surcélestes dont j'ai déjà parlé. Ces quatre cercles sont aussi appelés spirituels divins, parce qu'ils sont adhérents au cercle de la divinité, et qu'ils ne contiennent que des êtres spirituels dépourvus de corps de matière. Ces esprits ne sont pas tous dénaires, mais chaque être spirituel habitant de ces cercles a reçu, à l'instant de son émancipation, les lois divines particulières par lesquelles il doit opérer sa puissance. Ainsi aucun être habitant de l'un des cercles n'opère les mêmes actions ni les mêmes puissances que les habitants des autres cercles. Considère, Israël, la figure que je te présente : tu y reconnaîtras les choses qui composent la cour de la Divinité, tu y verras clairement comment s'opère la quatriple essence du Créateur, non seulement chez tous les êtres spirituels émanés de lui, mais encore dans toute sa création universelle ; tu y apprendras à connaître que l'Éternel a tout créé et émané, et qu'il crée et émane de Lui à chaque instant toutes choses par des règles fixes et immuables, c'est-à-dire, par poids, nombres et mesures. Ces trois choses signifient la loi, le précepte et le commandement donnés aux êtres spirituels divins ; elles signifient encore la vertu, la faculté et la puissance que le Créateur a mises dans son mineur, dès son émancipation, pour qu'il opère selon sa pensée, son intention et sa parole dans les quatre régions célestes et les trois terrestres. Tout ceci sera enseigné par cette même figure ; tu te convaincras que tu n'as été jusqu'à présent qu'un être de ténèbres, à qui le Créateur a voulu remettre la lumière spirituelle que tu avais entièrement perdue ; tu te convaincras que ton émanation spirituelle ainsi que ta puissance sont infiniment plus considérables que celles de tous les êtres spirituels émanés avant toi. Écoute donc, Israël, avec attention, la démonstration et l'explication que je vais te donner des différents cercles et des différentes parties qui composent le tableau universel que je vais mettre sous tes yeux.

Je parlerai peu de l'immunité divine, parce qu'il

faudrait être la divinité elle-même pour pouvoir vivre dans ce lieu, où les êtres spirituels les plus parfaits ne sauraient pénétrer, si ce n'est Dieu lui-même. La première partie de ce tableau est composée de quatre cercles : le premier cercle portant le nombre dénaire 10 est le cercle spirituel divin : le centre de ce cercle est le type ou la figure de la Divinité d'où proviennent toute émanation et toute création. Tu vois sortir du centre une forme triangulaire qui a deux cercles placés à ses extrémités inférieures; tu vois en outre, en aspect de ce cercle dénaire, un quatrième cercle, du centre duquel sort également une forme triangulaire. Ce sont ces quatre cercles qui sont le véritable type de la quatriple essence divine, savoir : le premier cercle, par son nombre dénaire 10, représente l'unité absolue de la Divinité. C'est de cette unité qu'est sortie toute pensée d'émanation spirituelle et de création de puissance spirituelle temporelle, de même que le principe de l'action de toute forme de corps de matière apparente. Le second cercle, portant le nombre 7, est celui des esprits majeurs : c'est la première émanation spirituelle que le Créateur a émancipée du cercle de la Divinité. Enfin le quatrième cercle, portant le nombre 1, et qui est en aspect du nombre dénaire, est celui des esprits mineurs. C'est la troisième émancipation émancipée du cercle de la Divinité; aussi ces esprits sont dépositaires du commandement spirituel divin.

Ils ont toute puissance sur tout être spirituel émancipé par le Créateur dans l'immensité céleste. Il ne te sera pas difficile, Israël, de concevoir combien la puissance de cet esprit mineur est supérieure à celle de tous les esprits émanés et émancipés avant lui, soit de ceux qui opèrent dans l'immensité surcéleste, soit de ceux qui opèrent dans l'immensité de la création universelle. Pour cet effet, considère la position des deux angles dont je t'ai parlé ; tu vois que, du centre du cercle quaternaire, ou cercle mineur, il émane un triangle dont les deux côtés vont aboutir aux extrémités de la base du premier triangle, tu vois qu'aux extrémités de cette base sont placés deux cercles, savoir : celui des esprits majeurs $\overline{7}$, et celui des esprits inférieurs $\underline{3}$. Ceci te prouve donc bien clairement la puissance de la parole du commandement qui est donné au mineur sur les habitants de ces deux cercles. Tu vois d'ailleurs l'assujettissement de ces deux cercles à l'être spirituel mineur par la jonction intime qu'il y a de la base du triangle supérieur avec la base du triangle inférieur ; et cette jonction apprend encore à connaître la parfaite correspondance que tous ces êtres spirituels ont avec le Créateur dont ils sont émanés.

Au reste, cette supériorité de la puissance du mineur ne te surprendra pas, si tu réfléchis pour quel esprit elle lui fut donnée par le Créateur ; les deux cercles, sur lesquels le mineur commande, avaient été souillés par la prévarication des esprits majeurs qui furent chassés de leur cercle, en entraînant avec eux une grande quantité d'esprits des deux cercles majeur $\overline{7}$ et inférieur $\overline{6}$. Ils furent chassés de leur habitation spirituelle pour y avoir causé une dissension horrible par les crimes qu'ils avaient tenté d'y opérer, et pour avoir séduit par leur intention criminelle la plupart des habitants de ces deux cercles qui acquiescèrent à la volonté des principaux esprits démoniaques. Mais la corruption n'avait pas communiqué jusqu'au cercle quaternaire du mineur, c'est pourquoi le Créateur donna à cet être mineur une puissance absolue sur les deux autres cercles, et en même temps parce qu'Il le destinait à manifester la gloire et la justice divines contre les esprits prévaricateurs. Mais le Créateur ne fut pas plus satisfait de la préférence qu'Il avait donnée à son mineur, qu'Il ne l'avait été de la puissance donnée aux premiers esprits pervers. Au contraire, le premier mineur se rendit infiniment plus coupable que ne l'avaient été les démons : le Créateur avait arrêté l'action et l'opération de la pensée des démons : mais Il n'arrêta point l'action ni l'opération inique du premier mineur ; ce mineur a agi et opéré tout ce que sa pensée mauvaise avait conçu : c'est là ce qui le rendit si criminel devant le Créateur ; c'est de là que les mineurs sont devenus sujets des sujets qui avaient été soumis à leur puissance et à leur commandement d'êtres spirituels mineurs, ce qui ne serait point arrivé au premier mineur, ni à sa postérité, s'il n'eût mis à exécution sa pensée inique et contraire à la volonté du Créateur. Oui ! Israël, c'est la volonté pure qui te parle; dans ton premier principe d'être mineur, pour et contre tout être spirituel qui habite le surcéleste, et dans l'univers, ta puissance s'élevait jusqu'à la plus haute région de la gloire du Créateur; ta place était en aspect de la divinité, ainsi que te le marque le cercle mineur qui est en aspect du cercle dénaire ou cercle divin. Il n'est point étonnant que ce cercle mineur fût si fort élevé en puissance, puisqu'il n'avait point été souillé et qu'il ne le fut que par la prévarication du premier homme. Apprends de moi que cette place existe et existera dans toute sa propriété éternellement; elle a été souillée par la prévarication d'Adam, mais elle a été purifiée par le Créateur, ainsi que te l'assure la prévarication du premier homme.

Oui, c'est dans ce saint lieu qu'il faut que la postérité mineure spirituelle d'Adam soit réintégrée; c'est le premier chef-lieu que le mineur a habité dès son émancipation divine, et la prévarication du premier homme ne l'en a exclu que pour toute la durée du temps. Observez donc ici que c'est l'émancipation de ce cercle mineur qui désigne et qui complète la quatriple essence divine sans laquelle le mineur n'aurait aucune connaissance parfaite de la Divinité. L'émanation de ce cercle n'aurait point eu lieu sans la prévarication des démons; sans cette prévarication, il n'y aurait point eu de création matérielle temporelle, soit terrestre, soit céleste; n'y ayant eu ni l'une, ni l'autre, il n'y aurait point eu d'immensité surcéleste; toute action d'émanation spirituelle se serait faite dans l'immensité divine, de même que toute création de puissance pour les esprits émanés de cette immensité.

Considère donc ce qu'a occasionné la prévarication des mauvais esprits; réfléchis sur cette création, réfléchis sur ton émanation; tu apprendras à connaître la nécessité de toute chose créée, et celle de tout être émané et émancipé; tu verras que toutes ces choses sont ordonnées par le Créateur pour être et agir dans une intime correspondance, ainsi que te l'enseigne la ligne directe du centre du cercle dénaire et qui correspond avec précision depuis le surcéleste et le céleste jusqu'au corps général terrestre et au centre de l'axe, feu central, feu qui est le principe de la vie de tout être de corps créé, feu qui tient toutes les formes, soit celle générale, soit les particulières, en équilibre; sans lequel aucun être ne peut avoir vie et mouvement, feu qui borne l'immensité de l'univers et le cours du mouvement et de l'action de tout être contenu dans la création universelle.

Mais il faut que je t'instruise maintenant comment

tout ce qui existe dans ce bas monde provient de cette quatriple puissance divine. Observe la correspondance et l'intime liaison qu'il y a du cercle *Saturnaire* avec celui du *Soleil*, de *Mercure* et de *Mars* et vois comme ils répètent tous ensemble la véritable figure du surcéleste. Aussi ces quatre cercles sont appelés *cercles majeurs célestes*, plus forts en action et en réaction que les trois cercles planétaires qui se trouvent au-dessous d'eux. Cela est ainsi par l'immédiate proximité que les quatre planètes majeures ont avec le surcéleste. Il n'est pas étonnant alors qu'elles influencent et gouvernent, par leur vertu puissante, les trois planètes inférieures attachées aux trois angles du dernier triangle céleste. C'est par ces trois dernières planètes, qui se nomment vulgairement *Jupiter*, *Vénus* et *Lune*, que le corps général terrestre est substancié, pour opérer selon sa nature, et qu'il est entretenu dans le mouvement et l'action propres et convenables à la végétation qui lui est naturelle. Jupiter, comme chef des deux autres planètes, coopère à la putréfaction, vu qu'il n'y a nulle production sans putréfaction. Vénus coopère à la conception, vu que, sans la conception, le séminal reproductif de chaque être de forme demeure sans effet. Et la Lune, cercle sensible, ou enveloppe humide, coopère, par son fluide, à modifier et mitiger l'action et la réaction des deux principaux chefs de la vivification corporelle temporelle, qui sont l'axe central et le corps solaire. Ce sont ces deux chefs qui, par leur liaison et leur intime correspondance, coopèrent les premiers à l'action de tous les corps qui décorent cet univers.

Le principal de ces deux chefs est toujours l'axe, feu incréé, qui donne la vie et le mouvement à toute espèce de corps. et le Soleil est le second chef qui actionne, réactionne et vivifie la végétation de tous les corps particuliers et du corps général terrestre. Le Soleil est considéré dans cet univers comme l'astre supérieur. supérieur à tous les astres, et cela parce qu'il est l'astre le plus convenable à être l'aspect du feu, axe incréé. C'est de là qu'on peut dire que le Créateur a mis Son tabernacle dans le Soleil, ce qui n'est pas surprenant, puisque le Soleil est l'astre qui partage la distance qu'il y a du cercle divin ou dénaire à la planète la plus inférieure qui est la Lune, comme tu peux le voir. Ne se trouve-t-il pas au-dessous de tous les cercles spirituels surcélestes? n'est-il pas encore au-dessous du cercle saturnaire? ne se trouve-t-il pas porter le nombre six par le rang qu'il occupe en commençant par le surcéleste? Si tu veux commencer à compter par le cercle lunaire, ne trouveras-tu pas encore que le Soleil porte le nombre six? C'est par cette place et ce rang senaires que le Soleil fait le complément des six pensées qui ont été employées par l'Éternel pour sa création universelle. Tu as déjà appris que le

Créateur a fini tous ses ouvrages dans l'espace de six jours, et que, le septième, toute la création fut rendue parfaite ; de même le Soleil perfectionne la végétation provenue du cercle terrestre, parce qu'en se joignant aux six autres cercles planétaires, le Soleil se trouve avoir une action septenaire, type et figure du septenaire que le Créateur employa pour l'accomplissement de toutes choses temporelles.

Les noms de *jours*, que je donne aux six opérations de la création, ne peuvent appartenir à l'Éternel, qui est un être infini, sans temps, sans bornes, et sans étendue ; mais ces six jours annoncent la durée et les bornes du cours de cette matière, c'est-à-dire que cette matière durera six mille ans dans toute sa perfection ; et, le septième, elle tombera dans un terrible dépérissement, où elle subsistera jusqu'à son entière dissolution. Conçois donc, par ce que je viens de te dire, que le nombre septenaire, qui a donné la perfection à tout être créé, est le même qui détruira et abolira toutes choses. De même qu'il a opéré dans le principe pour faire subsister tout ce qui existe dans cet univers matériel, de même il opèrera à la fin pour la démolition de son ouvrage. Rappelle-toi encore que les six mille ans que j'ai donné à la durée de la création universelle, sont fort courts devant toi, et encore plus courts devant l'Éternel, puisque, devant Lui, mille ans sont comme un jour. Mais, je le répète, ne regarde point ce jour comme un temps, ni comme un de ces jours temporels auxquels le Créateur ne peut être assujetti. Chacun de ces jours ou de ces mille ans ne doit se considérer que comme la durée de l'opération des six pensées divines. Lorsque l'effet ou l'opération de chacune de ces pensées sera accomplie, le Créateur la retirera vers lui avec autant de promptitude et de facilité qu'Il l'a conçue pour la création de son ouvrage. Ainsi, de même que tout aura subsisté dans une succession, de degré en degré, par l'ordre divin, de même tout se rapprochera de sa fin par gradation et retournera à son premier principe.

Je t'ai fait voir que le Soleil portait le nombre senaire, en prenant depuis le cercle divin jusqu'à lui : prends ensuite depuis le cercle terrestre et reviens en remontant jusqu'à Mercure, tu trouveras également six ; additionne ces deux nombres six, et tu auras 12. C'est par ce nombre que tu apprendras à connaître l'intervalle de nos jours, de nos semaines, de nos mois, de nos saisons et de nos années, qui ont toujours été de la même nature que nous les connaissons, ce qui sera expliqué dans la suite : C'est de là qu'Adam et sa postérité ont réglé les temps et les saisons pour le culte divin ; le nombre 12 te donne 3, nombre qui est le principe de toute vie corporelle, ainsi que te l'indique le dernier triangle de la figure, appuyé sur l'axe feu central.

Le Soleil est encore regardé avec juste raison

comme le principal agent de la perfection de toute végétation, puisque ce n'est que par lui que nous recueillons les fruits de notre terre et que nous en jouissons, comme étant l'aspect de *l'axe du feu central;* c'est encore lui qui soutient le principe de la vie passive de tous les corps particuliers sphériques inférieurs à lui ; c'est aussi par son action puissante que nous distinguons les corps les plus élevés du firmament, et, sans cela, tout serait en privation de lumière élémentaire. Mais pour te convaincre que cet axe est, après *l'axe du feu central,* le principal agent de cet univers, apprends que c'est lui-même qui dirige et gouverne le cours de tous les astres, de concert avec *Saturne* et l'axe du feu central; et c'est principalement par ces trois agents qu'opèrent toutes les lois données par le Créateur pour la durée de la création universelle. Apprends ici à reconnaître combien cette harmonie a de rapports avec la nôtre, car, puisque ces êtres ont une correspondance avec la Divinité, pourquoi ne voudrais-tu pas que notre âme spirituelle fût également susceptible de correspondre avec le Créateur? Tous les êtres ont, en effet, une faculté et une propriété différentes les unes des autres; ils ont reçu une loi différente pour opérer chacun selon les différents emplois auxquels le Créateur les a destinés. Mais c'est toujours de ce même Créateur que provient tout principe de vie, soit corporelle, soit spirituelle, de tout ce qui peut exister. L'axe feu central est celui qui peut le mieux faire sentir cette vérité, cet axe central qui est l'agent général particulier et universel, adhérent aux cercles surcélestes et organe des esprits inférieurs qui l'habitent et qui opèrent en lui sur le principe de la matière corporelle apparente. Ce corps ne renferme-t-il pas un véhicule de ce feu axe incréé qui est le principe de la vie matérielle ? Il doit avoir la même faculté organique que l'axe central dont cette vie passive est provenue. Ainsi ton corps devient un organe nécessaire de ton âme spirituelle, comme l'axe central est celui des esprits inférieurs qui l'habitent ; or ton âme est l'organe de l'esprit majeur, et l'esprit majeur est celui de la Divinité. Tu retrouves donc en toi la répétition de ce nombre quaternaire qui te fait correspondre avec ton Créateur ; tu as donc la même faculté et la même propriété que cet axe central universel, et vous portez tous deux le nombre quaternaire, savoir : 1 l'axe central, 2 l'organe des esprits inférieurs, 3 l'organe des esprits majeurs, 4 les esprits majeurs organes de la Divinité. De même, Israël, ton corps 1, organe de ton âme 2, ton âme organe de l'esprit majeur 3, et l'esprit majeur organe de la Divinité 4. Additionne ces deux nombres de part et d'autre depuis 1 jusqu'à 4, et tu verras clairement que tout est provenu et que tout existe par le fameux nombre divin, qui est le nombre dénaire.

Je t'ai dit il n'y a qu'un instant, qu'en prenant depuis le cercle terrestre jusqu'au cercle divin, tu trouveras le nombre 12, qui a été le principe de la division du temps, et le nombre 3, qui a été le principe de toute forme corporelle. Si tu multiplies le nombre 3 par le quaternaire dont je viens de te parler, et qui se trouve exactement dans les mondes terrestre, céleste et surcéleste, tu auras pour produit ce même nombre 12, ou 3, qui te confirmera que la forme corporelle de tous les êtres existants dans ces trois mondes provient de trois principes : *soufre*, *sel* et *mercure*, dont je t'ai déjà instruit. En effet, aucun être ne peut se revêtir de la substance d'une forme apparente sans qu'elle soit composée de ces trois principes. Tu pourrais être étonné que je te parlasse de forme corporelle pour les habitants du surcéleste ; tu dois sentir cependant que tout être émancipé, pour opérer temporellement les volontés du Créateur, se produit une enveloppe corporelle qui sert de voile à son action spirituelle temporelle. Sans cette enveloppe, il ne pourrait rien opérer sur les autres êtres temporels sans les consumer par la faculté innée de l'esprit pur de dissoudre tout ce qu'il approche. Cette enveloppe corporelle glorieuse dont se revêtent les habitants spirituels du surcéleste et du terrestre, n'est autre chose que la production de leur propre feu. Ces êtres spirituels ont, à cet égard, la même propriété que les esprits de l'axe central, qui ont en eux le pouvoir de faire émaner de leur feu les trois essences fondamentales de leur propre corps, ou forme glorieuse. L'opération des uns et des autres, quant à cet objet, est absolument la même; néanmoins il y a une très-grande différence dans l'action de ces trois sortes d'esprits : les esprits de l'axe n'ont chacun en eux qu'une seule action; ainsi ils ne peuvent opérer qu'une seule sorte de forme, et qu'après l'opération immédiate d'un être supérieur qui les commande et en dispose à son gré, et selon la volonté du Créateur. Mais les êtres spirituels habitant les trois mondes, ayant à opérer des actions plus considérables et plus étendues, peuvent se produire à chaque instant de nouvelles formes et les varier à l'infini selon leur besoin, et selon l'objet qu'ils ont à remplir. Il est vrai que ces êtres spirituels ne peuvent agir, ainsi que les esprits de l'axe, sans avoir reçu l'ordre du Créateur; mais quand ils l'ont reçu, ils ont en eux tout ce qu'il faut pour l'éxécuter par eux-mêmes, au lieu que les esprits de l'axe sont de simples sujets qui n'agissent qu'autant qu'ils sont conduits, parce qu'ils n'ont pas l'intelligence.

C'est là ce qui doit te faire concevoir que les essences et les formes corporelles des êtres spirituels, habitants des trois mondes, sont plus pures et plus subtiles que celles qui proviennent des esprits de l'axe. Tu pourrais me demander encore si ces mêmes essences spirituelles n'existent pas également dans l'immensité divine où résident une infinité d'esprits? Je te répondrai que les quatre classes d'esprits supérieurs, majeurs, inférieurs et mineurs terrestres, habitant dans l'immensité divine, n'ont jamais à opérer dans ce lieu que des actions et des opérations spirituelles divines, sans aucun mélange d'opération matérielle quelconque. C'est pour cela qu'une essence spiritueuse n'a jamais pu exister et n'existera jamais dans ce lieu divin, qui est la résidence des esprits purs, où s'opère toute émanation divine et d'où provient toute espèce d'émanation.

De ces quatre classes d'esprits purs, la supérieure et la majeure n'ont jamais en elles aucune loi de production d'essences spiritueuses; aussi ces êtres sont-ils appelés esprits supérieurs et majeurs purs et divins, et leur action est infiniment plus considérable que l'action des deux autres classes, ainsi que l'enseigne leur dénomination. Les esprits de ces deux dernières classes, au contraire, avaient en eux cette loi de reproduction d'essences spiritueuses temporelles; mais ils ne reçurent la puissance de l'opérer qu'au moment de leur émancipation, pour la formation du monde temporel qui devait servir à la molestation des esprits prévaricateurs, ce que je t'expliquerai après t'avoir instruit des différentes lois et puissances que le Créateur a données aux différents esprits émancipés de son immensité; tu sais que la première classe de ces esprits est la supérieure; aussi porte-t-elle le nombre *dénaire*; la seconde est la majeure : son nombre est *le septenaire*; la troisième est l'inférieure : son nombre est *le ternaire*; et la quatrième est la mineure portant le nombre *quaternaire*; ces quatre à la fois t'enseignent que le quaternaire appartient directement au Créateur, et que tous les êtres émanés et émancipés, ainsi que leurs lois et leurs puissances, proviennent de ce même nombre quaternaire, ou de la quatriple essence de la Divinité, qui renferme tout. Si tu joins ce dernier nombre quaternaire au nombre 12, produit du quaternaire de 3, tu trouveras le nombre 16, ou 7, produit spirituel qui te prouve que rien n'existe et ne peut exister que par l'esprit, et qui te prouve en même temps que ton émanation est spirituelle.

Tu as vu que les esprits, qui résident dans l'immensité divine, ont en eux des actions et des puissances purement spirituelles, et cela ne peut être autrement, attendu que tout esprit qui actionne et opère en face de la Divinité ne peut être sujet au temps; mais les esprits qui actionnent et opèrent dans le surcéleste, le céleste et le terrestre, étant destinés à accomplir la manifestation temporelle de la justice et de la gloire du Créateur, ont des puissances et des opérations spirituelles temporelles bornées par leur assujettissement au temps. Lorsque le temps sera passé, ces esprits ne passeront point; ils changeront seulement d'actions et d'opérations, c'est-à-dire qu'ils seront réunis à leur premier principe d'opérations purement spirituelles divines, comme les esprits qui habitent actuellement l'immensité divine.

Il ne faut pas croire que la place que ces esprits, qui sont temporels aujourd'hui, occupaient dans l'immensité divine avant l'établissement du temps, soit resté vide après qu'ils ont été émancipés par leurs opérations spirituelles temporelles. Il ne peut y avoir du vide auprès du Créateur, ni dans son immensité; cette immensité n'ayant pas de bornes, tous les esprits y trouvent facilement leur place dès qu'ils sont émanés du sein du Créateur; et aussi cette immensité s'étend à mesure que le Créateur émane des esprits de son sein. C'est ce qui te fait sentir qu'il est impossible d'admettre de plein ni de vide dans l'immensité divine, qui s'accroît et s'accroîtra toujours par l'émancipation infinie que le Créateur opère et opérera continuellement. Il ne faut pas croire non plus que les esprits que le Créateur émane sans cesse de son sein, se placent sans ordre et confusément, sans comparaison, comme une troupe d'hommes ou d'animaux épars au gré de leur caprice; ces êtres divins reçoivent, avec l'émanation, des lois et des puissances, selon leurs facultés d'opérations divines spirituelles; ils vont en conséquence prendre leur place dans les différentes classes spirituelles dont je t'ai parlé, et où ils accomplissent chacun en particulier leurs différentes opérations. C'est là ce qui constitue cette fameuse immensité divine, incompréhensible non seulement aux mortels, mais même à tout esprit émané. Cette connaissance n'appartient qu'au Créateur.

Il faut remarquer, Israël, que, parmi ces classes spirituelles fondées avant le temps dans l'immensité divine, la classe mineure ternaire n'était pas alors celle du mineur spirituel divin quaternaire, ou de l'homme. En effet, tu dois être ainsi instruit pour savoir que le mineur n'était pas encore émané, et que l'ordre d'émanation des mineurs spirituels n'a commencé qu'après la prévarication et la chûte des esprits pervers. Pour te faire connaître cette émanation spirituelle, de même que le changement que le crime des démons opéra dans les actions et les opérations des habitants de l'immensité, je te dirai avec vérité d'après l'Éternel, qu'à peine les esprits pervers furent bannis de la présence du Créateur, les esprits inférieurs et mineurs ternaires reçurent la puissance d'opérer la loi innée en eux de production d'essences spiritueuses, afin de contenir les prévaricateurs dans des bornes ténébreuses de privation divine. En recevant cette puissance, ils furent sur-le-champ émancipés; leur action, qui était pure spirituelle divine, fut changée aussitôt que l'esprit eût prévariqué ; ils ne furent plus que des êtres spirituels temporels, destinés à opérer les différentes lois que le Créateur leur prescrivait pour l'entier accomplissement de Ses volontés. C'est alors que les mineurs spirituels quaternaires furent émanés du sein de la Divinité, et qu'ils occupèrent dans l'immensité divine la place dont les esprits mineurs ternaires venaient d'être émancipés pour opérer temporellement.

.Il faut que tu saches, Israël, que le changement qu'opéra la prévarication des esprits pervers fut si fort que le Créateur fit force de loi, non seulement contre ces prévaricateurs, mais même dans les différentes classes spirituelles de l'immensité divine. Tu dois le concevoir par la vie de confusion que tu mènes ici-bas, par la création du temps, et par les différentes actions qui s'opèrent dans le surcéleste, le céleste et le terrestre, où tout t'enseigne le changement universel produit par cette prévarication ; mais cependant, comme cette prévarication arriva avant que les mineurs fussent émanés, ils ne purent en recevoir aucune souillure ni aucune communication ; aussi n'arriva-t-il pour lors aucun changement dans leur classe, et c'est pour cette raison qu'ils furent les dépositaires de la grande puissance de la Divinité. Oui, Israël, la redoutable puissance quaternaire leur fut confiée, et cela ne pouvait être autrement, ces mineurs étant des esprits purs et sans tache émanés du sein de la justice et de la sainteté mêmes, pour manifester la gloire et la force du Créateur ; ils n'avaient en aucune connaissance du mal, ni directement, ni indirectement ; il était donc convenable que le Créateur comblât de tous ses dons des êtres aussi justes, et qu'Il leur donnât des pouvoirs conformes à la pureté de leur nature spirituelle et au dessein qu'Il se proposait en les émanant de Son sein. Voilà d'où vient la grandeur de la puissance et de la vertu du mineur, et voilà pourquoi ces lois d'action et d'opération ne furent point dérangées par le changement que la prévarication des esprits pervers occasionna dans les autres classes de l'immensité divine. Cette puissance de l'homme était si considérable que, malgré sa prévarication même, il est encore supérieur à tout autre esprit spirituel, soit émané, soit émancipé. Tu peux voir en effet par la figure qu'aucun être spirituel n'a conservé aussi distinctement que l'esprit mineur la correspondance directe et principale avec le Créateur : vois la ligne perpendiculaire qui descend du centre du premier cercle surcéleste jusqu'au centre du corps général terrestre représenté par la figure triangulaire ; c'est cette perpendiculaire qui marque la supériorité sur tous les êtres. Le Créateur a tellement voulu conserver l'autorité puissante du mineur que, malgré que ce mineur ait prévariqué, le Créateur a distingué la force de la loi dont il a usé envers lui d'avec celle dont il a usé envers les premiers esprits prévaricateurs ; ceux-ci sont condamnés par un décret de l'Éternel à ne pouvoir agir qu'en privation divine pendant toute une éternité temporelle, et à n'avoir aucune communication du Créateur, ni de ses intelligences ; le mineur, au contraire, n'a point perdu cette communication ; il a conservé la faculté et la puissance première qu'il avait reçue dès son émanation dans le corps universel. Mais le Créateur, ne pouvant laisser la faute de l'homme impunie, a changé véritablement les lois d'action et d'opération spirituelles que les mineurs ont à faire dans cet univers ; et c'est là la manière dont le Créateur fit force de loi contre Son mineur.

Si tu me demandes quel est ce changement des lois de l'action et de l'opération du mineur, je te répondrai qu'il faut entendre par là que le mineur, depuis sa prévarication, est assujetti à opérer comme un être purement spirituel temporel, sujet au temps et à la peine du temps, au lieu que, dans son premier principe, étant homme-Dieu de la terre et de toute la création, il ne pouvait être sujet à cette peine du temps. Depuis sa prévarication, il est provenu de lui des formes corporelles matérielles, et sujettes, comme la sienne, à la peine temporelle, au lieu que, s'il fut resté dans son état de gloire, il ne serait émané de lui que des formes corporelles spirituelles et impassives de la création, formes dont le Verbe était en lui. Tel est le changement qui s'est fait dans les lois d'action et d'opération du premier mineur ; il avait la puissance, dans son état de gloire, de faire usage des essences purement spirituelles pour la reproduction de sa forme glorieuse, au lieu que, depuis son crime, étant condamné à se reproduire matériellement, il ne peut faire usage que des essences spiritueuses matérielles pour sa reproduction. Je t'ai dit qu'Adam avait inné en lui le Verbe puissant de création de sa forme spirituelle glorieuse ; tu peux aisément t'en convaincre en réfléchissant que, pour opérer aujourd'hui la reproduction de la forme matérielle, il faut que tu aies en toi un Verbe qui actionne, émane et émancipe hors de toi des essences spiritueuses suivant la loi de nature spirituelle temporelle ; car, pour procréer ta ressemblance corporelle, tu n'as pas recours à d'autres principes d'essences spiritueuses que ceux qui sont innés en toi ; et si tu voulais, de ton chef, employer des principes opposés à ta substance d'action et d'opération spirituelle divine et temporelle, il n'en proviendrait pas de reproduction, ou, s'il en provenait une, elle resterait sans participation d'opération divine, elle serait mise au rang des brutes ; elle y serait même regardée comme un être surnaturel, et elle répugnerait à tous les habitants de la nature temporelle.

Ne doute point, Israël, que, puisque tu as inné en toi un Verbe de reproduction matérielle, ton premier père n'ait eu en lui un Verbe de reproduction spirituelle et glorieuse. Ce changement terrible auquel le Créateur a assujetti Adam, était la moindre peine qu'il pût infliger à Son mineur prévaricateur, le crime de ce mineur ayant été si violent et si considérable, que l'abomination et le scandale de cette inique opération pénétrèrent jusque dans la cour divine. La prévarication des premiers esprits avait déjà souillé cette cour divine, ainsi que je l'ai dit précédemment, et, par conséquent, cette souillure avait assujetti tous les êtres spirituels, habitant les différentes classes de cette cour, à un changement dans leur loi d'action et d'opération. Mais la prévarication étant infiniment plus grande que celle des démons, ces mêmes esprits, habitants de l'immensité, ressentirent alors une attraction encore plus forte que la première fois, et cette maudite opération de l'homme opéra sur eux un nouveau changement dans leurs lois d'action et d'opération, c'est-à-dire qu'à l'instant du crime d'Adam, le Créateur fit force de loi sur les êtres spirituels de Son immensité, et leurs lois d'action et d'opération ne furent plus les mêmes qu'elles étaient, non seulement avant la prévarication des premiers esprits, mais lors de l'émanation du premier homme. Vois quelles ont été les suites de cette horrible prévarication.

Ne prétends jamais, Israël, comparer la force de loi dont les hommes usent entre eux avec celle que l'Éternel a employée contre toute Sa créature spirituelle temporelle : la force de loi que les hommes ont établi parmi eux est toute matérielle et fondée sur les conventions humaines, (cela est si vrai qu'elles ne peuvent jamais avoir lieu sans le secours d'un nombre d'hommes proportionné à l'intention du chef temporel, législateur du peuple qu'il gouverne.) Aussi l'exécution de cette force de loi temporelle n'est pas toujours entière ni parfaite ; mais la force de loi divine n'a besoin que de la seule volonté du Créateur pour avoir son accomplissement. Le Créateur, pour mettre un être quelconque en privation divine, ne Se fonde ni sur les secours de Sa cour divine, ni sur celui d'êtres spirituels divins temporels, et bien moins encore sur l'emploi de cette matière grossière en usage parmi les hommes ; il ne Lui faut que Sa seule pensée et que Sa seule volonté pour que tout agisse selon Son gré. Voilà quelle est l'infinie différence de la force de la loi divine éternelle et immuable à la force de la loi humaine qui passe et s'efface aussi promptement que la forme corporelle de l'homme s'efface de dessus la terre dès que l'esprit mineur se sépare de cette forme.

Mais tu me demanderas sans doute, Israël, que je t'instruise en quoi consiste le changement des lois d'action et d'opération survenu aux habitants de l'immensité par la prévarication des premiers esprits, et survenu à tous les êtres spirituels, soit divins, soit temporels par la prévarication du premier homme ?

Je te répondre que, comme il y a eu deux prévarications, il y a eu également deux changements dans les loi d'action et d'opération des habitants de l'immensité, changement qui consiste en ce que ces êtres, qui n'avaient auparavant que des fonctions purement spirituelles, sont devenus plus ou moins sujets au temporel, ce que je vais te faire concevoir.

Par la prévarication des premiers esprits, le temps et l'univers furent créés ; alors les habitants des différentes classes de l'immensité furent employés à contribuer à l'entretien et à la durée fixe de l'univers. Mais, par la prévarication de l'homme, ces mêmes esprits furent assujettis à contribuer à la réconciliation et à la purification des mineurs, pour laquelle réconciliation ces mineurs actionnent sur l'âme spirituelle des hommes et sur d'autres êtres spirituels que tu connaîtras par la suite. C'est par ces deux sortes d'actions que les esprits divins sont employés en partie en faveur du temporel, quoique cependant ils ne soient point assujettis au temps. Oui, Israël, je te le répète, sans la prévarication de l'homme, les esprits divins n'auraient été assujettis que d'une seule manière au temporel ; mais sans la prévarication des premiers esprits, ils ne l'auraient pas été du tout. Sans cette première prévarication, aucun changement ne serait survenu à la création spirituelle ; il n'y aurait eu aucune émancipation d'esprits hors de l'immensité ; il n'y aurait eu aucune création de borne divine, soit surcéleste, soit céleste, soit terrestre, ni d'esprits envoyés pour actionner dans les différentes parties de la création. Tu ne peux douter de tout ceci, puisque les esprits mineurs ternaires n'auraient jamais quitté la place qu'ils occupaient dans l'immensité divine, pour opérer la formation d'un univers matériel. Par conséquent, Israël, les mineurs hommes n'auraient jamais été possesseurs de cette place, et n'auraient pas été émanés dans leur première demeure, ou, s'il avait plu au Créateur de les émaner de Son sein, ils n'auraient jamais reçu toutes les actions et les facultés puissantes dont ils ont été revêtus de préférence à tout être spirituel divin émané avant eux.

Pour te convaincre que la faculté et la puissance de l'homme sont telles que je te le dis, souviens-toi, Israël, que le mineur fut nommé par l'Eternel : homme-Dieu et commandeur de tout être spirituel et temporel ; souviens-toi que l'Eternel avait mis sans réserve dans l'homme toute Sa complaisance, toute Son affection, qu'Il l'avait revêtu de toute la puissance spirituelle divine, comme étant l'acte de la quatriple essence de la Divinité. Aussi tu vois par la figure qu'il est mis en aspect du cercle supérieur dénaire au centre duquel correspond la Divinité. C'est ce qui te prouve que la puissance du premier mineur était bien plus considérable que celle des autres mineurs qui habitent dans les différents corps planétaires et dans le corps général terrestre. Observe, en effet, les différents emplacements des corps qui forment la figure universelle, dans laquelle toute la nature spirituelle, majeure, mineure et inférieure opère. Tu vois à la vérité que, dans le monde céleste, de même que dans le monde terrestre, le cercle mineur est en aspect de son supérieur; mais aucun d'eux n'est immédiatement en aspect du cercle dénaire, du surcéleste ; et ce n'est qu'à l'homme ou au mineur spirituel divin que cette place est donnée par la Divinité. Aussi vois-tu que ce cercle mineur forme l'angle saillant du triangle inférieur surcéleste; tu vois, en outre, que les deux autres, celui des majeurs $\overline{2}$ et celui des inférieurs $\overline{3}$ ne sont en aspect qu'avec eux-mêmes, pour se communiquer directement les ordres qu'ils reçoivent et qu'ils recevront du Créateur jusqu'à la fin des temps touchant leurs actions spirituelles temporelles. Cela te prouve donc non seulement la supériorité de l'homme sur tous les mineurs habitant le corps terrestre et les corps planétaires, mais encore sur toutes les classes des esprits. Tu concevras surtout quelle est à son égard l'infériorité des esprits majeurs et inférieurs dont je viens te parler, en observant comment s'opère leur puissance d'action.

Ces deux classes d'esprits sont préposées particulièrement à la conservation du temps et à celle de la matière ; c'est ce qui fait qu'ils ne peuvent opérer qu'en latitude universelle: Le mineur, au contraire, n'étant nullement destiné à la conservation, ni à l'entretien de l'univers, commandait même à ces deux sortes d'esprits, et sa puissance s'étendait dans l'immensité de la longitude. C'est pourquoi ces deux cercles majeurs et inférieurs sont extralignés de la perpendiculaire, qui n'appartient qu'au cercle mineur de l'homme-Dieu. Mais pour achever de te convaincre de l'infériorité de ces deux cercles, combien elle est marquée par leurs nombres septenaire et ternaire, ils ne peuvent compléter chacun en particulier le nombre parfait dénaire du Créateur. Il faut pour cela les réunir en cette sorte : $7 + 3 = 10$. Le mineur, au contraire, annonce, par son nombre quaternaire, combien sa puissance est inférieure : en effet le mineur, étant émané de la quatriple essence, portait nécessairement le nombre de son émanation qui le distinguait de toutes les émanations spirituelles faites avant lui et le mettait au-dessous de tout être spirituel émané. Il était l'être le plus pur, le plus parfait, sans parler toutefois de l'action de l'Éternel qui est le Christ, ni de Son opération qui est l'Esprit-Saint ; ils ne sont compris ni l'un ni l'autre dans aucune espèce d'émanation, ni d'émancipation. Leurs actions et leurs opérations ont été et seront toujours purement spirituelles, divines, sans aucun assujettissement au temps ni au temporel.

Le premier mineur portait donc, Israël, le nombre redoutable de son origine, nombre coéternel à la Divinité, et que je te représente ici sous une seule figure $\overline{4}$. Cette figure désigne clairement le nombre quaternaire par les trois bases mises en jonction et par le point qui est au centre. Subdivise ce nombre 4 par les nombres qui sont innés en lui, et tu trouveras non seulement le nombre dénaire de la Divinité, mais tu apprendras physiquement que c'est de ce même nombre dénaire que provient tout être spirituel majeur, inférieur et mineur, de même que toute loi d'action, soit spirituelle, soit spiritueuse. L'addition des quatre nombres compris dans le quaternaire donne $\overline{10}$, en cette sorte : $1+2+3+4=10$, et c'est par les différentes jonctions de ces différents nombres que tu concevras comment toutes choses sont provenues. L'unité est au Créateur ; le nombre $\overline{2}$ est donné à *la confusion où se trouvent les esprits pervers et les hommes qui se joignent à l'intellect de ces mauvais esprits* ; le nombre $\overline{3}$ *indique les trois essences spiritueuses qui constituent toutes les formes* ; il indique encore, par l'origine de ces mêmes essences l'action directe de ces esprits inférieurs et ternaires, puisqu'ils ont émané d'eux : *mercure, soufre* et *sel* pour la structure de l'univers. Le nombre $\overline{4}$ t'indique *le mineur*, son origine et sa puissance. Additionne le nombre $\overline{2}$ et le nombre $\overline{3}$, tu auras le nombre $\overline{5}$, qui est celui dont se servent les démons pour opérer la contraction contre l'action purement spirituelle divine. Le nombre des esprits démoniaques était, dans leur émanation, un nombre quaternaire comme celui du mineur, savoir : le Père Éternel 1, le Fils 2, le Saint-Esprit 3, et l'émanation provenant de ces trois personnes divines 4. Mais les esprits pervers joignirent, de leur autorité privée et par leur seule volonté, une unité arbitraire au nombre quaternaire de leur origine, ce qui dénatura leur puissance spirituelle et la transforma en une puissance bornée et purement matérielle, sous la conduite d'un chef pris parmi eux. Voilà pourquoi le nombre quaternaire ne leur appartient plus, et que le nombre quinaire est celui des démons.

Additionne le nombre 2 et le nombre 4, tu auras 6, nombre des pensées divines qui ont fait opérer la facture de la création universelle temporelle. Le nombre 3, joint au 4, te donne le nombre 7, qui constitue la puissance d'action de l'esprit majeur, laquelle est double, c'est-à-dire que, par le nombre 3, elle actionne sur les formes, et, par le nombre 4, sur l'âme du mineur. Additionne l'unité avec le nombre ternaire et joins leur produit au nombre quaternaire, tu auras le nombre 8, nombre de la double puissance spirituelle divine qui avait été confiée au premier mineur, pour qu'il manifestât la gloire et la justice de l'Éternel contre les esprits prévaricateurs. C'est cette puissance divine que tes pères ont connue sous le nom d'*Abraham, Isaac* et *Jacob*. Mais Adam, par son crime, ayant perdu cette double puissance, a été réduit à sa puissance simple de mineur; sa postérité est devenue errante et ténébreuse comme lui; et l'homme ne peut plus obtenir du Créateur cette double puissance sans des travaux infinis et sans subir la peine du corps, de l'âme et de l'esprit. Ce nombre enfin est celui que le Créateur destiné aux Élus spirituels qu'il veut favoriser et préposer à la manifestation de Sa gloire.

Joins le nombre quinaire au quaternaire, et tu auras le nombre de la subdivision des essences spiritueuses de la matière et de celle des essences spirituelles divines, et cela par la jonction du nombre quinaire, imparfait et corruptible, avec le nombre quaternaire, parfait et incorruptible. C'est par cette jonction que l'homme dégrade sa puissance spirituelle divine en la rendant spirituelle démoniaque, et c'est par là que le crime d'Adam s'est opéré, crime qui a occasionné une révolution inconcevable parmi tous les êtres spirituels. Juge donc, Israël, par ce que tu viens de voir, combien la puissance du mineur était grande, puisqu'il était possesseur du nombre quaternaire, duquel toutes choses temporelles et toute action spirituelle sont provenues. Tu sais que, dans son état de gloire, ce premier mineur n'avait en lui aucune action ni opération spiritueuses, et encore moins matérielles, mais au contraire toutes sortes d'actions et d'opérations spirituelles de formes glorieuses; tu sais en outre que ces formes glorieuses n'étaient point sujettes au temps, non plus qu'Adam lui-même, quoiqu'Adam et toutes ses opérations s'employassent en faveur du temporel. N'oublie donc jamais tout ce que je viens de t'apprendre de la grande puissance du premier homme et de son nombre quaternaire. Je vais tracer devant toi les caractères des différentes choses qui proviennent de ce respectable nombre; tu pourras d'autant mieux y ajouter foi, que c'est à toi-même que ce nombre est donné, et que c'est par là que tu es supérieur aux brutes et à toutes les créatures; souviens-toi de plus, Israël, que nul être mineur ne peut être savant sans une connaissance parfaite de ce grand nombre dénaire de l'Éternel et de tout son contenu d'émancipation et de création :

$$1 + 2 = 3$$
$$1 + 2 + 3 = 6$$
$$1 + 2 + 3 + 4 = 10$$

Il faut observer, Israël, que l'unité ne se joint au ternaire que pour former avec le quaternaire le nombre de la double puissance.

$$10 + 2 + 3 + 4 + 5 + 6 = 30$$
$$30 + 7 + 8 + 9 + 1 = 55 = 5 + 5 = 10$$

Tu vois, par l'addition de tous ces nombres particuliers provenus du quaternaire, le nombre 55 qui t'annonce la division du dénaire en deux nombres quinaires et démoniaques. En effet, la prévarication des premiers esprits est d'avoir voulu diviser et subdiviser la quatriple essence divine, et cela par leur propre faculté spirituelle. Ils conçurent, par leur propre volonté, une intention et un acte de pensée contraires aux lois d'action et d'opération qui leur avaient été fixées par le Créateur lors de leur émanation ; mais loin de pouvoir opérer cet acte avec succès, ils furent trompés, et très-surpris lorsqu'ils virent avec certitude l'impossibilité qu'il y avait pour eux et pour tout esprit d'enlever à la Divinité la quatriple essence et le fameux dénaire qui étaient innés en elle. Ils ne reconnurent parfaitement cette impossibilité que lorsqu'ils voulurent s'arroger chacun en particulier le produit de la subdivision de ce fameux quaternaire d'émanation et de création spirituelle divine et spirituelle temporelle ; car leur intention était de ne faire de tout ce produit qu'une seule unité quaternaire ou qu'une seule unité dénaire. Loin de cela, ils ne trouvèrent plus ni l'unité quaternaire, ni l'unité dénaire pure et simple, mais seulement deux nombres quinaires au lieu et place du dénaire divin qu'ils voulaient mettre en leur possession et en leur pouvoir. C'est par là qu'ils furent convaincus de leur orgueil atroce et insensé et de l'impossibilité pour un être quelconque de subdiviser la quatriple essence divine, non plus que son unité dénaire, ce droit ne pouvant appartenir qu'à l'Éternel, qui est seul et n'aura jamais d'égal ; et c'est pour avoir tenté cette opération opposée aux lois immuables de l'Éternel Créateur, que les démons se trouvent n'avoir d'autre puissance que cette puissance quinaire de confusion, et qu'ils sont précipités dans les abîmes de la privation divine pour une éternité. Frémis de crainte, Israël, au récit de ces horribles opérations ! Tremble de succomber aux mouvements d'un pareil orgueil et d'une pareille ambition. Fuis surtout quiconque voudrait te persuader de t'approprier les différents actes divins par la puissance du nombre quinaire. Si tu succombais jamais à une pareille séduction, ton action spirituelle divine, innée en toi, deviendrait toute matérielle ; ton être mineur deviendrait un intellect du démon, et tous tes pouvoirs seraient anéantis pour ne te laisser jouir que de la puissance quinaire des esprits pervers. Voilà, Israël, comment la puissance quinaire des démons a pris naissance; tel est le nombre qui les distinguera de tous les êtres spirituels pour l'éternité dans leurs actions et leurs opérations spirituelles temporelles matérielles ; et tel est le nombre par lequel l'être mineur, ainsi que tout être spirituel, apprend à connaître la prévarication des esprits pervers.

Je t'instruirai maintenant, Israël, de l'utilité de l'immensité surcéleste. Le Créateur l'a établie telle qu'elle est pour fixer l'ordre et les lois cérémoniales que les esprits émancipés ont à opérer dans toute l'étendue des trois mondes temporels, en correspondance avec les esprits émanés dans l'immensité divine. Le premier cercle, qui est l'angle saillant du triangle supérieur, marque le chef supérieur surcéleste et l'immensité des esprits supérieurs dénaires. Il ne faut point entendre que les esprits qui habitent dans ce cercle soient les mêmes, ni aucun de ceux qui ont été émanés dans la première place, immédiatement auprès de la Divinité. Non, Israël, les esprits dénaires divins ne sont jamais sortis de la place qu'ils occupent dans l'immensité divine : tout le changement qui leur est arrivé par la prévarication des esprits pervers et par celle du premier mineur, selon que je l'ai déjà dit, est d'avoir été assujettis au temporel, quoiqu'ils ne soient point sujets au temps.

Le Créateur n'a donc émancipé dans le cercle dénaire de cet espace surcéleste que des esprits majeurs qu'il a revêtus d'une puissance dénaire, par laquelle leurs actions et leurs opérations sont distinctes de celles des trois autres classes d'esprits de cette immensité surcéleste. Le second cercle, qui est à droite, marque l'immensité des esprits majeurs septenaires qui, par leurs actions et leurs opérations, sont au-dessous des esprits dénaires. Le troisième cercle, à gauche, marque l'immensité des esprits inférieurs; par leurs actions et leurs opérations, ils sont au-dessous des esprits dénaires et septenaires; et c'est pour cette raison qu'ils sont appelés inférieurs. Le cercle qui est à l'angle saillant du triangle inférieur du suréeleste, en ligne directe du cercle dénaire, marque l'immensité des mineurs spirituels divins. Leurs actions et leurs opérations sont supérieures à celles de tous les esprits du surceleste, par l'entremise duquel s'opère l'union entre l'homme et Dieu, et qui est assujetti à l'un et à l'autre. L'ordre et l'arrangement spirituels divins qui règnent dans l'immensité divine, sont les mêmes que ceux qui règnent dans l'immensité surcéleste. C'est par cette similitude que tu dois juger que cette immensité surcéleste a été émancipée et fondée en force et puissance par le Créateur et non par la volonté pure des esprits. Ce qui peut t'en convaincre, c'est que ce même arrangement se trouve répété, dans le céleste, par les cercles de Saturne, du Soleil, de Mercure et de Mars, par lesquels cercles les quatre horizons célestes sont distinctement marqués. Ce n'est point en vain, Israël, que le Créateur a établi ce même ordre dans ces différentes immensités ; ce n'est pas seulement pour la conservation du temps ni des différents corps permanents de l'univers, ni point encore pour la conservation de l'acte et des agents spirituels temporels, ni enfin pour la grandeur et la gloire de tous les êtres que je viens de nommer ; c'était uniquement pour l'homme que toutes ces choses avaient été ainsi disposées ; et, comme elles devaient servir de bornes aux esprits pervers, elles sont assujetties au mineur pour qu'il puisse exercer sur elles sa puissance et son commandement, selon sa volonté et selon les lois d'ordre.

Vois donc quels étaient les privilèges que Dieu avait accordés à l'homme. Ce sont ces trois mondes : le *divin*, le *surcéleste* et le *céleste* qui te font connaître les trois règnes de la Divinité. C'est le dernier de ces mondes qui devrait être la demeure du premier mineur ; si ce mineur n'avait point prévariqué, il aurait toujours occupé le centre des quatre régions célestes, comme étant l'être le plus puissant ; il aurait actionné et opéré dans ce monde céleste comme pur esprit divin ; tout être spirituel aurait obéi à sa pensée et à sa volonté. Oui, si ce premier mineur n'eut point prévariqué, il ne serait jamais devenu habitant du monde terrestre matériel, il n'aurait point désuni sa puissance divine quaternaire pour la rendre simplement inférieure et ternaire, ainsi que te le prouve le simple triangle sensible où sont attachés trois corps planétaires : la *Lune*, *Vénus* et *Jupiter*. Mais cette prévarication a fait descendre l'homme de cette surface et l'a précipité dans un monde tout opposé à celui pour lequel il avait été émancipé. Tu vois en effet que le monde céleste conserve toujours la forme de son origine et sa similitude avec le surcéleste et le divin ; mais le monde inférieur n'a qu'une forme matérielle différente de celle des trois mondes supérieurs. C'est par la désunion que tu aperçois dans le double triangle de ce monde sensible, que tu peux concevoir la privation du premier mineur et de ceux qui résident dans ce lieu de ténèbres, privation qui assujettit ces mineurs spirituels aux peines du corps et de l'esprit. Ce cercle sensible est aux mineurs, depuis la prévarication de l'homme, ce que l'immensité surcéleste et l'espace universel sont au démon. Tu sais néanmoins que l'avantage des hommes sur les démons est de pouvoir à leur gré et à leur volonté rompre leur borne et actionner comme de purs esprits, quoique sujets au temps.

Telle est l'idée que tu dois concevoir de la puissance actuelle de l'homme. Quant aux esprits du surcéleste, il est à propos que je t'instruise de leur émancipation, de leurs différentes facultés et de leur puissance, afin que tu voies clairement le véritable rapport et la correspondance qu'ils ont, tant avec l'immensité divine qu'avec le monde céleste et avec les mineurs habitant cette sphère terrestre.

Apprends donc, Israël, que l'émancipation de ces esprits fut faite aussitôt que la prévarication des esprits pervers eût été commise. Il n'y eut d'autre intervalle que celui de la pensée du Créateur, par ordre duquel ces esprits sortirent de l'immensité divine et firent exécuter dans l'immensité surcéleste les lois qui leur avaient été données. Ces lois n'étaient autre chose que d'assujettir ces esprits à la correspondance de l'homme avec le Créateur, et de les faire servir de doubles bornes aux créatures qui gouvernent les mondes célestes et matériels, dans lesquels les esprits prévaricateurs sont renfermés. L'espace qui se trouve entre l'extrémité du monde matériel et l'extrémité du monde céleste, forme la longitude des bornes fixées à ces esprits prévaricateurs, et où ils opèrent leurs vertus selon leur volonté. L'étendue de ces mêmes bornes en latitude est toute la surface horizontale du monde matériel, et le monde céleste est l'enveloppe du monde matériel. Tu dois concevoir que la longitude qui va de l'un de ces deux mondes à l'autre, est plus grande et plus considérable que sur la face horizontale du monde matériel, attendu que ce mode de matière n'a que trois horizons remarquables ; *nord*, *sud* et *ouest*, et que le monde céleste a quatre régions sans horizons. Je dis que le monde céleste n'a pas d'horizon, parce qu'en effet les horizons n'appartiennent qu'au monde matériel, dont les habitants sont sujets à être alimentés et substanciés par les éléments matériels et sont exposés au changement des saisons ; mais les habitants du monde céleste, étant d'une autre nature, ont aussi d'autres facultés que les habitants du monde matériel, et n'en ont point toutes les sujétions : loin d'avoir besoin des éléments matériels, ce sont eux qui contribuent à l'action des éléments ; ils jouissent continuellement de la même température ; ils ne reçoivent aucune nourriture des productions et des végétations de la matière, leurs corps n'étant pas formés à se nourrir ainsi.

Les corps de ces habitants du monde forment une sphère qui est entretenue et substanciée directement par le feu des esprits de l'axe d'où ces corps sont émanés. C'est pour cela que leur durée est fixée pour un nombre de temps qui est comme une éternité en comparaison de la durée du corps des habitants du monde matériel. Conçois de plus, Israël, que l'étendue terrestre et l'étendue céleste, où résident les habitants matériels et spirituels, forment ce que tu dois appeler le monde, et non pas que ces habitants dont je t'ai parlé puissent eux-mêmes former le monde. Tu dois savoir que ces habitants matériels ou spirituels ne sont que des êtres particuliers, et que, dans les deux espaces qu'ils occupent, il se trouve encore des êtres spirituels simples qui doivent également remplir leur mission dans l'univers, selon les lois divines qu'ils ont reçues pour accomplir leurs opérations en faveur des habitants spirituels du monde céleste et des habitants matériels du monde terrestre. Il te faut faire la même différence entre le monde surcéleste et ses habitants.

La faculté donnée au monde surcéleste de servir de double borne aux esprits malins, te sera encore plus intelligible, en observant quelles sont les opérations de ce monde surcéleste. Ils actionnent non seulement sur le monde céleste et le monde matériel, ainsi que je te l'ai dit, mais encore sur le cercle de l'axe universel. Tu dois en effet concevoir combien il est nécessaire que tout soit contenu par des esprits supérieurs à ceux qui sont constitués et à ceux qui sont attachés à la conservation et à la durée de la forme universelle, où les esprits pervers sont détenus en privation. C'est pourquoi tu dois reconnaître dans les esprits surcélestes la faculté d'une double action. Mais ce n'est point seulement par cette double action des esprits surcélestes sur la forme universelle que se prouve en eux la faculté, c'est encore parce que, par leur rang et par leur mission, ils ont l'acte de la double puissance, parce qu'ils sont tous sous la domination et le commandement de l'action directe de l'Éternel, et parce que c'est dans ce monde surcéleste que résident toute action et opération pour ou contre la créature purement spirituelle, celle spirituelle temporelle divine, et celle spirituelle matérielle. Oui, ce sont ces habitants du surcéleste qui servent de double rempart à l'atrocité des opérations démoniaques ; je te le dis en vérité qu'ils ont la faculté de la double puissance parce qu'ils sont sanctifiés. Aussi les démons ne pourront jamais souiller ce monde surcéleste comme ils ont souillé les habitants de l'immensité divine ; et c'est de là qu'il est dit, que les démons ne prévaudront jamais contre la pensée, l'action et l'opération du Créateur.

Ce que je te dis ici t'a été véritablement représenté par Abraham, Isaac et Jacob, qui sont des figures temporelles de la pensée, de l'action et de l'opération de la Divinité. Depuis que ces trois mineurs ont obtenu leur réconciliation et leur sanctification, le démon n'a plus fait aucune impression sur eux, et n'a pu prévaloir contre les actions spirituelles divines qui s'opéraient par ces trois personnes en l'Éternel, depuis qu'elles ont été sanctifiées. Tu vois donc, Israël, que l'action des habitants surcélestes est infiniment plus considérable que celle de tout être spirituel occupé aux actions et aux opérations des deux mondes inférieurs; tu le vois, dis-je, par les rayons de feu sortant des différentes circonférences qui constituent l'immensité du surcéleste; et cette supériorité d'action ne doit point l'étonner, puisque l'espace de l'immensité surcéleste est plus étendu que l'espace des deux mondes inférieurs qui, quand même ils seraient réunis, n'en approcheraient jamais.

J'ai à t'apprendre, Israël, une vérité dont tu as sous les yeux la certitude et la preuve physiques, c'est que, parmi les habitants des différents mondes, il n'y en a pas deux qui soient parfaitement égaux en facultés et en puissance spirituelles; ils sont tous différents les uns des autres à cet égard, ce qui t'est enseigné véritablement par la différence qui règne entre toutes les formes corporelles et entre toutes les actions que ces différentes formes opèrent devant toi. Ce n'est point par cette observation matérielle que cette certitude est venue à ma connaissance, mais je la tiens du Créateur même, qui m'a fait voir clairement que cette différence de facultés et de puissance existait pareillement parmi les habitants spirituels de l'immensité divine qui, par le décret divin, avaient des actions et des opérations distinctes et supérieures les unes et les autres. Je te dis de plus que ce décret divin existera éternellement et sans fin, et qu'il s'observera avec une égale précision pendant la durée des temps parmi les esprits émancipés, quoique les vertus et les puissances de ces esprits émancipés ne soient plus les mêmes que celles qu'ils avaient dans l'immensité divine avant la prévarication des esprits pervers, étant forcés, par cette prévarication, de partager entre le temporel et le spirituel leur action qui devait être purement spirituelle, ainsi que tout ce qui s'opère à ta vue doit te le faire concevoir.

Pour te faire mieux comprendre ce que je t'ai dit précédemment du changement survenu dans les vertus et les puissances des esprits émancipés de l'immensité divine, je te dirai que le Créateur émancipe de Son cercle septenaire divin un nombre d'esprits suffisant, qu'Il assujettit à opérer dans le surcéleste des actions spirituelles temporelles. Les lois de puissance relatives à ces opérations furent distribuées en cet ordre aux esprits septenaires émancipés; une autre partie, la faculté de la puissance septenaire; une autre enfin, celle de la puissance inférieure ternaire. A ces trois classes d'esprits fut joint le mineur qui, par sa puissance et sa vertu, leur était infiniment supérieur, parce que, comme je te l'ai déjà enseigné, ce mineur était un être pur qu'aucun scandale spirituel n'avait souillé. Aussi était-il le seul de cette immensité qui eût la puissance quaternaire, et son action était très-différente de celles des trois autres classes du surcéleste. Le Créateur ne plaça point dans cette immensité surcéleste une classe particulière d'esprits octenaires, ainsi qu'elle était jadis dans l'immensité divine; cette classe même ne se trouve plus dans l'immensité divine, et cela parce qu'à la suite de la prévarication des premiers esprits, le Créateur, faisant force de loi sur toute sa créature spirituelle, émancipa son action double puissance pour aller opérer sa justice et sa gloire dans les trois différentes immensités sans distinction. C'est de là qu'il t'est enseigné que l'esprit doublement fort est chez toi lorsque tu le mérites, et qu'il s'éloigne de toi lorsque tu te rends indigne de son action doublement puissante. Tu as vu cette double puissance s'opérer dans l'Égypte en ta faveur et pour ta gloire; elle a divisé son action en deux parties : l'une pour exterminer tes ennemis, et l'autre pour veiller à ta conservation spirituelle et corporelle. C'était là ce que te figuraient les deux colonnes qui marchaient toujours avec toi et qui te suivaient dans tous tes triomphes. Et voilà par quel moyen cet esprit doublement fort n'est plus à demeure fixe dans l'immensité divine.

Tu n'ignores pas, Israël, que l'immensité surcéleste est la ressemblance de l'immensité divine, et que les mêmes facultés de puissance spirituelle se retrouvent dans l'une et l'autre immensités. Mais il y a cette distinction à faire, que les agents spirituels divins opèrent dans l'immensité infinie du Créateur, au lieu que les agents surcélestes n'opèrent que dans une immensité bornée. Aussi cette immensité surcéleste est passive, parce qu'elle est sujette au temps ; elle ne peut pas plus avoir de bornes que n'en ont la pensée et la puissance du Créateur, et, d'après ce que t'ai dit de cette respectable immensité, tu dois savoir qu'elle ne consiste que dans la multitude des esprits que le Créateur émane de Son sein. C'est par la continuité de cette émanation spirituelle que cette immensité divine est infinie. Chaque esprit, au moment où il émane du Créateur, trouve une place et un espace convenables à son être pour mettre en action et en opération la puissance qu'il a reçue de l'Éternel. En effet, le Créateur ne peut émaner de son sein un esprit, sans lui créer une puissance ; et cette puissance ne saurait se mettre en action avec distinction, si chaque esprit émané du Créateur n'avait son espace particulier, ce qui te fait sentir que, comme l'émanation, l'immensité divine doit aussi s'accroître continuellement. Si cela n'était pas ainsi, la puissance de tous ces habitants de l'immensité divine opérerait en confusion, ainsi que les habitants du monde matériel opèrent la leur. Ce qui met de la confusion parmi les habitants des mondes matériels, c'est leur espace borné qui n'en peut contenir qu'un nombre fixe; mais la multitude des habitants de l'immensité divine croît et croîtra sans cesse et à l'infini sans trouver jamais de bornes. Il ne faut point de temps pour l'émanation de ces esprits comme il en a fallu pour celle de la création temporelle, parce que les esprits, recevant avec leur émanation tout ce qui leur convient pour agir selon leurs lois, n'ont aucun besoin d'user de la puissance des esprits inférieurs, comme sont obligés de le faire les mineurs habitant les mondes temporels.

Tu vois donc bien clairement, Israël, que cette immensité divine ne peut en aucune façon se considérer comme finie, et c'est par cette infinité que je te prouve l'éternité du Créateur, de même que l'éternité des esprits se prouve par leur émanation. Je ne comprends toutefois dans l'éternité des esprits, ni l'action, ni la puissance temporelle qui s'opèrent aujourd'hui sous tes yeux. Tout ce qui est sujet au temps ne peut se regarder comme éternel; mais, de même, que par la prévarication des premiers esprits et celle de l'homme, les puissances spirituelles pures sont devenues temporelles, de même, après le jugement dernier, ces puissances cesseront d'agir temporellement, et elles seront remises dans leur première force et leur première vigueur selon toute l'étendue de leurs premières lois.

Cependant, Israël, l'être de la double puissance divine ne sera pas rendu à son premier état de stabilité dans l'immensité divine, comme il était avant la création; cet être sera éternellement occupé à opérer sa double puissance envers les classes d'esprits qui seront distingués dans toute l'éternité, savoir : les esprits justes, sanctifiés les premiers; et les esprits qui ne seront sanctifiés et réconciliés que les derniers. Cette distinction subsistera perpétuellement lors même que tous les êtres spirituels se seront réconciliés, et la sanctification des premiers sera toujours supérieure à celle des derniers. Les mineurs qui, à la fin des temps, resteront à être réconciliés, seront appelés les derniers par l'Éternel; et la justice qu'Il exercera contre eux sera infiniment plus forte que celle qu'Il a exercée et qu'Il exercera contre les démons, parce que le mineur avait été comblé par l'Éternel d'une autorité et d'une puissance supérieures à celles des esprits pervers, et que, plus le mineur a reçu, plus il lui sera demandé. C'est ce qui doit t'apprendre combien le mineur impie doit redouter Sa justice. Conçois donc, Israël, par tout ce que je viens de te dire, que la loi de l'être de double puissance n'est point d'être remis à son premier état fixe d'immutabilité d'action spirituelle divine, puisque cet être aura éternellement à opérer ses facultés puissantes dans les différentes classes où seront placés les premiers et les derniers sanctifiés et réconciliés.

Si tu avais jamais le malheur, Israël, d'être compris au nombre de ceux qui seront les derniers à être réconciliés, tu n'aurais plus le temps de revenir de tes abominations, et il ne serait plus en ton pouvoir de te réclamer au Créateur pour qu'il abrégeât tes souffrances; car je te dis en vérité que le Créateur est immuable et qu'il ne retire jamais ses décrets. C'est pourquoi, autre chose est la faculté du mineur ici-bas, autre chose est sa faculté lorsqu'il est tiré à la justice de l'Éternel. Tu sais sans doute, Israël, qu'il est impossible de cacher à cet être suprême l'emploi qu'ils auront fait de leur liberté pour ou contre les lois divines qu'ils ont eues lors de leur émanation et lors de leur émancipation. C'est sur cette liberté que l'Éternel jugera tous les mineurs, car tout être spirituel a été émané fort et doublement fort. Le Créateur, qui n'est point un être faible, n'a pu émaner de lui des êtres impurs et susceptibles d'avoir en leur puissance quelqu'acte de faiblesse. Ce mot faiblesse est celui dont se couvre l'homme impie et méchant, afin de pouvoir se lier, suivant son gré, aux pensées iniques de l'intellect démoniaque; mais toutes les passions et tous les vices de l'homme n'opèrent en lui que par sa propre liberté, qui est innée en lui-même. *La liberté enfante la volonté, et la volonté adopte la pensée bonne ou mauvaise qu'elle a conçue; et, sitôt qu'elle en a obtenu le fruit, le mineur revient sur lui-même et, méditant sur le produit de son opération, il devient lui-même le juge du bien ou du mal qu'il a commis.*

Me diras-tu, pour excuser ta prévarication envers le Créateur, que ta faiblesse en est cause, et que cette faiblesse provient de ta forme corporelle de matière qui tient le mineur en privation de puissance spirituelle? Je te répondrai que cela est très-faux, puisque tous les mineurs qui ont été remis dans leurs premières puissances et vertus spirituelles divines et ont trouvé grâce devant l'Éternel, tels qu'Adam, Abraham, Isaac et Jacob, et plusieurs autres, n'ont plus prévariqué après leur réconciliation, quoique cependant ils fussent toujours dans des formes corporelles. Dès que ces mineurs ont été sanctifiés et réconciliés, ils ont livré leur liberté à la puissance de Celui dont ils l'avaient reçue. Ainsi cette liberté n'a plus enfanté que des volontés pures; et la volonté de ces mineurs réconciliés n'a plus adopté que des pensées toutes spirituelles qui leur ont fait opérer des actes de puissance surpre-

nants et incroyables aux mineurs prévaricateurs.
Ces mineurs ainsi réconciliés n'ont plus été susceptibles de succomber aux embûches du démon, ni d'adopter son intellect d'abomination, et cela parce que ces mineurs lisaient jusque dans la plus profonde pensée des êtres démoniaques, les interrompaient dans toutes leurs entreprises criminelles et les privaient par là de toute la gloire que ces êtres pervers se promettaient en les persécutant. Ne crois donc pas, Israël, que la faiblesse soit donnée directement à l'homme et que ce soit sa forme corporelle de matière qui le fasse succomber à la tentation. Cette forme n'est point chargée de se diriger elle-même; elle n'est que l'organe du mineur; elle ne fait qu'opérer les volontés bonnes ou mauvaises que le mineur reçoit du bon ou du mauvais esprit. Aussi, lorsque l'homme succombe, il ne doit point rejeter sa chûte sur sa forme corporelle de matière, mais il ne doit l'attribuer qu'à sa seule volonté. Il est bien sûr cependant qu'il existe innée dans le mineur une faculté, un acte que l'on peut traiter de faiblesse; mais, comme cette faiblesse ne tend qu'au bien, elle ne peut déplaire au Créateur. Elle ne provient que d'une véritable humanité spirituelle qui enseigne à faire le bien pour le mal que les démons font opérer contre nous par nos semblables précipités.

Telle est la faiblesse innée dans le mineur. Cela

est si véritable que, s'il m'était permis de t'instruire de toute la charité et de toutes les faiblesses divines que le Créateur emploie en faveur de sa créature spirituelle, tu frémirais de honte. Mais le temps viendra où tu seras instruit de ce que je ne puis te dire maintenant; et tu seras toi-même juge des choses que je suis obligé de te dire; tu connaîtras clairement alors qu'il n'y a point d'autres faiblesses innées chez le mineur que celle dont je viens de te parler, et qui mériterait plutôt le nom de *miséricorde*. Crains donc, sous peine de mort, de regarder le mineur comme un être faible. S'il était émané tel du sein du Créateur, il était inutile que le Créateur lui donnât la liberté. S'il n'avait pas en lui la force d'en faire usage, non seulement il serait un être impur et contradictoire, mais le Créateur même le serait aussi, en ce qu'il participerait à deux actions opposées l'une à l'autre, tandis qu'il n'y a chez le Créateur qu'une seule action qui se subdivise à l'infini pour le bien et l'avantage de sa créature.

Mais pour te convaincre que ce que l'homme méchant appelle faiblesse innée dans le mineur ne provient pas de sa forme corporelle de matière, je te demanderai si les premiers esprits pervers avaient des formes corporelles de matière lorsqu'ils ont prévariqué. Tu dois savoir que ces esprits n'avaient pas alors de forme, et que cependant ils ont eu la faiblesse de prévariquer. Ce n'est donc point à la forme de ces esprits pervers que tu dois attribuer cette faiblesse dont se couvrent les mineurs corporisés. De plus, cette espèce de faiblesse n'était nullement en leur pouvoir, puisque ces premiers prévaricateurs n'étaient susceptibles d'aucune communication d'intellect bon ou mauvais, n'y en ayant pour lors, et ces premiers esprits lisaient parfaitement dans la pensée du Créateur tant qu'ils demeuraient dans leur état de justice. Ce n'est donc point, je te le répète, de l'influence de la faiblesse corporelle ni d'aucune influence d'intellect bon ou mauvais qu'est provenue la prévarication des premiers esprits; c'est leur propre liberté et leur seule volonté qui les a portés à concevoir le crime atroce pour lequel ils sont en privation divine spirituelle. Ne me dis point que tu ne peux comprendre comment s'opèrent toutes les choses dont je viens de te parler touchant la liberté et la volonté innées en l'être spirituel, ce serait un langage qui n'appartiendrait qu'aux animaux irraisonnables, et non point à un être qui porte en lui la similitude et la ressemblance des vertus et des pouvoirs de la Divinité. Tu ne peux douter que tu n'aies en toi toutes ces choses, puisque tout ce que tu me vois opérer pour la gloire du Créateur et pour l'avantage de Ses créatures mineures n'est donné par le Créateur qu'aux pouvoirs de ces mêmes mineurs, et non point à ceux de tout être spirituel. Oui, Israël, le Créateur ressent plus de satisfaction des actions et des opérations bonnes de Son mineur en privation, que de celles des autres êtres spirituels qui sont temporels sans être assujettis au temps. Cette différence vient de ce que les mineurs sont émanés et émancipés pour satisfaire à la justice et à la gloire de l'Éternel, au lieu que les purs esprits n'ont que la faculté de contempler et de rapporter au Créateur tout ce qui s'opère entre le mineur et lui. Aussi les mineurs ont innées en eux des vertus et des puissances supérieures à celles de tous les autres esprits. Le Créateur, me diras-tu, ne pouvait-il pas faire opérer les mêmes choses et donner les mêmes puissances à tout autre esprit de l'immensité divine, soit *dénaire*, soit *septénaire*, soit *ternaire*? Mais pour que tu ne sois pas surpris de ce que le mineur a eu la préférence, à cet égard, sur toutes les autres classes d'esprits, souviens-toi que, quoique la tache scandaleuse que les esprits purs reçurent de la prévarication des esprits pervers soit lavée, et que les esprits qui avaient été ainsi souillés soient sanctifiés par la bonté infinie et la puissance du Créateur, cela n'a pas mis néanmoins ces esprits à l'abri du temporel, et, puisqu'ils se trouvaient ainsi assujettis, le Créateur donna la préférence à son mineur, comme à un être parfaitement pur et sans tache, son émanation n'ayant été faite qu'après la prévarication des esprits pervers. Ne sois pas étonné si je t'apprends que les habitants du monde divin se ressentent encore de la première prévarication, et s'en ressentiront jusqu'à la fin des temps, où leur action cessera de participer au temporel, qui n'est point leur véritable emploi et pour lequel ils n'ont point été émanés.

Oui, Israël, je te dis en vérité qu'il en est de ce monde divin comme des habitants spirituels du monde général terrestre ; de même que ceux-ci paient tribut à la justice de l'Éternel pour la prévarication du premier mineur commise au centre de l'univers temporel, de même les habitants du monde divin paient tribut à la justice du Créateur pour l'expiation du crime des premiers esprits. Je te dirai la vérité pure touchant les différents tributs que ces deux classes d'êtres spirituels payent et payeront au Créateur jusqu'à la fin des temps. Ce qui te surprendra bien plus, c'est que tous les esprits que le Créateur a émanés dans l'immensité divine depuis cette prévarication sont sujets au même tribut. Pour t'en convaincre, observe l'émancipation du mineur dans ce bas monde : assurément, lorsqu'il y descend, il n'est ni souillé, ni impur ; mais il n'est pas plutôt revêtu d'un corps de matière qu'il devient sujet à la loi du temps. Il y a sans doute une grande différence dans la sujétion où se trouve le mineur et celle où se trouvent les habitants de l'immensité divine ; et le mineur est dans une privation et un pâtiment bien plus considérables, parce que tu n'ignores pas que la prévarication du premier homme est infiniment plus forte que celle des démons. Aussi les mineurs sont-ils bornés au temps, et les esprits divins ne le sont qu'au temporel ; l'homme ne parcourt les différentes immensités qu'en pensée, mais les esprits peuvent parcourir réellement et en nature l'étendue infinie de l'immensité divine. Cependant, malgré cette différence de sujétion où se trouvent ces deux classes d'esprits, la parole de l'homme lui donne la supériorité sur tous les habitants du monde divin ; elle est plus forte et plus puissante que la leur, et l'étendue qu'elle peut avoir surpasse encore celle que parcourent les esprits divins.

Tel est, Israël, l'état actuel des esprit divins et celui des mineurs, et cet état de sujétion où sont réduits les esprits divins et les mineurs n'est rien en comparaison de la privation horrible à laquelle les esprits pervers sont condamnés. Le Créateur a tellement fait force de loi contre eux, qu'ils sont infiniment plus tourmentés et plus molestés que tous les autres esprits. Leur tourment est d'être assujettis à opérer le mal, et d'être condamnés par décret de l'Éternel à vivre pour une éternité temporelle dans leurs iniquités sans pouvoir changer leurs actions mauvaises et contraires à l'action divine. C'est là ce que le Créateur a voulu faire entendre, lorsqu'Il a prononcé par ses députés que les prévaricateurs seraient punis par leurs propres crimes. Le mineur, au contraire, quoique dans la sujétion, a néanmoins la liberté entière d'opérer le bien ou le mal, et de changer le mal en bien. Voilà pourquoi il n'y a aucune comparaison à faire de sa privation avec celle que souffrent les esprits pervers qui n'ont d'autre pouvoir que celui d'opérer le mal. »

Après que Moïse eût donné au peuple les grandes instructions que vous venez de voir, il retourna sur la montagne de Sinaï, d'où il rapporta les secondes tables de la loi. Il reçut aussi sur cette montagne l'ordre du Créateur pour la construction d'un tabernacle dans lequel ces nouvelles tables seraient disposées, et, lorsqu'il eût exécuté avec le secours de Bethzaléel tout ce que le Créateur lui avait prescrit à ce sujet, il adressa encore la parole au peuple, et lui donna en ces termes des instructions sur la forme et les proportions du tabernacle :

« Ecoute, Israël, ce que j'ai à te dire sur les différentes proportions que j'ai observées dans la construction du tabernacle de puissance spirituelle divine, et sur les différents rapports qu'il a avec tout ce qui existe. Le tabernacle, dans sa perfection, fait quatre sortes d'allusions spirituelles : la 1<sup>re</sup> *au monde surcéleste*, la 2<sup>e</sup> *au monde céleste*, la 3<sup>e</sup> *au corps de l'homme*, et la 4<sup>e</sup> *au monde ou cercle universel*. Tu reconnaîtras la première en observant que l'intérieur est la vraie figure du surcéleste. C'est dans ce saint lieu que je vais opérer une partie de l'action des habitants spirituels du sur céleste sans le mélange d'action avec aucun autre esprit; aussi, lorsque je dois prendre communication directe de la volonté divine, le Créateur m'a assujetti à entrer en ce saint lieu par la porte d'Orient, et j'y entre toutes les fois que j'ai à demander quelque chose en faveur d'Israël. Mais aussi ma crainte et mon travail sont-ils infiniment plus considérables pour ce genre d'opérations que pour toutes les autres que je pourrais faire pour ou contre l'avantage d'Israël, parce que, dans celle-ci, selon que je viens de le dire, j'ai à prendre communication directe avec l'Éternel et avec les esprits purs du surcéleste.

La seconde allusion, ou celle de la partie céleste, t'est figurée par les quatres portes qui sont attachées au tabernacle, et qui représentent les quatre régions surcélestes. De ces quatre portes, l'une regarde l'*orient*, l'autre l'*occident*, l'autre *le midi*, l'autre *l'aquilon* ou *le nord;* elles sont les véritables figures des quatre puissances spirituelles que le Créateur a données à son mineur, et par lesquelles il peut faire usage de celles des quatre chefs régionnaires, et tout ce qui est à leur dépendance. C'est pour cela que, lorsque je suis dans le tabernacle pour être instruit des choses temporelles spirituelles célestes, je laisse ouverte la porte qui regarde la region céleste du chef auquel j'ai besoin de m'adresser. Telle est, Israël, la différence des demandes et des opérations que je fais dans la partie céleste d'avec celles que j'ai à faire dans la partie surcéleste. Les habitants du surcéleste, opérant et actionnant sur tout ce qui existe spirituellement, ne sont point retenus par les bornes de l'univers et, n'ayant pour eux aucune borne de matière, on ne peut les assujettir ni les assigner dans aucune région élémentaire. C'est ce qui fait qu'en travaillant sur eux, je ne laisse ouverte aucune des portes du tabernacle, parce que ces sortes d'esprits ont en leur pouvoir d'écarter toute espèce de bornes de matière pour venir se communiquer aux mineurs destinés à la manifestation de la gloire et de la justice divines. Mais il n'en est pas de même des habitants spirituels de la partie céleste : comme ils occupent des régions et des formes élémentaires, je suis obligé, lorsque je m'adresse à eux, d'ouvrir la borne où ils sont contenus. Voilà le véritable rapport du tabernacle avec le monde céleste et le monde surcéleste, dont les habitants viennent chacun opérer avec distinction et sans confusion en présence de celui qui a puissance et action sur eux par ordre du Créateur.

Le troisième rapport est celui que le tabernacle a avec le monde particulier, ou le petit monde, qui n'est autre chose que le corps de l'homme. Oui, Israël, ce tabernacle que j'ai fait construire par Bethzaléel en ta présence, et dans lequel j'ai renfermé la loi divine que le Créateur m'a donnée face à face, et le véritable type et la vraie ressemblance du corps de l'homme ou de la forme corporelle de matière apparente, dans laquelle est renfermé le mineur ou l'âme spirituelle divine. De même que les habitants du surcéleste, du céleste et du cercle universel opèrent chacun en leur particulier dans le redoutable tabernacle, de même aussi tous ces différents êtres spirituels travaillent et opèrent dans le corps de l'homme avec le mineur qui y est renfermé.

Quatrièmement, ce tabernacle fait véritablement allusion au cercle universel, en ce que tout être spirituel, inférieur, majeur et mineur fait dans ce tabernacle les mêmes actions d'opération que dans l'immensité universelle. Oui, Israël, ce tabernacle, construit sous tes yeux par la faculté de l'homme, te fait voir avec certitude quelles sont la faculté et la puissance des esprits qui coopèrent à l'entretien de l'univers, et de ceux qui ont coopéré à sa formation en disposant la matière première, d'où toutes les formes sont sorties, à retenir l'impulsion que lui ont donnée les esprits inférieurs, d'après les ordres du Créateur. Juges-en toi-même : n'est-il pas vrai que, lorsque je suis descendu de la montagne, je ne portais avec moi aucune matière propre et convenable à la construction de ce redoutable tabernacle dans lequel devaient être renfermées les lois divines que le Créateur a daigné confier à son serviteur Moïse ? Mais je ne fus point moi-même chargé de cette construction. Je n'étais que le député du Créateur pour transmettre à Bethzaléel l'ordre de la Divinité, et en second lieu, la forme apparente qu'il devait donner au tabernacle spirituel. Aussi, tu ne m'as point vu mettre la main à cet édifice, cette faculté étant réservée à Bethzaléel et aux deux autres mineurs ses associés. Tu sais en outre qu'aussitôt que j'eus donné à Bethzaléel l'ordre de la Divinité et le plan du tabernacle spirituel conformément à la volonté et au dessein du Créateur, c'était donc bien te retracer tout ce qui s'est passé lors de la formation de l'univers.

De même que j'ai communiqué à Bethzaléel les ordres du Créateur pour la construction du tabernacle, de même le Créateur communiqua directement aux esprits inférieurs la loi de création des essences spiritueuses; de même que j'ai donné à Bethzaléel le plan de son ouvrage, de même les esprits supérieurs reçurent, par un député supérieur, l'image de la forme apparente de l'univers; de même enfin que Bethzaléel, après avoir reçu l'ordre de construire le tabernacle, ainsi que le plan qu'il devait lui donner, trouva sans peine tous les matériaux nécessaires avec lesquels il construisit le tabernacle; de même aussi les esprits inférieurs, ayant reçu l'ordre du Créateur pour la construction de l'univers, ainsi que l'image de la forme apparente qu'il devait avoir, produisirent d'eux-mêmes les trois essences fondamentales de tous les corps avec lesquels ils formèrent le temps universel. J'ai donc fait dans cette opération le type du Créateur et celui de l'esprit majeur, et Bethzaléel a fait celui de l'esprit inférieur qui a en son pouvoir la construction des formes. C'est pour cela que Bethzaléel est appelé grand ouvrier devant l'Éternel. La matière incorruptible dont ce tabernacle est composé est le vrai type des esprits mineurs qui contribuent à l'entretien et au soutien de l'univers, et ce tabernacle est incorruptible parce qu'il est, ainsi que l'univers, soutenu et entretenu par des êtres purement spirituels. C'est par cela que ces deux temples subsisteront jusqu'à la fin des temps. Tâche, Israël, de rendre également incorruptible ta forme particulière, en la laissant sous la direction et la puissance de ces mêmes êtres spirituels qui la conserveront dans toute la pureté de ses lois pendant la durée du cours qui lui est fixé. Tu conçois sans doute que les trois sujets qui ont travaillé à la construction du tabernacle, savoir : Bethzaléel et ses deux associés, font une allusion véritable au nombre ternaire qui constitue la faculté puissante des esprits inférieurs producteurs des trois essences spiritueuses d'où sont provenues toutes les formes corporelles.

Telles sont, Israël, les figures importantes que tu peux découvrir dans tout ce qui concerne le tabernacle qui a été construit sous tes yeux. Sur toutes choses, n'oublie pas que ce tabernacle est, ainsi que je te l'ai dit, l'image de la forme corporelle du mineur. Vois en effet si le tabernacle du mineur n'a pas eu en lui quatre portes qui sont figurées dans le tabernacle de Bethzaléel, et s'il n'y a pas un rapport parfait entre les unes et les autres ? La porte d'Orient du du tabernacle de Bethzaléel, par où j'entre pour invoquer les habitants du surcéleste, représente le cœur de l'homme ; c'est par le cœur que le mineur reçoit les plus grandes satisfactions ainsi que les plus grandes faveurs que le Créateur lui envoie directement par les habitants du surcéleste. La porte d'Occident du tabernacle de Bethzaléel se rapporte à la seconde porte du corps du mineur, qui est l'œil. La porte du Midi fait allusion à l'oreille ; mais malgré les rapports qui se trouvent entre les quatre portes de ces deux différents tabernacles, il ne faut pas croire qu'ils soient égaux en vertus et en propriétés. Non, Israël, le tabernacle de Bethzaléel n'est qu'un type de celui du mineur ; et c'est dans le tabernacle du mineur que le Créateur a attaché toute Son affection. Ainsi il n'est point étonnant qu'il soit supérieur en puissance à celui de Bethzaléel, qui renferme en effet la loi divine que le Créateur a confiée une seconde fois à son serviteur Moïse ; mais cette loi sacrée n'existe-t-elle pas en nature dans le tabernacle du mineur ? Ne crois pas non plus, Israël, que le tabernacle de Bethzaléel fasse aucune allusion au tabernacle d'Adam, notre premier père, lorsqu'il était dans son état de gloire. Tu sais qu'Adam, dans cet état, était un être purement spirituel, et qu'il n'était assujetti à aucune forme de matière, parce qu'aucun esprit pur ne peut être renfermé dans un corps de matière, sinon ceux qui ont prévariqué. Tu sais en outre qu'Adam avait la faculté de construire sa forme corporelle glorieuse, de la dissiper, de la changer à son gré et selon les actions qu'il avait à opérer conformément aux ordres qu'il recevait du Créateur. Ainsi, dès que cette forme existait, elle ne pouvait se considérer comme le tabernacle de la loi divine innée dans le premier mineur ; et c'était ce premier mineur lui-même qui, en tant que pur esprit, était le vrai tabernacle de la loi divine qu'il avait reçue, soit lors de son émanation, soit lors de son émancipation. Vois-donc par là, Israël, l'impossibilité qu'il y a qu'un tabernacle de matière grossière, tel que celui de Bethzaléel, fasse allusion au tabernacle spirituel du premier mineur, qui n'est autre chose qu'un pur esprit.

Je vais t'instruire maintenant des propriétés des quatre portes du tabernacle du mineur corporisé, dont je t'ai parlé précédemment et que je t'ai prouvé être supérieures à celles du tabernacle de Bethzaléel. La première de ces portes, ou porte orientale, selon que je te l'ai fait observer, est le cœur du corps de l'homme; c'est par cette même porte supérieure que l'esprit de vie passive entre dans le tabernacle du mineur pour le disposer à recevoir et à supporter tous les effets de toutes les opérations spirituelles divines qui doivent s'y faire conjointement avec le mineur. C'est par cette même porte que pénètrent dans l'homme les plus sublimes esprits, tant bons que mauvais; et, lorsqu'ils ont disposé le tabernacle convenablement, selon leurs lois, le mineur se joint à eux pour opérer sa volonté bonne ou mauvaise, conformément à sa liberté. Les esprits susceptibles d'opérations divines avec le mineur sont tous ceux qui habitent depuis le monde surcéleste jusqu'à l'extrémité de tous les mondes temporels. Tu vois, par là, quelle est la multitude infinie de communications spirituelles soit bonnes, soit mauvaises que le mineur peut recevoir par la porte orientale de son tabernacle corporel. Oui, Israël, c'est dans le cœur du mineur que tout s'opère pour ou contre le bien du mineur.

Les trois autres portes du tabernacle de l'homme ne sont pas moins importantes, et sont également supérieures à celles auxquelles elles répondent dans le tabernacle de Bethzaléel. Elles sont les organes des principales fonctions du mineur, savoir : *l'œil* est l'organe de la *conviction; l'oreille* celui de la *conception;* et la *bouche* celui de la *parole puissante de l'homme.* Ces trois dernières portes, jointes à la première, t'apprennent à distinguer les quatre différentes opérations que le mineur peut effectuer, par sa puissance, sur le monde surcéleste, le monde terrestre et le monde universel. Tu peux concevoir la même chose touchant le tabernacle de Bethzaléel, qui est la vraie figure de ces quatre mondes; car chacun des mondes étant lui-même un tabernacle particulier, il faut qu'ils aient chacun leurs opérations spirituelles divines particulières; et c'est ce que te représentent les quatre différentes portes du tabernacle de Bethzaléel. Si tu me demandes quelle est la clef de ces portes, je te répondrai qu'il n'y en a pas d'autre que l'esprit qui veille à chacune d'elles, qu'il est seul à pouvoir ouvrir ou fermer pour ou contre l'avantage du mineur. Mais si le mineur ne peut pas lui-même ouvrir ces portes, il peut les faire ouvrir et fermer quand il lui plaît. Il appartient au mineur de désir spirituel bon d'être véritable propriétaire de cette fameuse clef, et, par là, de devenir dépositaire du bien spirituel et concierge des esprits prévaricateurs contre la Divinité. Tu vois quelle est la supériorité du tabernacle du mineur sur celui que j'ai fait construire en ta présence. Aussi fut-il le premier construit et rien ne peut prévaloir contre lui, si le mineur n'y donne son consentement. Ce tabernacle, enfin, est le type réel du monde, parce qu'il contient dans sa petite étendue tout ce que le grand monde contient dans son espace immense. Le tabernacle du mineur est incomparablement au-dessus des tabernacles particuliers, parce que celui de l'homme renferme quatre choses, et que les autres n'en contiennent que trois. Ces trois choses que contiennent les tabernacles inférieurs particuliers, sont : la *loi*, cérémonial du culte divin, le *précepte* et l'*opération* ; mais outre ces trois choses, le tabernacle du mineur en renferme une quatrième, qui est la puissance spirituelle divine. Voilà quelle est l'allusion du tabernacle de Bethzaléel et celui de l'homme, et pourquoi celui-ci est si supérieur à tous les autres, ce qui sera encore plus amplement expliqué dans son temps, selon la volonté du Créateur.

Israël, je t'ai laissé ignorer le véritable nom de l'ouvrier constructeur de ce redoutable tabernacle, et tu ne l'as connu que sous le nom temporel de Bethzaléel. Ce surnom n'est que conventionnel ; il n'annonce que l'origine reproductive des formes corporelles et n'enseigne point le vrai nom de celui ou de ceux qui les habitent. Il faut donc te dire que le véritable nom spirituel de cet ouvrier est *Beth*, qui veut dire *opérant l'action de la pensée divine*, ce qui est indiqué par la seconde lettre de l'alphabet hébreu ; car la première, qui est *Aleph*, exprime la pensée divine, et la seconde, qui est *Beth*, exprime son action. Je te répondrai à ce sujet que les surnoms temporels n'ont aucune vertu ni aucune puissance spirituelles, parce qu'ils sont donnés par les hommes et non par le Créateur. Tu n'as même jamais vu produire d'œuvre spirituelle temporelle par le propre et privé nom des corps matériels, ni par aucune des facultés de l'être corporel, et, lorsque les formes opèrent quelques vertus, ce n'est pas par elles-mêmes, mais par la propriété puissance de l'être spirituel qui habite en elles, c'est-à-dire par la faculté attachée à son nom animal spirituel divin, ainsi que je vais te le faire comprendre.

Tu n'ignores pas l'acte cérémoniel de l'alliance que l'Éternel a faite avec l'homme, dieu de la terre, de même que celle faite avec la postérité de ce premier homme, après sa première réconciliation. Cet homme-dieu, dans son état de gloire, avait son nom propre attaché directement à son être spirituel. C'est par la vertu de ce nom qu'il manifeste dans l'univers, selon son désir et à la satisfaction du Créateur, toute opération spirituelle divine temporelle. Mais aussitôt après sa prévarication, il perdit le souvenir de son nom spirituel, et ne fut plus qu'un être matériel temporel et de sujétion spirituelle divine et non démoniaque.

Ce changement de sa forme opéra celui de sa loi, et le changement de sa loi opéra celui de ses opérations quelconques. N'est-ce pas là ce que te prouve que tous ces changements ont dû nécessairement entraîner celui du nom propre de ce premier homme? En effet le nom que le Créateur donna à cet homme, après lui avoir accordé sa réconciliation spirituelle temporelle et non spirituelle pure, était à la vérité très-puissant ; mais il était néanmoins inférieur au premier nom de son émanation et de son émancipation pour concevoir.

O peuple chéri de l'esprit, le changement que je t'annonce avait été fait au nom de la première créature humaine. Observe celui qui s'est fait au nom du père temporel des enfants d'Israël. Dans le principe de ces opérations temporelles matérielles, il se nommait *Abram*, qui signifie *homme élevé dans la matière*. Le Créateur de ce nom pour lui substituer celui *Abraham* qui signifie : *père abondant en multitude spirituelle divine*. C'est en effet dans la postérité seule de cet homme que la gloire et la justice du Créateur se sont manifestées de préférence à toute autre nation. Mais, Israël, ne t'énorgueillis pas de ces avantages ; car, de même que le Créateur a changé la faculté spirituelle mineure et matérielle d'Abraham en celle spirituelle supérieure, en lui changeant son nom, de même Il peut annuler toutes ses vertus en abandonnant ce même homme, et en le faisant retomber au même degré d'infériorité d'où Il l'avait tiré. A ce sujet, il faut que tu saches que tous les esprits mineurs, ou toutes les âmes spirituelles ont véritablement un nom qui les distingue dans leur puissances et vertus, par rapport à leur œuvre temporelle. Aussi, depuis la première époque de l'homme prévaricateur, et lors de sa réconciliation, le Créateur ayant changé son premier nom

ABA (4) en celui de BIAN (6), surnommé Adam, cet Adam changea aussi le nom de sa postérité troisième en lui donnant le nom de Seth ; et ce nom ne venait point de la simple volonté de la convention du premier homme, mais il lui fut suggéré dans sa pensée par l'esprit, ainsi que tu le concevras par ce qui va suivre.

La circoncision ou l'effusion du sang d'Abraham était un véritable type de la purification de la matière corporelle. Cette effusion de sang servait encore à purifier la vie passive et la disposer à retenir l'impression des différentes opérations spirituelles divines que le Créateur avait enjoint de nouveau à Son serviteur Abraham afin de le détourner du faux culte qu'il opérait au préjudice de celui de la Divinité. Il n'est pas douteux que, par cette opération toute spirituelle, la vie passive ou l'âme animale ne fût entièrement liée avec la vie impassive ou âme spirituelle active.

Cependant, malgré cette raison, l'âme passive et l'âme impassive avaient toujours chacune leur nombre particulier qui les distinguait parfaitement dans toutes leurs vertus et puissances temporelles ; et ce qui le prouve, c'est la différence de leur nombre. L'âme passive n'est en possession que du nombre imparfait ternaire 3, et l'âme impassive est en possession du nombre quaternaire 4, ce qui suffit pour démontrer leur différence et leur distinction particulières. Ensuite, pour te faire comprendre que ces deux vies, inférieure et mineure, passive et impassive, proviennent du pur esprit et que leur liaison est parfaite et intime, tu n'as qu'à additionner les deux nombres qui les constituent dans leurs facultés spirituelles temporelles. Cette addition donnera le nombre septenaire 7 de l'esprit majeur dont elles émanent.

Quant au changement de nom que je te dis avoir été fait par la seule volonté de l'esprit du Créateur, et non de la volonté de l'homme, tu ne pourras en douter quand tu observeras qu'aucun patriarche n'a porté le nom de son origine matérielle et qu'ils sont tous différents les uns des autres. Il y a dix patriarches, il y a dix noms spirituels qui opèrent le culte de la Divinité par son propre nombre dénaire. Observe encore si, depuis Noé, tu trouves dans les patriarches aucun nom originel matériel, soit dans cette postérité de Noé, soit dans celle d'Ismaël, soit dans celle d'Héber. C'est donc là ce qui te fait voir que le changement du nom spirituel, au lieu et place de celui originel de l'homme, vient de Dieu.

Le nom spirituel donné à l'âme impassive t'annonce et te fait encore entendre la jonction d'un être distinct et spirituel ou d'un esprit particulier septenaire que le Créateur a assujetti à la vertu puissante de l'esprit mineur quaternaire, comme il enseigne qu'il se joignait à son premier homme-Dieu après sa réconciliation. C'est encore par cette jonction que l'Éternel Dieu d'Israël fait concevoir à toute sa créature le précepte qu'il faut aimer son prochain comme soi-même. Cette liaison, cette amitié, cette intelligence ne doit s'entendre que d'esprit à esprit et non de la matière temporelle à l'esprit. Voilà ce véritable prochain que tu dois chérir et aimer comme toi-même.

Je te dis en vérité, Israël, que cette opération d'élection ou de nom spirituel, donné à l'âme ou au mineur, se perpétuera, de par l'Éternel, chez les peuples idolâtres plus en privation de la connaissance du vrai culte de la Divinité, ce qui est clairement manifesté aujourd'hui dans l'Église chrétienne par le sacrement du baptême où le nouveau-né reçoit un nom spirituel tout différent de celui qu'il porte par son origine matérielle temporelle.

Après t'avoir expliqué, Israël, l'origine du nom spirituel que l'Éternel a donné à l'âme, de même que le changement du nom originel en celui spirituel, tu désirerais peut-être que je te donnasse l'explication du nom de Seth. Je te dis en vérité que ce nom signifie : être admis au vrai culte divin ou exécuteur parfait de la manifestation de la gloire et de la justice divines. Ainsi la postérité de Seth fut nommée : enfants de Dieu; et non pas enfants des hommes. Ce titre d'enfants des hommes fut réservé à la postérité femelle de Caïn, qui fut enfantée par l'opération des démons, parce que son origine corporelle première provient de la seule faculté de l'opération du premier homme, qui fut le sujet de sa prévarication. Si tu désirais encore savoir de moi pourquoi l'homme constructeur du redoutable tabernacle a opéré toutes ses œuvres temporelles sous un nom originel, je te répondrai que le nom originel de Bethzaléel est resté ainsi à cet homme pour faire entendre à toute la postérité d'Adam la liaison intime de l'esprit avec la matière première, sans toutefois admettre de confusion entre l'un et l'autre.

Ceci t'explique la forme corporelle du tabernacle que ce grand ouvrier a construit sur le plan qui en fut formé à son imagination pour être l'habitacle de l'esprit de sanctification, de l'esprit de conciliation, de l'esprit de conservation et de l'esprit tout-puissant, protecteur et défenseur des enfants d'Israël. Oui, Israël, ce que je te dis touchant les habitants du tabernacle, doit te faire concevoir que l'esprit mineur qui habite dans son tabernacle corporel n'est pas plus confondu dans la matière, que les esprits que je viens de te nommer ne le sont avec la matière du tabernacle spirituel que Bethzaléel a construit pour la plus grande gloire de l'Éternel et pour la satisfaction d'Israël. C'est ce qui te fait voir clairement que le tabernacle de Bethzaléel est un véritable type de celui de l'homme-dieu sur la terre.

Tout ce que je t'ai dit, Israël, de la grande manifestation de la gloire et de la justice que le Créateur a opérée en ta faveur contre tes ennemis et les siens, t'enseigne quelles seraient ta prévarication et ta punition spirituelle animale si, après cet exemple, tu contrevenais à tout ce que je t'ai dit et enseigné de par Lui. Si ton cœur s'endurcissait contre l'Éternel et contre Ses élus, il arriverait que ton dénombrement spirituel serait subdivisé à l'infini et resterait sans aucun point de ralliement : ta mémoire s'obscurcirait, ta vertu et ta puissance se ralentiraient et ta face se dissiperait aussi promptement que la lumière fait disparaître les ténèbres. Je te dis en vérité, Israël, d'un cœur contrit et navré, que je vois avec douleur le temps près d'arriver. Pour lors, les amis chéris de l'Éternel ne vivront plus avec toi, toutes tes exclamations, invocations ou opérations seront vaines et stériles, ce qui t'occasionnera de grands pâtiments. Mais cette peine d'esprit sera bien plus grande encore, lorsque tu verras le culte du Seigneur passer chez les autres nations à ton préjudice et à ta honte. Je te dis en vérité que ce ne sera qu'en vertu de ce même culte que les différentes nations te tiendront en sujétion et soumettront toutes tes œuvres, tes actions et tes opérations à leur volonté, et tu deviendras alors leur sujet et leur tributaire. Mais quoi qu'il en soit, Israël, ne désespère jamais de la miséricorde de l'Éternel ; souviens-toi toujours que tu fus le théâtre immense de la manifestation première de la gloire et de la justice divines, que c'est chez toi que toute chose spirituelle a pris naissance, et qu'un jour viendra où la postérité d'Abraham, héritière de l'œuvre de l'Éternel, sera remise à son premier état de splendeur, sera réintégrée avec magnificence dans son chef-lieu. Lorsque tu seras dispersé chez toutes les nations, tu te souviendras que cette disgrâce spirituelle est le véritable tableau des événements futurs qui surviendront aux successeurs spirituels temporels qui auront goûté un instant de la douce satisfaction de l'opération de ce même culte, car, s'ils ne sont pas plus exacts que toi, Israël, à conserver très-soigneusement ce superbe héritage sans tache ni souillure de leur part, ils seront plus punis et plus à plaindre que toi. Le Créateur les considérera comme des êtres impurs, et leur héritage leur sera enlevé par d'autres nations. Alors ces êtres impurs ne seront traités que comme l'instrument du fléau de la justice qu'elle rejette pour une éternité après s'en être servi. Josué, serviteur du Très-Haut, sera l'héritier du grand culte divin et, en conséquence de l'ordre qui m'a été donné, il doit recevoir par mon organe les vertus et les puissances nécessaires pour opérer la manifestation de la gloire et de la justice divines.

Mais, Israël, cette transition n'est-elle pas un nouvel indice que l'héritage de la terre promise ne sera pas toujours chez toi? Oui, cet exemple doit t'apprendre pour un temps immémorial que le véritable culte de l'Éternel sera également transmis, à ton préjudice, aux nations étrangères, et pour lors ta mémoire sera si fortement obscurcie que tu ne te souviendras plus ni du nom de l'Éternel, ni de ton propre nom animal spirituel ; ta dispersion sera entière et servira d'exemple à toute la terre ; tu entreras une seconde fois en esclavage et en servitude dans la terre d'Égypte, d'où tu ne sortiras plus qu'à la fin des temps. C'est alors que la manifestation de la gloire et de la justice du Très-Haut s'opérera pour la satisfaction des justes, à la honte des démons criminels et des coupables mineurs non réconciliés. Il faut savoir néanmoins qu'avant ces derniers temps, il y aura grande confusion dans les tribus d'Israël ; la désolation qui sera parmi elles les forcera de se séparer les unes des autres ; le nombre supérieur se retirera très-loin du nombre inférieur, qui sera subdivisé encore de son premier héritage, pour être un exemple frappant de la justice que l'Éternel a manifestée contre les enfants d'Israël, et leur terre promise restera inculte et stérile. Tu sais, Israël, que le nombre septenaire est un nombre spirituel temporel, et que le nombre quinaire est un nombre spirituel matériel susceptible de confusion et de malversation spirituelles divines ; c'est donc ce nombre septenaire des tribus qui se détachera du nombre inférieur quinaire et sera relégué dans un lieu de cet univers apparent que les mortels ordinaires ne pourront découvrir. Là, ces peuples justes achèveront de payer le tribut que le crime d'Israël doit encore à la justice divine, et par là ils opèreront la juste réconciliation des enfants d'Israël. L'arche d'alliance d'Israël avec le Seigneur marchera aussi avec ce nombre septenaire conjointement avec toutes les vertus et puissances spirituelles divines dont il est dépositaire. Les autres tribus dégénéreront en êtres de ténèbres.

Je te dis de plus, lorsque tu auras subi les effets de la justice divine et que tu auras perdu tes principaux chefs conducteurs spirituels, tu feras tous tes efforts pour t'en procurer d'autres ; mais tu ne trouveras que des élus ordinaires, qui seront de simples conducteurs temporels et même plus matériels que spirituels. Ils te conduiront dans le sentier ténébreux et horrible dont l'Éternel t'a retiré, et ils te laisseront gémir à l'ombre de ton crime. Considère et tremble, Israël, de tous les malheurs dont je te menace de la part de l'Éternel. Le secours de Moïse et de Josué sera invoqué par toi, mais inutilement ; car plus tu les réclameras, plus tu les éloigneras de toi. C'est en cela que la justice du Créateur sera encore plus grande contre Israël qu'elle ne l'a été, et c'est ainsi que s'accomplira dans tous ses points le décret immuable qu'il a prononcé contre les prévaricateurs de Son culte et leurs complices. »

Par tout ce que vous venez de voir sur les actions,

réflexions et opérations bonnes et mauvaises d'Israël, de même que sur la régularité des œuvres de ses principaux chefs conducteurs, vous pourrez être convaincus que tout ce qui a été prédit à ce peuple lui est exactement arrivé. Aussi je n'entrerai pas dans le détail des fléaux et de toutes les souffrances que ce peuple a éprouvées, selon que Moïse le lui avait annoncé avant de se séparer de lui. L'histoire sainte et l'histoire profane exposent assez amplement tous ces faits, tels que l'arche perdue, la dispersion des tribus sous *Roboam*, qui en perdit sept entièrement et laissa tomber cinq autres dans l'esclavage et la servitude des nations étrangères sans espoir de pouvoir les secourir.

Mais cependant cette dispersion des tribus mérite que vous y fassiez de sérieuses réflexions. Sept de ces tribus se sont séparées de Roboam, fils et héritier de Salomon. Jamais le lieu de leur retraite ou la route qu'elles ont prise pour s'y rendre n'a été connue de Roboam lui-même ni des cinq tribus tombées en esclavage, ni enfin d'aucune nation quelconque. Réfléchissez en outre que, sur le dénombrement des douze tribus en deux parties, le nombre majeur et septenaire est retiré dans un lieu de paix et de tranquillité hors de toute correspondance humaine et profane, et le nombre inférieur quinaire est resté errant et vagabondant, couvert de honte et de confusion, en servitude chez toutes les nations où ces tribus malheureuses sont privées de toute action et de toute opération spirituelles divines. Que peut représenter un pareil événement aux hommes de la terre, sinon la véritable assertion du mal et du bien provenus des deux sortes d'esprits bons ou mauvais? Voyez si ce que je vous ai dit à ce sujet n'est pas clair, puisque le nombre 2 est celui de la confusion. Voyez aussi dans la séparation des tribus d'Israël en deux parties si le nombre septenaire de ces tribus, que les hommes de la terre ont perdu de vue, n'est pas le véritable type des Élus mineurs que l'Éternel retire d'entre les profanes et les impurs permanents de la terre et met par là à l'abri de toute communication intellectuelle avec les mortels ordinaires. Le Créateur permet de plus que ces mortels ordinaires oublient, par la succession des temps, la mémoire de ces heureux êtres et, qu'ignorant leur demeure fixe et la route qu'ils ont prise pour s'y rendre, ils ignorent aussi leurs œuvres, leurs actions et leurs opérations spirituelles temporelles. Bien plus, ils ignorent eux-mêmes la conduite qu'ils avaient à tenir pour parvenir à cette félicité dont ils ont perdu jusqu'à l'idée et au souvenir.

Voyez encore si cette séparation n'offrirait pas le véritable tableau de la mort naturelle temporelle par la séparation de l'âme d'avec le corps. Les douze tribus, par leur intime liaison, ne formaient qu'un seul corps ; mais lorsque cette unité a été divisée en deux parties distinctes, l'une, étant en privation de l'autre, est tombée dans le néant spirituel et l'ignorance. De même, lorsque l'âme est unie au corps, elle forme temporellement une unité parfaite avec lui ; mais lorsqu'elle se sépare de son corps, elle forme alors deux divisions distinctes, dont l'une, en répétition du nombre majeur septenaire, demeure, si elle est juste, sous la protection divine et sous les ailes de la gloire de l'Éternel, et l'autre, en répétition du nombre quinaire des tribus errantes, reste sur la terre, en privation de toute action spirituelle jusqu'à sa parfaite réintégration.

C'est par cette observation que vous pouvez concevoir l'événement et la révolution qui surviendront à l'univers entier lorsque celui qui le vivifie se séparera de lui. Car, à l'image des corps particuliers, cette matière restera errante et dans l'inaction jusqu'à qu'elle soit entièrement dissipée. Telle est la loi qui donnera fin à toutes choses temporelles. Il faut actuellement vous convaincre que la matière première ne fut conçue par l'esprit bon que pour contenir et assujettir l'esprit mauvais dans un état de privation, et que véritablement cette matière première, conçue et enfantée par l'esprit et non pas émanée de lui, n'avait été engendrée que pour être à la seule disposition des démons. Pour cet effet, rappelez-vous l'apparition que le chef des démons fit en présence du *Christ,* homme-Dieu de la terre. Cet être pervers ne lui serait point apparu sous une forme humaine et ne l'eût point attaqué, si l'homme-Dieu n'eût point été revêtu d'un corps de matière, et s'il se fût servi de la forme glorieuse qui est innée en lui; car alors la contraction spirituelle démoniaque n'aurait pu avoir lieu, puisque l'esprit pur a le privilège de lier et d'arrêter toute opération des esprits impurs.

Vous me demanderez si le chef des démons, en apparaissant à l'homme divin, avait le projet de séduire et de corrompre simplement son corps de matière ou son esprit? Je vous répondrai que son objet était de séduire l'une et l'autre. Premièrement il voulait, par son intelligence démoniaque, corrompre la forme corporelle de matière de cet être divin et la rendre par là susceptible de retenir impression de toutes les actions fausses qu'il se proposerait de lui faire communiquer par l'entremise des opérations qu'il avait données à l'esprit attaché à cette forme corporelle. En second lieu, il désirait encore plus ardemment séduire l'être spirituel qui habitait dans ce corps, ne concevant rien de plus glorieux que cette conquête, parce qu'en même temps qu'il s'opposait aux ordres et à la volonté du Créateur, il connaissait que les œuvres et les opérations considérables que l'homme divin aurait faites à la gloire de ce tentateur, aurait entraîné une infinité d'êtres mineurs ou d'âmes sous la puissance de la justice démoniaque.

Mais l'esprit et le corps de cet être régénérateur n'ayant succombé ni l'un ni l'autre aux ruses du démon, mais l'ayant contraint au contraire par toutes ses vertus de rentrer dans son lieu de sujétion et de privation divines, tout dans cet être divin était exempt de souillure et de prévarication, et il força aussitôt le chef des démons de se retirer de sa présence pour aller exécuter les ordres qu'il lui avait donnés. A cette époque honteuse, le démon comprit bien qu'il serait encore plus humilié et soumis à l'homme-Dieu et divin de cet univers, car la fermeté et la pureté de cet être arrêtèrent tout exemple et toute action scandaleuse ; nulle habitude, ni impression diabolique ne prévalurent aux yeux des hommes ordinaires ; et, par là, la paix et le calme restèrent dans l'esprit de cet homme divin. Ceci peut vous faire concevoir que la plus forte partie de l'action, de la conduite et de l'opération des hommes de matière ne provient que des différents exemples et des différentes habitudes qu'ils contractent, et qui deviennent pour eux un second principe de nature, dans le cours de leur vie ordinaire, tant en bien qu'en mal. Les opérations et les habitudes scandaleuses pervertissent l'homme, tandis que les actions bonnes lui procurent d'excellentes habitudes qui produisent un merveilleux effet spirituel, tant en faveur de celui qui les reçoit qu'en faveur de celui qui les donne.

Pour revenir à ce que Moïse prédit à Israël, qu'il ne trouverait plus de chefs spirituels conducteurs aussi parfaits que ceux qu'il avait abandonnés, mais des chefs conducteurs temporels plutôt matériels que spirituels, il n'est pas douteux que ceci lui soit arrivé. En effet, lorsque ce peuple donna sa confiance à un mortel ordinaire comme Saül, qui fut élu par les Hébreux roi des enfants d'Israël, il est certain que cette élection conventionnelle des hommes, n'étant point faite par le Créateur ou par ses députés, était plutôt matérielle que spirituelle, comme le prouve tout ce qui arriva à ce peuple sous la conduite de Saül. Le triste sort que subit Saül lui-même doit achever de faire comprendre la différence qu'il y a entre l'élection divine et celle conventionnelle des hommes : Celle-ci est pernicieuse, celle-là invincible et sans péril. Saül avait choisi sa demeure dans la tribu de Benjamin; il lui avait donné toute sa confiance et lui faisait part de tout ce qu'il opérait en faveur d'Israël. Toutefois la préférence qu'il donnait à cette tribu sur toutes les autres n'aurait pas eu lieu, si son élection était venue du Créateur et non pas des hommes, parce qu'alors il aurait appris de l'esprit même que l'élu chéri du Très-Haut ne donne aucune différence, et considère également tous les justes spirituels, ce qui l'eût empêché de faire une telle distinction de la tribu de Benjamin d'avec toutes les autres, la regardant comme son seul appui et comme son guide.

De plus, si cette élection, comme je l'ai déjà dit, avait été faite par l'Éternel, Saül aurait compris l'interprétation spirituelle du nom de Benjamin qui veut dire *fils* ou *enfant de ma douleur*. Il aurait vu que cette tribu était souillée depuis bien des temps par un orgueil et une avidité criminels, ce qui eut fait qu'au lieu de se lier intimement avec elle, il aurait rejeté les conseils impies qu'elle lui donnait et qui lui ont été si funestes qu'ils lui ont occasionné le sort malheureux qui l'a rendu, lui et sa postérité, un exemple horrible et immémorial aux yeux des mortels.

Vous désirez peut-être savoir quel est le genre de prévarication de Saül, premier roi temporel d'Israël. Je vais vous l'expliquer aussi clairement que la vérité de la sagesse me l'a dicté. La prévarication du roi consiste à avoir fait périr misérablement un grand nombre de Gabaonites et à avoir porté toute sa force et toute sa haine contre les êtres infortunés de ce peuple réconcilié avec l'Éternel et absout par Josué, après leur serment de fidélité au culte de la Divinité. La cupidité de la tribu de Benjamin l'engagea à presser Saül de livrer la guerre à ces malheureux Gabaonites, dans la vue de profiter de leurs dépouilles, après que l'armée d'Israël les aurait défaits. Aussi cette tribu, quoique la dernière par son rang, marchait à la tête de toutes les autres. Le roi l'avait ainsi ordonné, parce qu'il regardait cette tribu comme le principal fondement de sa puissance, et se reposait autant sur sa force que sur ses conseils.

Cependant comme il n'est pas douteux que l'homme, dans ses plus grands égarements, a néanmoins, par temps, quelqu'insinuation de pensées bonnes qui lui sont suggérées par l'esprit bon pour le tirer de l'erreur, il survint à Saül un instant de doute sur la bonté et la validité de sa tribu chérie, ce qu'Israël comprit par la conduite que tint le roi ; car, après quelques réflexions, il voulut éclaircir ce doute et, pour cet effet, il conçut le dessein de consulter *Pythonisse*, homme de l'Éternel, quoique femme, et lui envoya ordre de se rendre chez lui pour l'instruire du succès de tous les projets qu'il avait formés contre les Gabaonites et savoir d'elle s'il remporterait cette victoire sur ce peuple. Pythonisse, qui était un type du bien spirituel, refusa de se rendre chez le roi, parce qu'elle savait qu'elle n'y serait pas en sûreté et que le roi voulait la faire mourir à l'instigation de la tribu de Benjamin qui, ayant juré mal à propos la perte de Gabaonites, craignit que cette Pythonisse ne découvrît sa noirceur, et n'attirât sur cette même tribu les fléaux de la justice. Les députés de Saül lui ayant rapporté la réponse de Pythonisse, il envoya ordre de la saisir et de la lui amener de force ; mais, comme elle était instruite des mauvaises intentions du roi et de la tribu de Benjamin, elle en prévint l'effet en se retirant dans une maison éloignée d'une lieue de la cité de *Galboé*. Les députés ne la trouvant point, furent rendre compte de son évasion à Saül, qui en fut vivement affligé. Mais après quelque réflexion, il la fit chercher avec toute vigilance par d'autres personnes que les premières, en lui faisant promettre, *foi de roi*, qu'il ne lui ferait aucun tort ni dans sa personne, ni dans ses biens. L'un de ces derniers députés, étant doué de la sagesse divine, fut bientôt instruit de la nouvelle demeure de Pythonisse, à qui il fit part de ce que Saül avait fait d'avantageux à son égard. Pythonisse répondit au député : « Que la volonté du Seigneur-roi, ton maître, soit faite selon celle de l'Éternel. Dis à ton roi de se rendre dans mon nouvel asile. Là, je satisferai à ses désirs. » Le député rendit compte au roi de cette réponse en présence des principaux chefs de la tribu de Benjamin. Ils conçurent par là que les pièges qu'ils avaient tendus contre l'excellente vertu de Pythonisse allaient être sans succès, et qu'au contraire ils allaient devenir eux-mêmes victimes de leurs calomnies et de leur fourberie. C'est ce qui arriva effectivement, le mal n'ayant jamais qu'un temps de mauvais succès, et la calomnie tournant à la honte du calomniateur, d'où la vérité se montre plus forte et plus inébranlable,

Saül s'étant transporté chez Pythonisse, elle lui dit : « Seigneur, que désires-tu apprendre de l'Éternel, et que veux-tu que je t'enseigne ? » Le roi lui répondit : « On m'assure que tu es devineresse ; dis-moi donc si je dois gagner la bataille que je dois livrer aux Philistins et aux Gabaonites qui se sont alliés ensemble contre Israël. Dis-moi si ces deux nations seront livrées à ma justice. » — « Seigneur, dit la Pythonisse, permets à ta servante de te parler un moment avant de répondre à ta demande ; je dis en vérité que c'est par le peuple que tu es élu roi d'Israël et non par le Dieu vivant. Alors, il n'est pas étonnant que tu sois sans cesse dans le doute et dans la crainte du succès que doivent avoir tes actions et tes opérations temporelles. Les anciens conducteurs d'Israël n'avaient point de pareils doutes ni de pareilles incertitudes ; ils n'employaient point le secours des hommes ordinaires de la terre ni leurs conseils, parce qu'étant élus par le Dieu vivant et protecteur d'Israël, ils n'avaient d'autre conseil que celui de l'Éternel, et par ce moyen ils étaient sûrs du succès que devaient avoir toutes leurs actions et opérations temporelles, tant en leur faveur qu'en celle d'Israël. Je te dis de plus, Seigneur-roi, que ton conseil est faux et purement matériel, parce qu'il part des hommes méchants et impurs ; ils t'ont séduit en t'engageant à agir contre le bien spirituel des justes d'Israël et des autres nations. Pythonisse qui te parle a su toutes les embûches démoniaques qui ont été tendues contre elle par les principaux chefs de la tribu de Benjamin, devenus depuis ton règne les intellects du démon. Ils t'avaient persuadé de me faire mourir, tu as même prononcé mon arrêt de mort; mais apprends, Seigneur-roi, que le Dieu d'Abraham protège les justes devant lui et précipite ignominieusement dans les profonds abîmes les impies et les persécuteurs des justes. Conçois les paroles que je te dis d'après l'esprit qui me vivifie et de par celui qui l'anime. Les chefs de la tribu de Benjamin seront honteusement renversés; cette tribu sera subdivisée; elle restera errante, vagabonde et confondue parmi celles d'Israël pour un temps immémorial. Cet événement lui arrivera après ton règne; ses étendards, ses signes de couleurs et toutes les autres marques qui la distinguent des autres tribus d'Israël lui seront enlevées; elles seront souillées par le peuple égyptien qui fuit Israël depuis la funeste époque survenue à Pharaon et à toute son armée. Car, Seigneur-roi, les événements survenus autrefois à ce peuple étranger et à ses rois n'étaient que le type fidèle de celui qui doit survenir au premier roi temporel d'Israël. La destruction ignominieuse de Pharaon et de la plus grande partie de son peuple, de même que la servitude et la dispersion du petit nombre qui en reste, t'annonce le sort qui te menace, Seigneur-roi, ta postérité et ta tribu chérie, si tu ne fais la paix avec le Dieu d'Israël. Cette tribu chérie de Benjamin sera sacrifiée en partie; ses restes infortunés seront errants et confondus parmi les enfants d'Israël sans avoir ni conducteur, ni chef particulier, comme le sont les restes des Égyptiens nouvellement convertis au Dieu vivant d'Abraham, par la loi d'Israël. Ton crime, Seigneur-roi, est encore plus grand devant Dieu et devant les hommes, parce que tu as fait mourir injustement des Gabaonites qui étaient réconciliés avec le Seigneur Dieu d'Israël et bénis par Josué au nom de l'Éternel sous leur serment. Partie de ce peuple était disposée par les sages d'Israël à se tenir impression de ce culte divin et devait l'enseigner et le faire pratiquer par la nation, de façon que, par ta conduite envers ce peuple, tu as contrevenu aux décrets de l'Éternel qui ne peut laisser aucun crime impuni. Apprends donc de celui qui te parle par ma bouche que, si tu n'implores pas la miséricorde de l'Éternel, et si tu persévères à vouloir achever de détruire le reste des malheureux Gabaonites liés avec les Philistins, ton supplice frappera les yeux de toutes les nations de notre région. Tous les enfants d'Israël gémiront sur ton sort et leur douleur sera incroyable, parce qu'ils auront servi d'instrument au fléau injuste dont tu auras accablé les nouveaux convertis. Je dois t'enseigner encore que, dans le monde entier, il n'y a ni devin ni devineresse; personne ne peut lire dans le passé que par le présent, et, ainsi, ayant une connaissance parfaite de l'un et de l'autre, il n'est pas difficile à l'homme-Dieu de lire plus ou moins dans l'avenir. Sache de plus, Seigneur-roi, que, lorsqu'il faut un travail quelconque pour parvenir à lire dans toutes les opérations, actions, contractions, végétations, révolutions et autres choses temporelles spirituelles qui s'exécutent dans cet univers par l'esprit ou par l'homme, celui qui peut parvenir à cela ne peut pour cela s'appeler devin ou devineresse, puisqu'il ne peut obtenir ces connaissances qu'après de pénibles efforts spirituels et corporels qui font sentir à celui qui travaille sur les merveilles du moteur de l'univers, la peine de l'âme, du corps et de l'esprit. Ne crois donc plus à ces prétendus devins, devineresses, magiciens, magiciennes, sorciers ou sorcières, sur l'existence desquels le peuple grossier t'a trompé. Reconnais que tout être de cette espèce ne peut mériter de confiance, puisque l'homme ne peut être instruit dans aucune connaissance des opérations de l'univers qu'en subissant de pénibles et formidables travaux. A ce sujet, considère les travaux de Moïse et ceux des sept sages d'Israël; réfléchis sur les fruits prodigieux qu'ils ont retirés de leurs opérations en faveur d'Israël : ils ont combattu, vaincu et exterminé les ennemis du vrai culte divin. Voilà, Seigneur-roi, quelles sont les vertus puissantes, spirituelles et temporelles, qui se manifestent dans les élus du Créateur, ce qui n'arrive pas dans les élus des hommes. Quant à ce que tu désires savoir de moi, dispose-toi à m'écouter, m'entendre et me concevoir. (Ces trois choses allégoriques aux trois paroles : cherche, frappe, demande). Point de respect humain, point de faiblesse matérielle, car ton âme sera forte, si elle n'est point encore soumise à l'esprit de contraction divine, et elle jouira du fruit des opérations et des travaux que je vais entreprendre à ta sollicitation. »

Saül, frappé de tout ce que Pythonisse lui avait dit, lui demanda un moment de réflexion, et sortit ainsi que Pythonisse du lieu destiné à son travail. Le temps qu'il avait demandé pour délai s'étant écoulé, il revint dans le même lieu où Pythonisse le rejoignit selon qu'ils en étaient convenus ensemble, et, comme il persistait toujours dans son premier dessein matériel, il lui dit : « Toutes mes réflexions sont faites, je te dis de deviner si je dois livrer bataille à nos ennemis et s'ils succomberont sous ma justice? Evoque pour cet effet l'esprit du prophète Samuel, et fais que je sache par lui ce que je te demande. » Pythonisse, outrée de l'orgueil et de la persévérance du roi à faire le mal, lui dit d'un ton franc : « Saül, roi injuste d'Israël, tu tentes l'Éternel Dieu en voulant réduire son faible serviteur. Oui, Seigneur, je suis le serviteur du Dieu vivant d'Israël, qui ai connu ta pensée horrible contre la créature supérieure, majeure, inférieure et mineure. Oui, je vais satisfaire ta passion désordonnée en invoquant l'esprit du sage prophète Samuel de paix et de conciliation ; mais redoute son avènement. » Après ces paroles, Pythonisse se réclame à l'Éternel et ensuite porte ses pas vers l'opération ; mais au moment où elle commençait son travail, le roi lui dit : « Pythonisse, arrête. Je sens naître dans mon âme un trouble qui l'agite ; je ne sais d'où me vient le feu qui m'environne et la crainte qui me saisit. Devine-moi toutes ces choses avant celles que je t'ai demandées les premières. » « Tout cela ne vient, dit Pythonisse, que de l'insulte que tu fais en ce moment au Créateur ainsi qu'à son serviteur.

Je t'ai bien dit que la science spirituelle de l'Éternel n'était point l'art d'un devin, comme tu crois. Par conséquent ce prétendu art ne peut se trouver dans aucune de ses créatures. S'il était au pouvoir du Dieu d'Israël d'être devin, il serait le moteur du bien et du mal ; il serait pour lors un cruel tyran de permettre et de laisser faire le mal par sa créature, pour la punir ensuite de ce qu'il aurait pu empêcher lui-même. Non, Seigneur, le Dieu d'Israël n'est point tel. J'ose devant toi, devant toute sa cour spirituelle divine et devant toute sa cour temporelle, défier ce Dieu tout-puissant de pénétrer et de concevoir l'action et l'opération de même que tout événement

25

quelconque qui doivent survenir à un être spirituel mineur, si cet être ne l'a premièrement conçu lui-même dans sa pensée.

Je veux te dire que le Créateur lit ouvertement dans la plus profonde pensée de sa créature ; mais oui, Seigneur-roi, je te le répète, je défie ce Dieu tout-puissant de lire dans aucune pensée qui n'aura pas été conçue. Si cette chose était en Son pouvoir, Il serait véritablement injuste de ne pas arrêter les funestes événements qu'Il saurait pour lors devoir survenir à la créature. Et alors ce serait Lui seul qui serait coupable. Mais comme Il a établi sur des lois immuables tout ce qui subsiste dans l'univers, et qu'Il a laissé une pleine liberté à Sa créature, Il n'a pas eu Lui-même Sa *prescience* et Il ne prend aucune part aux causes secondes dans cet univers. Quiconque donne le nom de devin au Créateur ou à Sa créature, insulte l'un et l'autre, pèche contre l'esprit, et sera horriblement puni.

Conçois, Seigneur-roi, que, puisqu'il a fallu une opération et un travail puissants pour que l'Éternel manifestât tout ce qui est en Son pouvoir et inné en Lui, par la même raison, il faut que l'esprit temporel ait formé une pensée quelconque pour que l'action bonne ou mauvaise provenant de cette pensée soit connue de l'Éternel ; si elle est bonne, Il la reçoit ; si elle est mauvaise, Il la rejette ; mais il ne s'oppose point à la volonté de Sa créature. »

Saül, encore plus pénétré que la première fois des paroles de Pythonisse, et voyant que la fermeté de cette femme était inébranlable, lui dit d'un ton soumis, mais prophétique : « Femme du Seigneur, le roi d'Israël réclame son Dieu et le tien avec l'esprit de Samuel, pour qu'il m'enseigne ce que j'ai grand besoin de savoir sur la bataille que j'ai dessein de livrer à nos ennemis. »

Pytonisse agit selon les volontés de Saül, mais sitôt qu'il la vit dans l'acte de son travail, il se mit à frémir et à trembler comme une feuille d'arbre. Pythonisse, le voyant combattu par la force de l'opération, lui dit. « Saül, roi d'Israël, tu es en crainte devant l'esprit du Seigneur; tes crimes te font frémir à l'approche de la justice divine! » Saül était si troublé qu'il ne comprit point la parole de Pythonisse, et qu'il la pria de la lui répéter. Pythonisse lui dit en lui montrant l'esprit de Samuel, revêtu d'un corps de gloire apparent : « Seigneur-roi, voilà celui qui sait plus que moi, qui t'interprètera ce que je t'ai dit, et ce que tu n'as pas compris. »

Saül se prosterna, pénétré de douleur, devant Samuel, parce que l'esprit de ce prophète éloignait l'esprit démoniaque qui possédait le roi. Dans cette attitude, il lui demanda s'il pouvait aujourd'hui livrer bataille à ses ennemis. Sur quoi Samuel lui répondit : « Je te dis que toi et les tiens serez autour de moi ce soir, que tu succomberas, que plusieurs périront misérablement et que la tribu de Benjamin servira d'exemple mémorable aux enfants d'Israël. »

Saül, après que le prophète lui eût parlé, se releva de terre, s'inclina devant Pythonisse comme pour la remercier, et se rendit à son armée pour la faire marcher contre ses ennemis. Il éprouva ainsi que les siens le triste sort qui lui avait été prédit par Pythonisse et par l'esprit de Samuel.

Considérez la conduite de Saül, celle de la tribu de Benjamin et celle de Pythonisse, et reconnaissez que tous ces événements sont le type de la contraction mauvaise de l'action bonne, et de la prévarication de l'homme, de son supplice et de sa réconciliation, ainsi que celui de la prédiction de tous les événements passés, présents et à venir qui surviennent et surviendront dans l'univers entier.

www.ingramcontent.com/pod-product-compliance
Lightning Source LLC
Chambersburg PA
CBHW050431170426
43201CB00008B/624